神武天皇伝承の古代史

志学社選書
009

神武天皇伝承の古代史　目次

《本書の記述について》

本書では、左に記すように神武天皇伝承の形成と古代大和の地域史の課題を主に取り扱うが、問題を地域問題に矮小化せず古代王権史の中に位置づけ、虚心坦懐に史料に向き合うとともに傍証を多く記し、幅広い視点からの論述をめざした。かつ、学問的な水準を維持しつつも、ルビを多く附すなど、平易な表現を心がけた。したがって、引用史料は、読み下し文・現代語訳などで記したが、長いものは要旨を記載し、旧字体は新字体に改めた。

ちなみに、ここで扱う時代の大部分は、天皇号未成立の時期であるが、論述や史料表記の混乱を避けるために表記を統一した。ただし、その時代に天皇号の使用を認めているわけではない。地名ヤマトを大和と記すのは天平勝宝元年（749）ごろからであるが、ここではこの表記で統一した。さらに、5世紀末までの『紀』紀年の西暦年比定は、参考までに記したもので確定的ではない。『古事記』・『日本書紀』（以下『記』・『紀』と略記）と『風土記』は日本古典文学大系本、『続日本紀』は新日本古典文学大系本、『新撰姓氏録』は佐伯有清『新撰姓氏録の研究』考證篇、『古語拾遺』は岩波文庫本を用いたが、理解をすすめるためにルビの一部を加除した。史料の〈 〉内は、原文が小字割書きであることを示す。また、本文中の一般的な数詞・西暦などは、和暦・史料などを除いて原則としてアラビア数字で統一した。

序

初代の天皇である神武が実在したか否かを論じることは非常に困難であるが、本書ではあえて「神武天皇伝承」を主題に据えた。具体的には、神武天皇関連伝承の分析と考察を中心にして、大和国の吉野川流域にかかる古代史上の諸問題にも及んでみる。それを課題としたのは、わが国古代の王権・王家の発祥を語る神武天皇伝承に関する研究が停滞していること、神武天皇伝承の理解をすすめる上で大和の吉野川流域が重要な位置を占めるが、王権の地域基盤であった大和でもその重要性に反して当該地域の研究が僅少なこと、などの理由による。

神武天皇伝承の史実関係は別にして、ある時期から王家の始祖・王権の発祥を伝える物語として語られていたことは事実である。また、それは歴史的に形成されたものであるにも拘らず、その形成にかかる歴史性についての探究が十分になされてきたとは言えない。大和に入った神武が、盆地中央部に進む前に、先ず吉野川流域を訪れたが、その理由すら未解明である。ところが、実はここにこそ、神武天皇伝承の歴史性を探る重要な鍵が秘められていると考えられる。

歴史はそれぞれの土地、地域において展開する。常に地域史として在るわけだが、かつて研究が盛んであった郷土史や地方史が地域史と改称され、その重要性が唱えられて久しい。しかし、近年は人文学、なかでも歴史学への社会全体の関心が低調であることに寂しさを禁じえない。経済的な利潤を追求する実学やその営為が重視されることは一面では致し方ないけれども、社会も個人もそれぞれのみに専心するのではなく、時には立ち止まって「人」が歩み来た足跡をその土地とともに今一度顧みることも、より良き明日を迎えるために必要ではないかと考える。過去という鏡に、今日の自己を映し照らすことなくして、より良き明日へ歩みを進めることはできないと思う。

大和国内における地域の古代史研究は、王権の発祥地であることから、常に王権史との関わりが問題となる。古代の大和国における地域史の考察が、ヤマト王権について論じることになるという特徴をともなっているのである。しかしながら、大和国の古代史研究では王宮が営まれた盆地部の磯城・飛鳥地域や、藤原宮・平城京の都城造営地域が注目されてきたが、吉野川流域をはじめ周辺の地域が対象とされることは、自治体史を除けば稀有のことであった。

それは王宮・都城が常に奈良盆地内に営まれたこと、関連史料が僅少なことなどから止むを得ない面もあるが、周辺の地域が古代史の研究対象として重要性が低いことを意味するわけではない。海に面していない大和国にとって、吉野川・紀ノ川を経て海洋に結ばれる地域の古代史上の重要性は、本書でも触れるところである。とくに、神武天皇伝承ではその地域が重要な位置を占めているにも拘らず、事実関係を見定めることが困難であったこともあり、論究される機会は僅かであった。

神武天皇の皇后となる富登多多良伊須須岐比売命《ほとたたらいすすきひめのみこと》（姫踏鞴五十鈴姫命《ひめたたらいすずひめのみこと》）の母の勢夜陀多良比売《せやだたらひめ》（玉櫛媛《たまくしひめ》）とその父の三嶋溝咋《みしまのみぞくい》（三嶋溝橛耳神《みしまのみぞくいみみのかみ》）の関連集団についての考察も、ほとんど右と同様な情況である。しかし、この問題も神武天皇伝承形成の歴史的背景を解明するうえで、避けて通ることができない。三嶋溝咋関連集団の究明は、神武天皇伝承の形成に関して、新たな展望が得られる可能性も考えられる。

このように、これら神武天皇伝承についての問題は、ヤマト王権と王家の発祥、形成に関わる、重要な古代史上の課題である。わが国古代の王権と王家の発祥について考察するうえで、『記』・『紀』の神武天皇伝承に向き合うことは避けられない。しかし、史実性が定まらず曖昧模糊とした対象であることから、研究の対象とすることに困難が存在したのも事実である。

そこで、ここではその具体的な視点を、『記』・『紀』の所伝そのものと、関連する地域に定めて分析と考察を進める。つまり、所伝の内容自体と関連する地域・集団を対象に据えて、従前の解釈や通説の批判的克服を目指して論述をすすめる。

第一章　神武天皇東遷伝承形成史論
——阿陀の鵜養と吉野の国栖——

はじめに

『古事記』は、和銅《わどう》五年（712）に太安万侶《おおのやすまろ》が[1]42代元明《げんめい》天皇に撰進した、わが国における現存最古の歴史書である。3巻よりなるが、上巻は神話、中巻は初代神武《じんむ》天皇から15代応神《おうじん》天皇まで、下巻は16代仁徳《にんとく》天皇から33代推古《すいこ》天皇までの事績を記している。

成立の経緯は、その「序」（もとは編者太安万侶の上表文）から、39代天武《てんむ》天皇が「帝紀《ていき》の撰録」・「旧辞《きゅうじ》の討覈《とうかく》」を企画し、舎人《とねり》の稗田阿礼《ひえだのあれ》にそれを誦習《ずしゅう》（暗誦ではない）させたことに始まるが、天武天皇が崩御して中断したことが分かる。帝紀は天皇の系譜や主な事績、旧辞は神話や歌謡を中心にした物語的な内容であり、太安万侶は天武朝以来、未完のまま残されていた原稿に若干の手を加えて、わずか4か月余りで完成させた。

『日本書紀』も、天武天皇十年（681）に編纂が開始され[2]、養老《ようろう》四年（720）に舎人親王が43代元正《げんしょう》天皇に奉献した[3]、わが国最初の正史《せいし》である。全30巻からなり、第1巻から第2巻までは神話であり、第3巻から第30巻までは初代の神武天皇から40代持統《じとう》天皇までの事績を編年体で記載している。

さて、古代の大和国吉野川下流地域のことは、いずれもその神武天皇の行《くだり》に登場する。神武天皇についての『記』・『紀』の所伝は、かつては事実を伝えたものと受け取られたこともあったが、今日では事実か否か定かではなく、後世の何らかのできごとをもとに初代天皇の物語として述作された虚構の作品である可能性が高いと解するのが一般である。[4] したがって、その研究は、後世のどのようなできごとにもとづいて述作されているのかという視点から、両者の類似点を比較、探究する方法が主流を占めてきた。[5]

この反映法《はんえいほう》による考察では、類似のできごとが複数存在すれば、いずれもがそれに該当する可能性が存在するから、提示された説の妥当性は自《おの》ずと低くなる。事実、ここで取り上げる神武天皇東遷《とうせん》伝承に関しては、時期とできごとをたがえた複数の反映説が唱えられている。詳しくは後述するが、反映法に基づいた研究には限界があり、他に有力な傍証が示されない限り仮説の域を出ることはない。

こうした立場からの研究に対しては、「物語を作為することは比較的容易であろうが、それが伝承としての価値をもつようになるためには、社会がそれを受け容れるだけの手続きが必要である。……物語のようなものの内容と、その時代の政治的事件とを、直ちに対応させようと試みるのは、その方法の誤った適用であろう。」という批判もある。[6]

もちろん初代天皇に関することであるから、所伝の史実性、神武天皇が実在したか否かについて追究することはきわめて困難であるが、[7] 然《さ》りとてここで従前の反映法に依拠して考察を進めることにも躊躇される。

したがって、本章では、所伝自身についての内部的な分析と考察、いわば内部考証的方法によることになる。ただし、神武天皇東遷伝承の『記』・『紀』への載録自体が歴史的行為であるから、当然その形成や構成、時代的特徴について、歴史的な考察も必要となる。なお、課題の性質上、記述は『記』・『紀』神話にもおよぶが、神話学上の諸問題に関する論究は別稿に譲る。

神武天皇と吉野川流域Ⅰ――『古事記』の所伝

『記』・『紀』の神話によれば、神話上の天上世界である高天原《たかまのはら》から、天照大神《あまてらすおおみかみ》の孫の邇邇《にに》芸命《ぎのみこと》（天忍穂耳命《あまのおしほみみのみこと》の子。『紀』は瓊瓊杵尊、以下同じ。）が同じく地上世界である葦原中国《あしはらなかつくに》の、竺《つく》紫《し》の日向《ひむか》の高千穂《たかちほ》の久士布流多気《くしふるたけ》（日向の襲《そ》の高千穂峯《たかちほのたけ》）に天降《あまくだ》った。その子が日子穂穂手見《ひこほほでみの》命《みこと》（彦火火出見尊《ひこほほでみのみこと》）、その子が鵜葺草葺不合命《うかやふきあえずのみこと》（鸕鷀草葺不合尊《うがやふきあえずのみこと》）、その子が神倭伊波礼毘古命《かむやまといわれびこのみこと》（若御毛沼命《わかみけぬのみこと》・神日本磐余彦火火出見尊《かむやまといわれひこほほでみのみこと》・彦火火出見命、ヒコホホデミの名は祖父と同じである。）、すなわち神武天皇である。

鵜葺草葺不合命までの三代は南九州の日向《ひゅうが》（今日の宮崎県・鹿児島県）に留まったが、神武天皇は東方に向けて日向を出発、豊国《とよのくに》の宇沙《うさ》（大分県宇佐市）→筑紫の岡田宮（福岡県遠賀郡芦屋町）→阿岐国《あきのくに》の多祁理《たけり》宮（広島県安芸郡府中町）→吉備の高嶋宮（岡山市高島）を経由して、大阪湾から河内湖《かわちこ》岸の日下《くさか》（大阪府東大阪市日下町）に上陸して大和（奈良県）に入ろうとした。ところがそこで、登美能那賀須泥毘古《とみのながすねびこ》（長髄彦）の強力な抵抗に遭遇して一旦退却し、紀国《きのくに》（和歌山県）を経由して紀伊半島南端の熊野まで南下し、そこから再び上陸して大和に入り、諸々の抵抗勢力を平定して畝火《うねび》之《の》白《か》檮《し》原宮《はらのみや》（橿原宮《かしはらのみや》）に即位する。それまでの物語を、神武天皇東遷《とうせん》（あるいは東征《とうせい》）伝承と称している。この神武天皇東遷伝承では、日向から瀬戸内海を東進して大阪湾に至るまでの部分では物語の内容が乏しく、具体的な物語はそれ以降に展開する。神武天皇はあくまでも大和に入ることを目指しているのであり、このことは神武天皇東遷伝承の形成時期を考える要素として注目される。その大和入りの行で、本章の主題とする吉野川流域のことが登場する。

もう少し具体的に記せば、今日の大阪平野の上町《うえまち》丘陵東部から生駒山地西麓までの間は、古代には淀川と大和川の流入する汽《き》水湖《すいこ》である、河内湖が広がっていた。瀬戸内海を東進した神武天皇の一行は、大阪湾から河内湖の東岸、日下に上陸し、生駒山地を越えて大和に入ろうとした。ところが、登美能那賀須泥毘古（長髄彦）の激しい抵抗にあって断念し、紀国を経由して紀伊半島南部の熊野村（三重県の南端部）から上陸した。ここで高木大神《たかぎのおおかみ》（『紀』は天照大神）は、神武天皇の大和入りの先導役として八《や》咫《た》烏《がらす》を派遣した、とある。それ以後の展開は左に読み下し文で示そう[8]。

「今、天《あめ》より八咫烏を遣《つか》はさむ。故《かれ》、其の八咫烏引道《みちび》きてむ。其の立たむ後《あと》より幸行《い》でますべし。」とまをしたまひき。故、其の教へ覚《さと》しの随《まにま》に、其の八咫烏の後《しりへ》より幸行でませば、吉野河の河尻《かはじり》に到りましし時、筌《うへ》を作《ふ》せて魚《うを》を取る人有りき。爾《ここ》に天《あま》つ神の御子《みこ》、「汝《な》は誰《たれ》ぞ。」と問ひたまへば、「僕《あ》は国《くに》つ神、名は贄持之《にへもつの》子《こ》と謂《い》ふ。」と答へ曰《まを》しき。〈此《こ》は阿陀《あだ》の鵜養《うかひ》の祖《おや》。〉其地《そこ》より幸行でませば、尾生《をあ》る人、井《ゐ》より出で来《きた》りき。其の井に光有りき。爾に「汝は誰ぞ。」と問ひたまへば、「僕は国つ神、名は井氷鹿《ゐひか》と謂ふ。」と答へ曰しき。〈此は吉野首《よしののおびとら》等の祖なり。〉即《すなは》ち其の山に入りたまへば、亦《また》尾生る人に遇《あ》ひたまひき。此の人巌《いはほ》を押し分けて出で来りき。爾に「汝は誰ぞ。」と問ひたまへば、「僕は国つ神、名は石押分之子《いはおしわくのこ》と謂ふ。今、天《あま》つ神の御子《みこ》幸行でましつと聞けり。故、参向《まゐむか》へつるにこそ。」と答へ曰しき。〈此は吉野の国巣《くず》の祖。〉其地《そこ》より踏み穿《うか》ち越えて、宇陀《うだ》に幸でましき。故《かれ》、宇陀の穿《うかち》と曰《い》ふ。

右の所伝について、ここでの課題にかかわる要点と地理の比定などについて摘記しよう。

・神武天皇の巡幸は、八咫烏（大きな烏）の先導により、熊野村から吉野川河尻（下流）へ、さらに上流から宇陀に向けて進んでいる。
・そこで神武天皇が遭遇した人物は、筌漁をする贄持之子＝阿陀の鵜養の祖、光を放ち井戸の中から出現した尾のある井氷鹿＝吉野首等の祖、巌を押し分けて出現した尾のある石押分之子＝吉野の国巣の祖である。
・阿陀は『倭名類聚抄《わみようるいじゆうしよう》』（源順《みなもとのしたごう》が９３０年頃に撰述した辞書）に見える大和国宇智《うち》郡阿陁《あだ》郷の地であり、かつての南阿太村南阿田・大阿太村西阿田・大阿太村東阿田の辺りに比定される。ほぼ現在の奈良県五條市の東部地域にあてられるが、旧大阿太村佐名伝《さなで》は隣の吉野郡大淀町に属する。

・熊野から、吉野川河尻の阿陀を経て吉野川上流、さらに宇陀（奈良県宇陀市）に至る径路は、地理的には合理的でない。

・阿陀の鵜養に関わり、吉野川河尻北岸の旧大阿太村原（五條市原町）には、祭神を木花之《このはなの》佐久夜毘売《さくやびめ》（木花之《このはなの》開耶姫《さくやびめ》／神阿多都比売《かむあたつひめ》の別名）と伝える、式内社《しきないしゃ》（927年成立の『延喜式』神名帳に載録される神社）の阿陀比売《あだひめ》神社が鎮座する。

・宇智郡阿陁郷に鵜養漁を生業とする集団が居住し、王権支配層にも周知の存在であったことが分かる。阿陀の鵜養は、後の史料には宮廷へ「贄」（神や上位者に奉る食料）貢進の記録はないが、かつては「贄持之子」と称される実態にあったものと思われる。

・吉野の国巣の居地は、阿陀から吉野川を溯った今日の吉野郡吉野町国栖の辺りに求められるが、井氷鹿＝吉野首等の居地については、阿陀と国栖の間に位置する吉野川中流左岸の吉野町飯貝《いいかい》にあてる説と、[9] 吉野川上流で合流する、支流の井光《いかり》川流域に位置する吉野郡川上村井光《いかり》（旧碇村）にあてる説がある。[10] ただし、かつての碇村は、『古事記伝』十八之巻（本居宣長）がいうように、物語の行程からみて地理的に合わない。

・神武天皇の大和入りは、大和平定伝承とも称されるように、その地で遭遇した敵対的な集団・人物との戦闘行為が記載されるのが常である。しかし、吉野川流域の三者に関してはその記載がない。このことは、神武天皇が吉野川流域まで足を伸ばした目的が、この地の武力制圧、平定にあったのではないことを示唆している。神武天皇伝承の本質を考える上でも看過しがたいことであり、改めてその目的を問う必要がある。

阿陀比売神社

まず後者の課題から考察を進めるが、それはこれが神武天皇東遷伝承の本質解明に迫る鍵になると考えられるからである。その前に、『紀』の関連所伝も参考までに見ておこう。

神武天皇と吉野川流域Ⅱ――『日本書紀』の所伝

『紀』も、基本的には『記』と同様な神武天皇東遷伝承を載せている。熊野に上陸して菟《う》田《だ》に至り、そこの魁帥《ひとごのかみ》（首長）である兄《え》猾《うかし》を制圧してのちに吉野川流域に向かう。『記』とは、巡幸の径路は少し異なる。次に、その部分を読み下し文で示そう。(11)

是《こ》の後《のち》に、天皇、吉野の地《ところ》を省《み》たまはむと欲《おもほ》して、乃《すなは》ち菟《う》田《だ》の穿邑《うかちのむら》より、親《みづか》ら軽兵《いささけきいくさ》を率《ひき》ゐて、巡《めぐ》り幸《いでま》す。吉野に至る時に、人有りて井《ゐ》の中《うち》より出《い》でたり。光《ひか》りて尾有り。天皇問ひて曰《のたま》はく、「汝《いまし》は何《なに》人《もの》ぞ」とのたまふ。対《こた》へて曰《まう》さく、「臣《やつかれ》は是国神《これくにつかみ》なり。名《な》を井光《ゐひか》と為《い》ふ」とまうす。此則《これすなは》ち吉野首《よしののおびとら》部が始祖《はじめのおや》なり。更少《またすこ》し進《すす》めば、亦《また》尾有りて磐石《いは》を披《おしわ》けて出者《きたれ》り。天皇問ひて曰はく、「汝は何人ぞ」とのたまふ。対へて曰さく、「臣は是磐排別《いはおしわく》が子なり」とまうす。〈排別、此をば飫時和句《おしわく》と云ふ。〉此則ち吉野の国樔《くずら》部が始祖なり。水《かは》に縁《そ》ひて西《にしのかた》に行きたまふに及《およ》びて、亦梁《やな》を作《う》ちて取魚《すなどり》する者《もの》有り。〈梁、此をば揶奈《やな》と云ふ。〉天皇問ひたまふ。対へて曰さく、「臣は是苞苴擔《にへもつ》が子なり」とまうす。〈苞苴擔、此をば珥倍毛菟《にへもつ》と云ふ。〉此則ち阿太《あだ》の養鸕《うかひら》部が始祖なり。

ここでも、先と同様に要点と問題点を列記しよう。

- ここで神武天皇は、菟田の穿邑（宇陀市菟田野町宇賀志）から吉野に向かっており、『記』とは逆の方向に進んだことになる。したがって、吉野川の流域でも「水に縁ひて西に行きたまふ」あるように、上流から下流へ進んでいる。その後、再び菟田に戻るという、地理的に矛盾した径路を歩んでいる。『紀』が、こうした径路を採録した理由は分明ではない。
- 神武天皇にとり、盆地地域を制圧する前に、吉野川流域へ巡幸することが重要であったということである。武力で制圧し、服属させることが目的でなかったことは、「親ら軽兵を率ゐ」て巡幸したとあることからも読み取ることができる。そのことの目的が明確でない点は『記』と等しいが、それについての私見は後に述べよう。

○

右の所伝に関わり「古代の論理では、相手の名を問うことは、相手に素姓を明らかにすることを迫ったことになり、名の問答は、服属儀礼の一つの型であった。阿陀の鵜養らの名告《なの》りは、天皇への服従の意思を表白しており、この物語は阿陀の鵜養の服従伝承だった」という説がある。(12)「名告り」儀礼にそうした機能が存在したことは認められるが、そのすべてが服属を意味するものであったとは限らない。たとえば、『記』・『紀』に伝えられる、葛城山で雄《ゆう》略《りゃく》天皇が一言主神《ひとことぬしのかみ》と遭遇した場合のように、相互の名告りが交誼《こうぎ》の証《あかし》、友好関係締結の表明であることもあった。(13)

要するに、神武天皇が吉野川流域で遭遇し名を明らかにした、井戸の中より出現した井光＝吉野首部の始祖、磐石を押し分けて出現した磐排別の子＝吉野の国樔部の始祖、梁漁をする苞苴擔が子＝阿太の養鸕部の始祖の所伝からは、服属儀礼的要素は読み取れない。記載順と表記の違いを除けば『紀』・『記』はほぼ等しいが、吉野川の上流から下流に進んだとすれば阿太の養鸕部が最後に記されるのは妥当であるが、そこから一行が再び菟田に戻ることは無駄である。

この後の神武天皇は、宇陀の兄宇迦斯《えうかし》・忍坂《おしさか》の土雲《つちぐも》八十《やそ》建《たける》・登美能那賀須泥毘古・兄師木《えしき》（『紀』は兄磯城《えしき》・長髄彦《ながすねびこ》・層富《そふ》の新城戸畔《にいきとべ》・和珥《わに》坂下《さかもと》の居勢祝《こせのはふり》・臍見《ほそみ》の猪祝《いのはふり》・高尾《たかお》張邑《はりむら》の赤銅《あかがね》）らを武力で制圧し、物部連《もののべのむらじ》氏らの祖である邇芸《にぎ》速日命《はやひのみこと》（饒速日命）が天津《あまつ》瑞《しるし》を献上し仕奉《しぶ》することを表明したことで、畝火《うねび》之《の》白檮原《かしはら》宮（橿原宮）に即位したと記されるが、本論の目的に直接はかかわらないのでこの部分への論及は控えよう。

いずれにしても、神武天皇が熊野、宇陀、あるいは吉野川流域から奈良盆地地域に進む場合、宇智郡阿陀の地を経由することは全く必要でない。そこでは地理的な合理性は考慮されていないのである。それでは神武天皇が、わざわざ阿陀まで足をのばした理由は何だったのか、そのことと戦闘行為の有無が関連するのか否かについては、改めて検討を要する問題である。

「鵜飼が伴」の助け——久米歌の中の阿陀の鵜養

神武天皇は、吉野川流域から宇陀地域に進んでいるが、それ以降は「久米《くめ》歌《うた》」のともなう物語が展開する。久米歌（来目歌）は、元来は久米（来目）氏に伝えられた歌謡であり、のちに宮廷の「楽府《おおうたどころ》」（神武天皇即位前紀）・「楽官《うたまいのつかさ》」（持統天皇紀元年正月丙寅朔条／後の雅楽寮の前身）で伝習されて、新嘗祭《にいなめさい》や大嘗祭《おおなめさい》において久米舞とともに奏された。[14] 久米氏は天皇に近侍した武力集団であり、[15] 大伴連《おおとものむらじ》氏の統率下に置かれていた。久米歌に見える地名は、宇陀や忍坂《おしさか》（桜井市忍阪）、伊勢などであり、そこから彼らの拠地が推察される。[16] 神武天皇の大和平定物語は、久米歌とともに展開している面も少なくない。久米歌が神武天皇伝承から分離されたならば、両者ともにその存在価値が半減することは確かであろう。久米歌から読み取ることができる社会と久米氏の活躍した時期を四世紀ごろと推定するむきもあるが、[17] 必ずしも確証があるわけではない。ただ、それが『記』・『紀』成立間近の新しいものでないことは、歌の内容からも理解される。

その久米歌の中に、神武天皇が磯城《しき》（三輪山の西南麓地域）の在地豪族を制圧した際に詠んだという、次の一首がある。

又、兄師木《えしき》、弟師木《おとしき》を撃ちたまひし時、御軍《みいくさ》暫《しま》し疲《つか》れき。爾《ここ》に歌《うた》曰ひけらく、
楯並《たたな》めて　伊那佐《いなさ》の山の　樹《こ》の間《ま》よも　い行きまもらひ　戦へば　吾はや飢《ゑ》ぬ　島つ鳥　鵜養《うかひ》が伴《とも》　今助《す》けに来《こ》ね
とうたひき。

同様の所伝は、『紀』にも載録されている。

是《これ》より先に、皇軍《みいくさ》攻めて必ず取り、戦《たたか》ひて必ず勝てり。而《しか》るに介冑《いくさ》の士《ひとども》、疲弊《つひ》ゆること無《な》きにあらず。故《このゆゑ》に、聊《いささか》に御謡《みうた》を為《つく》りて、将卒《いくさのひとども》の心を慰《やす》めたまふ。謡《みうたよみ》して曰《のたま》はく、
楯並《たたな》めて　伊那瑳《いなさ》の山の　木《こ》の間《ま》ゆも　い行《ゆ》き瞻《まも》らひ　戦《たたか》へば　我《われ》はや飢《ゑ》ぬ　嶋《しま》つ鳥　鵜飼《うかひ》が徒《とも》　今助《す》けに来《こ》ね
果《はた》して男軍《をいくさ》を以て墨坂《すみさか》を越えて、後《しりへ》より夾《はさ》み撃《う》ちて破りつ。其の梟帥《たける》兄《え》磯城《しき》等《ら》を斬《き》りつ。

ここに見える「伊那佐の山」（伊那瑳の山）は今日の宇陀市榛原町であるが、「鵜養が伴」[18]（鵜飼が徒）は神武天皇の物語からみて「阿陀の鵜養」をさしていると解するのが妥当である。宇陀から磯城にかけての戦闘において、吉野川河尻の宇智地域から阿陀の鵜養が救援に来るこ

阿陀を流れる吉野川

とを求めている。ここで歌われている内容は、もちろん具体的な史実を伝えているとは言えないが、問題は久米歌でそのように歌われる歴史文化的な背景であり、宇陀と阿陀の関連の有無である。

　すなわち、ここに歌われる阿陀の鵜養は、神武天皇を援《たす》ける、その与党として位置づけられている。「鵜養が伴」という句からは、神武天皇に親近感をもつ、近侍の従者としての感覚を読み取ることもできる。「鵜養が伴」の助力があれば、兄師木（兄磯城）らに勝利できると歌っているのである。これは、神武天皇に制圧される多くの集団とは、全く逆の位置づけである。神武天皇にとり、阿陀の鵜養はそうした集団として位置づけられ、伝承されてきたことが理解される。このことは、吉野川流域で神武天皇による武力行為が記されていないことに通じるものがある。

ちなみに、『万葉集』巻第十には、

　　ま葛原なびく秋風吹くごとに阿太の大野の萩の花散る（２０９６）

とあり、宇智郡阿太の大野の萩が詠まれている。また、『万葉集』巻第十一にも、

　　阿太人の梁《やな》うち渡す瀬をはやみ心は思へど直《ただ》に逢はぬかも（２６９９）

とあって、阿太（阿陀）人の特徴的な生業に関する知見を前提とした歌が載る。さらに、『万葉集』巻第一には、持統《じとう》天皇の吉野宮（吉野郡吉野町宮滝）行幸に随従した柿本人麻呂《かきのもとのひとまろ》による、次の長歌《ちょうか》が載録されている。

　　　吉野宮に幸《みゆき》したまひし時に、柿本朝臣人麻呂の作りし歌

　　やすみしし　わが大君《おほきみ》　神ながら　神さびせすと　吉野川　たぎつ河内《かふち》に　高殿《たかどの》を　高知りまして　登り立ち　国見《くにみ》をせせば　……　行き沿《そ》ふ　川の神も　大御食《おほみけ》に　仕《つか》へ奉《まつ》ると　上《かみ》つ瀬に　鵜川《うかは》を立ち　下《しも》つ瀬に　小網《さで》さし渡す　山川も　依《よ》りて仕ふる　神の御代《みよ》かも（38）

持統天皇が吉野宮に行幸した際に、鵜養漁が実演されたのであろう。もちろん、それを担ったのはすぐ下流域に住む阿陀の鵜養であった。阿陀人が鵜を操《あやつ》り獲た「吉野の鮎」を御膳に薦《すす》め、女帝がそれを食したであろうことは、言うまでもない。持統天皇にとって、それは都では決して経験できない楽しみな情景だったが、夫の天武天皇とともに経験した壬申の乱での苦難を偲び、かつ神武天皇の物語を想起する機会でもあったに違いない。

『紀』によれば持統天皇はしばしば吉野宮に行幸しているが、鵜養の季節性からみて右の歌謡は、三年から五年にかけての行幸を記す左註などを参照すれば、その三年（６８９）八月甲申、もしくは四年五月戊寅の行幸時の作ではないかと思われる。

鵜養の文化――鵜葺草葺不合命の誕生神話と鵜の信仰

阿陀の鵜養らは、鵜養漁をはじめ、鰻などを捕獲するために竹を編んで作った漁具である筌《うけ》や、泳ぐ魚を捕獲するために川中に設けた立体的な仕掛けである簗《やな》（梁）などを用いた、河川漁を得意とする集団であった。

その名にみえる阿陀（阿太）は地名だが、特徴的な生業が集団の名になった鵜養漁について述べておこう。ちなみに、阿陀地域での鵜養漁はのちには廃《すた》れたようであるが、大和国宇智郡に西接する紀伊国伊都《いと》郡（和歌山県橋本市／ここで吉野川が紀ノ川となる）では、起源は定かでないものの、１９６０年代まで小規模な鵜養漁が行なわれていた。

飼いならした海鵜《うみう》を操り川魚をとる鵜養漁は、今日では一部地域の河川で観光化した漁として残存しているのみだが、かつては広く行なわれていた。(19) 中国・隋の歴史を記録した『隋《ずい》書《しょ》』倭国伝は、7世紀の倭国社会の特徴について次のように記している。(20)

気候温暖にして、草木は冬も青く、土地は膏腴《こうゆ》にして、水多く陸少し。小環を以て鸕鷀《う》の項《うなじ》に掛《か》け、水に入りて魚を捕えしめ、日に百余頭を得。

当時の中国から、鵜養漁は倭国に特徴的な漁法とみなされていたようだが、情報は推古天皇十六年（608）に帰国した遣隋使《けんずいし》の小野妹子《おののいもこ》に伴い来倭した、隋使裴世清《はいせいせい》一行の見聞記録より出たものと思われる。彼らを歓迎する饗宴《きょうえん》で鵜飼漁が実演されたとも考えられるが、『記』・『紀』の所伝の中で鵜が大きな位置を占めているのが、神武天皇の父である鵜《う》葺《か》草《や》葺不合命《ふきあえずのみこと》（鸕鷀草葺不合尊）誕生の情景である。

それを示すために、神武天皇の物語から少し遡り、天孫降臨《てんそんこうりん》以降の神話伝承の展開を略記しよう。

『記』には、高天原から竺紫《つくし》の日向の高千穂の久士布流多気《くしふるたけ》に天降《あまくだ》った天孫の邇邇芸《ににぎの》命《みこと》は、笠沙《かささ》の御前《みさき》（鹿児島県南さつま市笠沙

簗

中林啓治・画、『［絵引］民具の事典』（河出書房新社、2008）より

町）で出会った大山津見《おおやまつみ》神の娘の神阿多都比売《かむあたつひめ》〈亦名《またのな》は木花之佐久夜毘売《このはなのさくやびめ》〉との間に、火照《ほでりの》命《みこと》〈隼人《はやと》阿多君《あたのきみ》の祖《おや》〉・火須勢理命《ほすせりのみこと》・火遠理命《ほおりのみこと》〈亦名は日子穂穂手見命《ひこほほでみのみこと》〉を儲《もう》けたとある。

『紀』でも、天孫の瓊瓊杵尊《ににぎのみこと》が日向の襲《そ》の高千穂峯に天降り、吾田《あた》の長屋《ながや》の笠狭碕《かささのみさき》で出会った鹿葦津姫《かしつひめ》〈神吾田津姫《かむあたつひめ》／木花之開耶姫《このはなのさくやびめ》〉との間に、火闌降命《ほのすそりのみこと》〈隼人等の始祖《はじめのおや》／吾田君小橋《あたのきみおばし》等の本祖《とおつおや》〉・彦火火出見尊《ひこほほでみのみこと》・火明命《ほのあかりのみこと》〈尾張連《おはりのむらじ》等の始祖〉を儲けたと伝える。『記』とは子の名と後裔集団の表記で若干の差異もあるが、いずれにしても天孫と隼人、それも後にいう「阿多隼人」の女性との関係を中心にした物語とその系譜が展開することでは共通する。右の吾田君小橋に関わり、神武天皇記には、神武天皇が未だ日向にいた時に、阿多《あた》の小椅君《おばしのきみ》の妹である阿比良比売《あひらひめ》との間に多芸志美美命《たぎしみみのみこと》と岐須美美命《きすみみのみこと》を儲けたとある。また神武天皇即位前紀は、その女性の名を日向国吾田《あた》村の吾平津媛《あひらつひめ》と記すが、いずれにしても阿多隼人の女性との間に関係が重ねられている。

天孫が降臨したという日向の「襲」は後の大隅国地域にあたることは後述するが、降臨後は天孫とその裔たちが阿多隼人の女性を妻問う展開であることは見過ごせない。[21] 約言すれば、この神話の根幹は「大隅隼人」の地に天降った天孫とその裔たちが、「阿多隼人」の女性を妻問う物語であり、原神話の形成地域を示唆している。

この吾田を王家の所領である県《あがた》のことと解する立場もあるが、[22] 県は所在地名を冠して「某県」と称されるのが一般である。この場合は地名が冠されていないことから、王家領の県に結び付けて解することは妥当でない。

ちなみに、奈良時代初めまでの日向国は非常に広大で、薩摩《さつま》国が大宝二年（702）に（『続日本紀』大宝二年十月丁酉条)、大隅《おおすみ》国が和銅六年(713)に分立する(『続日本紀』和銅六年四月乙未条)以前は、両地域はともに日向国の領域であった。大隅国の分立が薩摩国より若干遅れるのは、大隅地域が日向国との結びつきが強かったためと思われる。

神話は、火照命を海佐知毘古《うみさちびこ》・火遠理命を山佐知毘古《やまさちびこ》(『紀』は火闌降命を海幸彦《うみさちひこ》・彦火火出見尊を山幸彦《やまさちひこ》)として、弟の山佐知毘古が兄の海佐知毘古から借りた釣り針を失い、それを求めて海神《わたつみ》宮を訪問する物語として展開するが、紙幅の関係から考察は別稿(『日本書紀と神話の古代史』)に譲る。兄との争いに勝利した山佐知毘古は、海神の娘の豊玉毘売《とよたまびめ》と結ばれ、豊玉毘売は神武天皇の父となる御子《みこ》を出産するが、ここでの問題は次に引くその際の情景である。

> 是《ここ》に海神の女、豊玉毘売命、自《みづか》ら参出《まゐで》て白《まを》ししく、「妾《あ》は已《すで》に妊身《はら》めるを、今産む時に臨《な》りぬ。此《こ》を念《おも》ふに、天《あま》つ神の御子は、海原に生《う》むべからず。故《かれ》、参出到《き》つ。」とまをしき。爾《ここ》に即《すなは》ち其《そ》の海辺《うみべ》の波限《なぎさ》に、鵜《う》の羽《は》を葺草《かや》に為《し》て、産殿《うぶや》を造りき。是に其の産殿、未《いま》だ葺《ふ》き合《あ》へぬに、御腹《みはら》の急《あわただ》しさに忍《しの》びず。故、産殿に入《い》り坐《ま》しき。……是を以《も》ちて其の産みまし御子を名づけて、天津《あまつ》日《ひ》高《こ》日《ひ》子《こ》波限《なぎさ》建《たけ》鵜《う》葺草《かや》葺不合命《ふきあへずのみこと》と謂《い》ふ。

産殿(産屋)とは、出産のために特別に設《しつら》えられた小規模な建物のことで、出産の後もしばらくの期間は家族と離れて、乳児とここで生活をともにした。海洋民を中心にして古くから広く行なわれていた習俗とみられるが、その産屋の屋根を鵜の羽で葺き終わらないうちに誕生した、という。『紀』の引用は控えるが、神代紀第十段一書第一・同一書第三などの異伝でも、同様な彦波瀲武《ひこなぎさたけ》鸕鷀草葺不合尊《うがやふきあえずのみこと》誕生の情景が記載されている。なお、この鵜葺草葺不合命が、母である豊玉毘売の妹の玉依毘売《たまよりびめ》との間に儲けるのが、のちの神武天皇である。

鵜葺草葺不合命の誕生神話で重要なことは、産屋の屋根を鵜の羽で葺いたことと、かつその一部を葺き残しておいたことである。まず、前者については「鵜に安産の霊力があると信じていた」から鵜の羽で屋根を葺いたという説明もあるが、(23)弥生時代の墓が多く検出された、日本海の響灘《ひびきなだ》に面する砂丘上に所在する山口県豊北町の土井浜遺跡からは、胸に海鵜の骨が載せられた弥生時代前期の女性人骨が出土している。これが鵜を抱いて葬られた姿に復原されていることから、(24)鵜を儀礼に用いたのは出産の場合だけではないことが分かる。この場合の鵜は、亡くなった女性の霊魂が確かに他界へ行くことを託した「死の鳥」であり、死者の霊魂が鵜に乗り、あるいは鵜と化して速やかにあの世へ赴くことを願った呪的な観念をあらわしている。(25)

これらはいずれも、霊魂の存在を信じる信仰と鳥が天空を自在に飛翔する生態に対する畏怖の観念が結びついて成立した、鳥霊《ちょうれい》信仰に基づいた呪的な儀礼であり、古来出産や喪葬に際して鳥や鳥形の呪物が広く用いられていた。(26)この場合はそれに鵜が選ばれたということであり、そこにこの物語を伝えた集団の特色が表出している。

鳥霊信仰に基づいた出産物語としては、仁徳天皇紀元年己卯条に、「仁徳天皇が生まれた時に産殿《うぶどの》に木菟《つく》（ミミズク）が、大臣武内宿禰《おおおみたけしうちのすくね》の子が生まれた際には産屋に鷦鷯《さざき》（ミソサザイ）が飛び込んだが、これは嘉慶なことなので互いに鳥の名を取り易《か》えて子の名とした。」と伝えられるのが分かりやすい。これは、出産の際に木菟・鷦鷯などの羽や鳥形品の呪具を用いて、誕生したばかりの赤子に人の霊魂を速やかに取り込もうとした呪儀が説話化したものである。誕生したばかりの赤子は、鳥に乗り、あるいは鳥と化して運ばれてくる人の霊魂を体内に取り込むことで、はじめて人となると信じられていたのであり、それは単なる安産の呪物ではない。

鵜葺草葺不合命や神武天皇の物語を伝えた集団は、その生業に特徴的な鵜を霊鳥として重視していたのであり、神武天皇がわざわざ吉野川河尻の阿陀の鵜養を訪れたことの理由を暗示している。

これに関わり、山口県・福井県・富山県などの日本海沿岸地域には鵜を神聖視する祭儀が分布し、また沖縄では産屋の屋根の一部を葺き残しておく習俗があった(27)。産屋の屋根の一部が葺き残されたことは屋根に穴を穿つことと同じであり、それは明りとりや煙出しなどの実用的な機能だけでなく、その建物を去来する神の通路でもあると観念された。こうした神話的観念は、『山城国風土記《やましろのくにふどき》』逸文《いつぶん》（『釈日本紀』巻九所引）「加茂社《かも》」創祀神話や、『記』・『紀』の天石屋戸《あめのいわやと》神話で須佐之男命《すさのおのみこと》（素戔嗚尊）が天照大神《あまてらすおおみかみ》の神聖な機織り御殿の屋根を穿ち天斑《あめのぶち》駒《こま》を逆剥《さかは》ぎ・生剥《いきは》ぎにして投下する物語などでも語られている(28)。

邇邇芸命から神武天皇までの四代の物語で注目される点は、日向、なかでも大隅・阿多（吾田）の地域や集団との強い結びつきにおいて展開していることと、彼らは鵜を霊鳥として神聖視する習俗を有していたことである。阿多の地名は、大宝二年に日向国から分立する薩摩国の阿多郡（鹿児島県南さつま市）として残るが、古くは薩摩半島地域を代表する地名として用いられていたと考えられる。

こうした習俗を特徴とする神話を伝承してきた中心的な集団は大隅・阿多の隼人たちであり、大和国宇智郡の阿陀の鵜養が、早くに移住した阿多隼人の同族集団であるという従前からの理解は、この点からも妥当である。

やや後の史料であるが、室町時代の官人中原康富の『康富記』（増補史料大成）に見える隼人司領荘園は、畿内（大和・河内・山背・摂津・和泉）とその周辺に移住した、いわゆる「畿内隼人」の居地であったと目されている。そこには、山城国大住《おおすみ》庄・山城国宇治田原郷・西京隼人町・河内国萱振《かやふりのほ》保、近江国竜門・丹波国氷所などが見えるが、山城国宇治田原郷（京都府綴喜郡宇治田原町）・近江国竜門（滋賀県大津市大石竜門）は宇治川・瀬田川水系の鵜養との関係が想定され、鵜養と隼人の結びつきを示している。

阿陀の鵜養を阿多隼人の同族とみなす考えに対して、「神武天皇伝承において阿陀の鵜養の祖先は服属するが、すでに隼人は神武天皇東遷以前に海佐知毘古・山佐知毘古神話で服属しているから、この二つは別の氏族だと考えた方がよい」、という説がある。(29) しかし、先述したように、神武天皇の大和平定伝承において、阿陀の鵜養をはじめ吉野川流域の集団について武力平定・帰服のことは一切語られていない。この点において、右の主張に妥当性は認められない。

神武天皇の軍が大和の宇智、吉野、宇陀をめぐっているのは、「そこが宮廷祭祀と深い因縁をもつ「国つ神」後裔集団らの棲《す》みかであり、その由来を初代君主の事績として語ろうとしている」として、宮廷儀礼との関係を重視する説もある。(30) とくに神武天皇伝承に吉野の国巣（国栖）が登場することについては、大嘗祭に奉仕することとの関係が想定されている。(31) しかしながら、阿陀の鵜養や吉野首氏には大嘗祭など宮廷儀礼との関係は知られていない。その考えを彼らに敷衍《ふえん》することはできないから、吉野の国栖も含めて別の歴史的契機を考えなければならない。

蟹守と蟹の呪術――『古語拾遺』の鵜葺草葺不合命出産の神話

ところで、鵜葺草葺不合命誕生神話について、『記』・『紀』には見られない独自で興味深い物語が『古語拾遺《こごしゅうい》』に載録されており、この神話を伝えた集団や文化的な特徴などを知るうえで参考になると思われるので、触れておこう。なお、『古語拾遺』は古来、王権の祭祀を担った斎部《いんべ》（忌部）広成《ひろなり》が大同二年（807）に撰述し、平城《へいぜい》天皇に提出した氏族誌である。

天祖彦火尊《あまつみおやひこほのみこと》　海神《わたつみ》の女《むすめ》豊玉姫命《とよたまひめのみこと》を娉《ま》ぎたまひて、彦瀲尊《ひこなぎさのみこと》を生みます。誕育《ひだ》したてまつる日に、海浜に室を立てまたひき。時に、掃守連《かにもりのむらじ》が遠祖天忍人命《とほつおやあめのおしひとのみこと》、供《つか》へ奉《まつ》りて陪侍《はべ》り。箒《ははき》を作《つく》りて蟹を掃《はら》ふ。仍《よ》りて、鋪設《しきもの》を掌《つかさど》る。遂に職《つかさ》と為す。号《なづ》けて蟹守《かにもり》と曰《い》ふ。

豊玉姫が彦瀲尊（鵜葺草葺不合命）を出産・養育するために海辺に室屋を設けたが、そこに供奉していた掃守連氏の遠祖の天忍人命が箒で蟹を掃いたので、のちに朝廷の儀式で用いる蓆《むしろ》・薦《こも》などに関することを掌るようになった。それで蟹守と名付けたのである、という。すぐには理解しがたい不思議な内容であるが、これは海辺の産屋に蟹が近づくのを箒で掃いて防いだということではなく、事実はその逆で蟹が産屋から逃げ出すのを箒で防いで屋内を這わせたという意である。(32) 産室に蟹を這わせる習俗は、「産児が（脱殻して成長する）蟹の如く幾度となく生命を更新して、長く健全であれかし」という、(33) 呪術的観念より出たものである。

古くは、蛇・蜥蜴《とかげ》・蟹・蝦《えび》などは、脱皮・脱殻によって絶えず死と再生、復活の過程を反覆し長生していると解され、畏敬の念を懐かれていた。沖縄の伊良部《いらぶ》島佐良浜村の民謡で「…蝦蟹は若返る…」と歌われ、「産まれたばかりの幼児に蟹を這わせ、また満潮時の砂浜の穴から二匹の白く美しい蟹をもってきて一疋は生まれた家の縁の下に入れ、残りは産婦と幼児のお汁にした」こと等々の、特徴的な伝統的習俗はそうした呪術的観念に由来するものである。(34)

蟹守伝承が『古語拾遺』にのみ載録された経緯は詳らかでないが、産屋を鵜の羽で葺く習俗ともども、鵜葺草葺不合命誕生物語を伝えた集団の地域的、文化的特徴を示している。

「阿太の別」氏と「鵜甘部首」氏

『記』の特色の一つに、氏族の同族系譜を多く記載していることがある。11代垂仁《すいにん》天皇記の、天皇と旦波比古多多須美知宇斯王《たにはのひこたたすみちのうし》の娘、氷羽州比売命《ひばすひめのみこと》の間に生まれた大中津日子命《おおなかつひこのみこと》を祖とする、次の後裔系譜もその一つである。

次に大中津日子命《おほなかつひこのみこと》は、〈山辺之別《やまのへのわけ》、三枝之別《さきくさのわけ》、稲木之別《いなきのわけ》、阿太之別《あだのわけ》、尾張国之三野別《をはりのくにのみののわけ》、吉備之石无別《きびのいはなしのわけ》、許呂母之別《ころものわけ》、高巣鹿之別《たかすかのわけ》、飛鳥君《あすかのきみ》、牟礼之別《むれのわけ》等の祖《おや》なり。〉

右に見える各氏族はのちの史料への登場が稀な地方の中小豪族であり、取り上げられることも少ない。これについて日本思想大系本『古事記』[35]は、次のように解説している。

山辺之別：大和国山辺郡の地を本拠とした氏族か。
三枝之別：加賀国江沼郡三枝郷の地を本拠とした氏族か。
稲木之別：尾張国丹羽郡稲木郷の地を本拠とした氏族か。
阿太之別：大和国宇智郡阿陁郷の地を本拠とした氏族か。
尾張国之三野別：尾張国中島郡見努神社のある地の氏族か。
吉備之石无別：備前国磐梨郡石生・和気郷の地を本拠とした氏族、後の磐梨別公。
許呂母之別：三河国賀茂郡挙母郷の地を本拠とした氏族。
高巣鹿之別：三河国渥美郡高蘆郷の地を本拠とした氏族か。
飛鳥君：大和国高市郡飛鳥、河内国安宿郡の地を本拠とした氏族かは未詳。
牟礼之別：摂津国島下郡牟礼神社のある地、もしくは周防国佐波郡牟礼郷を本拠とした氏族か。

比定はおおむね妥当と考えられるが、これらの同族氏族群にどのような意味があったのか、今日では詳らかではない。飛鳥君氏だけ姓《かばね》が別《わけ》でなく、君姓であることは異質である。阿太之別氏は、指摘のように大和国宇智郡阿陁郷を本拠とした氏とみてよいと思われるが、阿陀の鵜養との関係は分明ではない。

「別」（和気）とは、5世紀中葉以前にはヤマト王権内の諸首長の有した称号であり人名に付して呼ばれていたが、5世紀中葉以降は王家から分かれたという氏族や地方豪族も称し、やがてヤマト王権内での政治的地位を示す姓《かばね》になり、また氏の名としても用いられた。(36)

○

鵜養部を率いた伴造《とものみやつこ》（部《べ》を率いて王権に奉仕した豪族）に、鵜甘部首《うかいべのおびと》氏がいる。弘仁六年（815）に成立した京・畿内本貫の古代氏族1182氏の系譜書である『新撰姓氏録《しんせんしょうじろく》』未定雑姓和泉国条には、「鵜甘部首《うかひべのおびと》。武内宿禰《たけしうちのすくね》の男、己《こ》西男《せのを》柄《から》宿禰の後《すゑ》なり。」と見える。大宝二年（702）の「御野《みの》国各牟《かかむ》郡中《なか》里戸籍」（『大日本古文書』1―一四七、各牟郡中里は木曽川右岸の岐阜県各務原市那加《なか》の辺り）に鵜養部目都良売《めづらめ》らの名が見える。長良《ながら》川を挟んで隣接する美濃《みの》国方県《かたがた》郡には鵜養郷（長良川右岸の岐阜市下鵜養・黒野・折立の辺り）があり、今も長良川の鵜養は多くの観光客を集めている。

律令制下には、宮内省《くないしょう》の被官に調理を担当した大膳職《だいぜんしき》があり、その食材調達のために「雑《ざっ》供戸《ぐこ》」が配置されていた。雑供戸には「鵜飼卅七戸、江人《えひと》八十七戸、網引《あびき》百五十戸」があり（『令集解』職員令大膳職別記）、海・湖・河川の漁獲物を貢納した。

律令制以前に鵜養部を統轄していた鵜甘部首氏が、己西男柄宿禰（巨勢雄柄宿禰／許勢小柄宿禰）の後裔という系譜伝承は、巨勢《こせ》氏が朝廷の膳《かしわで》職に奉仕してきたことに関わると考えられる。そこで律令制以前の巨勢氏とその同族の歴史について垣間《かいま》見るが、氏族の王権への仕奉《しぶ》を考える際に留意されるのが、古代における「名《な》」に対する観念である。

古代の人々にとって、名は単に個を識別する記号ではなかった。律令制以前の名に関する観念や歴史観を象徴的に表出しているのが名代《なしろ》（部《べ》）であり、ここでの課題を考察するうえで参考になる。名代とは、6世紀前半以降に、15代応神天皇の5世孫という26代継体《けいたい》天皇に始まる王権が、主に4世紀後半から5世紀代の天皇・王族や后妃《こうひ》らの名をのちに伝えるという名目のもとに、所縁の集団を中心に各地の豪族の領域内に設置した、彼らの名を冠した部（王権に帰属して労働奉仕と生産物貢納の義務を負った人間集団）のことである。その設置には、彼らの名を後世に伝えることで先の王統《おうとう》・王族の存在を顕彰するという名分が掲げられた。それはいわば「歴史の伝承」でもあるが、形式的な面もある。実際は、継体天皇系王統と王権において、以前の王位と王権を継承することの正統性の主張と、その王権縁りの勢力に対する支配および現王権の政治的基盤を強化するという、現実的で政治的な意図が存在した[37]。

そのことを巨勢氏の関係において例示すれば、オオサザキ（大雀命・大鷦鷯尊＝16代仁徳天皇）に対応する名代としては雀部《さざきべ》があり、その伴造氏族としては神武天皇記に神八井耳命《かむやいみみのみこと》の後の雀部臣《さざきべのおみ》と雀部造《さざきべのみやつこ》、8代孝元《こうげん》天皇記の建内宿禰《たけしうちのすくね》後裔氏族系譜にみえる許勢小柄宿禰の後の雀部臣の各氏がいた。この中の巨勢（許勢）氏同族の雀部朝臣《さざきべのあそん》（旧姓は雀部臣）氏について、『新撰姓氏録』左京皇別上条には次のようにある。

> 雀部朝臣。巨勢朝臣と同じき祖。建内宿禰の後なり。星河建彦宿禰《ほしかはのたけひこのすくね》、諡《おくりな》は応神の御《み》世《よ》、皇太子大鷦鷯尊に代《かは》りて、木綿襷《ゆふたすき》を繫《かけ》て、御膳《みけ》を掌監《つかさど》りき。因《よ》りて名《な》を賜《たま》ひて大雀臣《おほさざきのおみ》と曰《い》ふ。日本紀《にほんぎ》に合《あ》へり。

雀部と大鷦鷯尊（大雀命）との対応関係を伝えているが、氏名《うぢな》の始まりが応神朝というのは事実ではない。雀部朝臣氏の祖が天皇の食膳調理に奉仕したという、その職掌と設置時期（氏名の成立）を考える際の手掛かりは、次に引く『続日本紀』天平勝宝三年（751）二月己卯条にある。

典膳《てんぜん》正六位下雀部朝臣真人《まひと》ら言《まう》さく、「磐余玉穂宮《いはれのたまほのみや》・勾金橋宮《まがりのかなはしのみや》に御宇《あめのしたしらしめ》しし天皇の御世《みよ》に、雀部朝臣男人《をひと》、大臣《おほおみ》として供奉《つかへまつ》りき。而《しか》れども誤りて巨勢男人《こせのをひと》大臣と記《しる》せり。真人らが先祖《さきつおや》、巨勢男柄宿禰《をからのすくね》が男《をのこご》三人有り。星川建日子《ほしかはのたけひこ》は雀部朝臣らが祖《おや》なり。伊《い》刀《と》宿禰は軽部《かるべ》朝臣らが祖なり。乎利《をり》宿禰は巨勢朝臣らが祖なり。浄御原《きよみはら》朝庭《のみかど》、八姓《やくさのかばね》を定めたまへる時に、雀部朝臣の姓を賜《たま》はりき。然《しか》れば、巨勢・雀部、元同祖《もとおなじきおや》なりと雖《いへど》も、姓を別《わか》ちて後《のち》、大臣に任《にむ》せらる。今の聖運《せいうん》に当《あた》りて、改《あらた》め正《ただ》すこと得《え》ずは、遂《つひ》に骨名《かばねな》の緒《を》を絶《た》ちて、永く源《みなもと》無き氏《うぢ》と為《な》らむ。望《のぞ》み請《こ》はくは、巨勢大臣を改めて、雀部大臣として、名を長き代《よ》に流《つた》へ、栄《さかえ》を後胤《のちのすゑ》に示《しめ》さむことを」とまうす。大納言《だいなごん》従二位巨勢朝臣奈弖麿《なてまろ》も亦《また》、その事を証明《あきらか》にす。是《ここ》に治部《ぢぶ》に下知《げち》して、請《こひ》に依《よ》りて改め正さしむ。

内膳司《ないぜんし》は宮内省の被官で天皇の食膳の調理を掌《つかさど》り、その三等官が典膳である。右は、「継体天皇（磐余玉穂宮）と27代安閑《あんかん》天皇（勾金橋宮）の世に巨勢男人が大臣であったというのは誤りで、巨勢男柄宿禰の裔として同祖だが、大臣は雀部男人であった」という主張であり、時の巨勢氏の氏上とみられる大納言従二位巨勢朝臣奈弖麿もこれを認めた、と記している。このことから、巨勢男人の大臣就任自体を疑問とする説もあるが(38)、巨勢氏が男人の大臣就任の所伝を思うように創作し、『紀』に載録されることが可能であったとは考えられない。雀部朝臣（雀部臣）氏には右の主張に根拠があったのだろうが、今日では詳らかではない。

ここで注目されるのは、雀部臣氏の主張が継体・安閑朝の大臣巨勢男人（『紀』では武烈・継体朝）にかけて唱えられていることであり、実際は巨勢男柄（許勢小柄）宿禰を祖とする集団が、巨勢・雀部・軽部の三氏に分かれた（氏名と職掌が確定した）のがこの時であったこと、すなわち名代の雀部や軽部（19代允恭《いんぎょう》天皇の子の木梨《きなし》軽《のかる》皇子にかかる名代）の設置時期をはからずも示していることである(39)。

この巨勢氏の本貫は、大和川支流の一つ曽我《そが》川上流の巨勢谷の一帯、大和国高市郡巨勢郷（奈良県御所《ごせ》市古瀬から高市郡高取町の辺り）であるが、そこに室町時代には存在が確認できる奉膳《ぶんぜ》（御所市奉膳）の地名が分布するのも巨勢氏同族の右の職掌と関わろう。すなわち、巨勢氏同族という鵜甘部首氏は、巨勢氏もしくは雀部臣氏の天皇の食膳への仕奉という職掌と関わり、鵜養部を率いて鮎などを宮廷に薦《すす》めていたのである。巨勢氏の同族という鵜甘部首氏に率いられた鵜養部とは、巨勢郷に南接して存在する宇智郡阿陁郷を本拠とした阿陀の鵜養であったに違いない。

大和国宇智郡の隼人

阿陀の鵜養は早くに南九州から吉野川の河尻に移住してきた阿多隼人の同族であったが、それを含めて古代の宇智郡地域には多くの隼人系集団の居住していたことが知られている。まず、大和国宇智郡において隼人との関連が想定されている旧地名（大字・小字）から列記しよう[40]。

・宇智郡南阿太村南阿田
・宇智郡大阿太村西阿田、小字阿田峯
・宇智郡大阿太村東阿田
・宇智郡大阿太村佐名伝、小字大住

ただし、先にも触れたが小字大住が分布するかつての大阿太村佐名伝は、現在は吉野郡大淀町に属する。ちなみに、『延喜諸陵寮式』には、

阿　陁　墓〈贈太政大臣藤原朝臣良嗣、日本根子推国高彦尊天皇外祖父、在大和国宇智郡、兆域東西十五町、南北十五町、守戸一烟〉
後阿陁墓〈贈太政大臣正一位藤原朝臣武智麻呂、在大和国宇智郡、兆域東西十五町、南北十五町、守戸一烟〉

が見える。日本根《やまとね》子《こ》推国高彦尊《おしくにたかひこのみこと》は平城天皇、阿陁墓の場所は定かでないが、後阿陁墓は藤原南家の創建した栄山寺《えいさんじ》（五條市小島町）背後の丘陵上に現存する古墳に比定されている。これ

藤原武智麻呂墓

からみて、本来阿陀と称された地域は、右の旧地名分布地よりも広域であったと思われる。

『新撰姓氏録』大和国神別条からは、宇智郡本貫と推定される隼人系氏族の存在も知られる。[41]

二見首《ふたみのおびと》。富須洗利命《ほすせりのみこと》の後《すゑ》なり。
大角隼人《おほすみのはやと》。火闌降命《ほすそりのみこと》自《よ》り出づ。

富須洗利命は火闌降命に同じであるから、両氏は同祖同系である。二見首氏は、式内社の二見神社が鎮座し、川原《かわら》寺（高市郡明日香村）の寺領目録である和銅二年（709）の「弘福寺《ぐふくじ》田畠《でんばた》流記帳《るきちょう》」（『寧樂遺文』中巻）に「内《うち》郡二見村」と見える、今の五條市二見町辺りを本貫とした隼人系氏族である。大角隼人とは大隅隼人のことだが、小字大住が分布する旧宇智郡大阿太村佐名伝（吉野郡大淀町佐名伝）周辺に本貫が推定されている。

『新撰姓氏録』右京神別下条に「阿多御手犬《あたのみてのいぬ》

養《かひ》。同じき神の六世孫、薩摩若相楽《さつまのわかさがら》の後なり。」とある阿多御手犬養氏も古くに畿内へ移住した阿多隼人である。同氏は朝廷が必要とする犬の飼養を担っていたと見られるが、平安時代初めには平安京内に本貫を移しており、宇智郡阿陀との関連は未詳である。犬養部の飼養した犬は王権の所領である屯倉《みやけ》の警備に用いたとみる説もあるが、(42) 隼人は天皇に近侍して元日即位儀や大嘗祭などで犬の吠える吠声《はいせい》を発したように（神代紀第十段一書第二・『延喜隼人司式』・『延喜神祇式』など）、犬との関係は深い。

これに関わり、右の二見村の西に位置する「犬飼」（中世には坂合部郷の内）の地名を、隼人に関連付けるむきもある。つまり、阿多御手犬養条の「同じき神」とは、『新撰姓氏録』右京神別下条でこの直前に記載される「坂合部宿禰《さかあひべのすくね》。火闌降命の八世孫、邇倍足尼《にへのすくね》の後なり。」とある「火闌降命」を指すから、この坂合部宿禰（もとは坂合部連）氏も隼人である。このことから、二見村の西に位置する犬飼は阿多御手犬養のかつての居地であり、その西に接するかつての宇智郡阪合部村に隼人系坂合部宿禰氏の居住を推定することもできる。

ただし『新撰姓氏録』大和国皇別条には、「坂合部首《おびと》。阿倍朝臣《あへのあそん》と同じき祖。大彦命《おほひこのみこと》の後なり。」という別系の坂合部首氏も存在するから、断定はできない。

次に、この地域の考古学上の知見について瞥見すると、阿陀の鵜養の生業との関連が想定可能な遺物が検出されていることも注目される。

五條市出屋敷（かつての北宇智村）にある出屋敷塚山古墳は5世紀後半に築造された一辺約25mの方墳で、紀ノ川・吉野川流域に産する緑泥片岩板石《りょくでいへんがんいたいし》を用いた箱式石棺《はこしきせっかん》が埋納されていた。装身具の副葬はなく、鹿角装《ろくかくそう》鉄剣・刀子《とうす》・甲冑・武器・農耕具、朝鮮半島産のほぞ穴のある鉄斧・漁網に用いたとみられる土製の重《おも》しである土垂《どすい》22・釣針3などの副葬品が検出された。

五條市南阿田町にある南阿田大塚山古墳は、6世紀初頭に築造された墳長約23・5mの帆立《ほたて》貝形《がいがた》前方後円墳で、緑泥片岩を用いた横穴式石室が営まれていた。装身具・挂甲《けいこう》・鉄鉾《てつほこ》・鉄《てつ》鏃《ぞく》・馬具・須恵器《すえき》・土師器《はじき》・砥石《といし》・釣針・鉄斧・火打鎌・陶製紡輪《とうせいぼうりん》（紡錘車《ぼうすいしゃ》）などの副葬品が検出された。陶製紡輪とは、朝鮮半島に起源する陶製の糸を紡《つむ》ぐ器具である(43)。

豊富な鉄製武器・武具、海外系の遺物だけでなく、被葬者の属した集団の生業を物語る土製の垂《しず》・釣針などの漁具の出土は、これらの古墳を築造した集団の文化的特徴を示している。

阿陀の鵜養を阿多隼人の同族と解することに、先述した説とは別の異論がある(44)。それは、「伯耆《ほうき》国日野郡に阿太郷があるが、ここに隼人を移配したという所伝はない。宇智郡に本拠が求められる大角隼人・二見首は大隅隼人であり、この地域にはオオスミという小字《こあざ》もあるから、宇智郡阿陁郷には大隅隼人が移配された。これら畿内《きない》隼人の集団的な移配時期は天武朝である」という主張である。畿内隼人とその移住時期については後に触れるが、伯耆国日野郡阿太郷（鳥取県日野郡日南町宝谷のかつての阿太上村辺り）に隼人関連所伝が現存しないことと、隼人移住の有無は別の問題である。隼人の居住地域のすべてに、移住伝承が現存しているわけではない。また、小字の存在のみをもって、阿陀の鵜養は大隅隼人であったと解することは武断に過ぎると思われる。この問題については、後述する畿内に移住した隼人の居住実態の分析から、説明が可能であると考える。

それよりも、伯耆国日野郡に北接する会見《あいみ》郡に日下郷（鳥取県米子市日下）が存在することに留意される。日下郷と阿太郷は、直線で10㎞余りの位置にある。神武天皇が上陸したという河内の日下は、5世紀には隼人を配下に有した日向の大豪族諸県君《もろかたのきみ》氏とそれに支えられた日下宮王家（髪長媛・大日下王・若日下王・目弱王ら）の拠地であったように(45)、会見郡日下郷においてもそれと類似の関係が想定されるならば、日野郡阿太郷と隼人の関係についても参考となるが、詳細な考察は今後の課題である。

　右にもかかわる隼人の南九州から畿内への移住時期については、天武朝より早く、5世紀後半ないし6世紀初頭以後に想定し、大和の阿多隼人の大部分は平安京遷都にともない平安京やその周辺地域に移住したとみなす説もある(46)。平安京への移住についてはここでは措《お》くも、隼人の畿内への移住時期について、天武朝はもちろん5世紀後半から6世紀初頭と解する主張は、他の史料とは整合しないことから従えない。

　たとえば、この立場では17代履中《りちゅう》天皇即位時の住吉仲皇子《すみのえのなかつみこ》の変における「隼人刺領巾《さしひれ》（曽婆訶理《そばかり》）」、21代雄略《ゆうりゃく》朝に各地に散逸していた秦氏系集団を秦氏本宗の下に集めることに使役された大隅・阿多隼人（『新撰姓氏録』山城国諸蕃秦忌寸《はたのいみき》条）、雄略天皇の死に殉じた隼人のこと（清寧天皇紀元年十月辛丑条）などの所伝について、説明ができない。そのことから、これらをすべて創作、捏造された記事と解する立場もあるが(47)、創作・捏造説ではそこに隼人が登場することの理由、必然性について説明できない。自己の考えから外れる史料を創作・捏造されたものとして排除する立場を採らなくても、履中朝の隼人については妃の日向系草香《くさか》幡梭《はたび》皇女（若日下《わかくさか》王とは別人で、『記』には幡日《はたび》之《の》若郎女《わかいらつめ》とみえる人物）、『新撰姓氏録』山城国諸蕃秦忌寸条や雄略天皇に殉死した隼人は日向系日下宮王家の若日下《わかくさか》王（草香幡梭皇女／履中天皇の妃とは同名の別人）の入内《じゅだい》などのことから、類推することが可能である。『新撰姓氏録』山城国諸蕃秦忌寸条に隼人が見えることについては、なお後に詳しく述べる。

日下に近い河内国若江《わかえ》郡萱振《かやふりのほ》保（大阪府八尾市萱振町）は畿内に移住した隼人の居地の一つとして知られるが、その南西に位置する八尾市久宝寺《きゅうほうじ》遺跡（5世紀中頃の集落遺跡）からは、南九州系の成川《なりかわ》式土器や南九州に特徴的な柱穴が壁面から少し離れる隅丸方形の竪穴住居跡などが出土していることにも留意される。(48) 日下から久宝寺までは、直線で6㎞弱である。また、応神天皇紀十三年九月条に、仁徳天皇のキサキになる日向の諸県君髪長媛を安置したという桑津邑（摂津国住吉郡桑津村／大阪市東住吉区桑津町）は、久宝寺遺跡の西5㎞弱に位置し、いずれとも近接した位置にある。

成川式土器とは、薩摩半島南端にある成川遺跡（鹿児島県指宿市山川町成川）から出土したことにより命名された、この地域に特徴的な土器である。成川遺跡は、縄文・弥生・古墳時代に亘る複合遺跡であるが、なかでも古墳時代の400を超える人骨と埋葬遺構（土壙墓《どこうぼ》）が検出されたことは特筆される。副葬品には、土器と300を超える鉄製の刀剣や鏃などの武器類が中心で、装飾品はない。このことには成川遺跡を残した集団の特徴が表れているが、(49) 大阪府八尾市の久宝寺遺跡は5世紀中ごろの河内湖沿岸にも薩摩半島所縁の人々が居住していたことを示すものとして留意されよう。

これらの事柄を踏まえるならば、左の諸点は相互に関連する事柄として理解されるべきである。

①日向を出発した神武の一行が大和に入るために最初に上陸したのは河内湖岸の日下であった。
②日下は、隼人を配下に有した日向諸県君から出た髪長媛が仁徳天皇との間に儲けた大日下王・若日下王、大日下王の子の目弱王（眉輪王）ら、日下宮王家の拠地となる。
③髪長媛を安置した桑津邑は、大和川の分流である平野川が河内湖にそそぐ河口の要津であったとみられる。
④桑津邑の辺りは、仁徳天皇の歿後に、後の履中天皇と王位を争う、住吉仲皇子が基盤とした地域だったとみられる。
⑤その争いに登場する「隼人刺領巾（曾婆訶理）」は、神話を除けば『記』・『紀』における隼人関連記事の初見である。
⑥履中天皇は草香幡梭皇女（応神天皇記の日向泉長比売がもうけた幡日之若郎女）をキサキとして中磯皇女（大日下王のキサキとなり目弱王をうむ）をもうけるなど、日向系女性と親密であった。
⑦河内国若江郡萱振保は畿内隼人の居地であり、近くの八尾市久宝寺遺跡からは5世紀中ごろの南九州系の遺構や土器が検出されている。
要するに、河内湖岸地域には日向・隼人系の集団がある時期から集住しており、かつ履中朝から隼人関連記事が現れることにも、それなりの歴史的背景が想定される。

井氷鹿と石押分之子——吉野の国栖を中心にして

神武天皇が吉野川流域にまで出向いた理由として、吉野地域が大和の平野部を灌漑する水源地になっていたことに求める説もあるが、(50) これには事実の誤認がある。吉野川上流に鎮座する式内大社の丹生川上《にゅうかわかみ》神社が古来国家的祈雨祭祀の対象であったことは周知のところであるが、吉野川の水は王権の地域基盤である奈良盆地には流れず、すべて紀伊国に流れ下るから、この説に妥当性はない。この問題については、本書の第四章「大和の水分とヤマト王権の水源祭祀」でも触れる。

神武天皇が吉野川流域にまで及んだ理由を明確にするために、同じく吉野川流域で遭遇したという井氷鹿（吉野首）と石押分之子（吉野の国巣）についても検討しておこう。まず、彼らに関しても阿陀の鵜養と同様に、武力制圧・帰服のことが全く語られていないことに注目される。このことは、神武天皇が彼らのもとを訪ねた目的が、阿陀の鵜養の場合と等しいものだったことを示している。阿陀の鵜養は後にいう阿多隼人の同族であるが、井氷鹿と石押分之子の族系はいかがであろうか。

吉野首氏は天武天皇十二年（683）十月己未に吉野連《むらじ》を賜姓されるから、神武天皇記の「此れは吉野首等の祖なり。」という割註が施された時期だけでなく、この部分の本文が筆録された下限も示唆している。『新撰姓氏録』大和国神別条は、その出自を次のように伝える。

　吉野連。加弥比加尼《かみひかね》の後《すゑ》なり。諡《おくりな》は神武天皇、吉野に行幸《い》でまして、神瀬《かみのせ》に到りて、人《ひと》を遣《つかは》して、水《みづ》を汲《く》ましめたまひしに、使者《つかひ》還《かへ》りて曰《い》はく、井《ゐ》に光《ひか》る女《め》有《あ》りといふ。……

「加弥比加尼」は、「神井氷鹿」に貴人名に添えられる「ネ」が付された語の転訛したもので、井氷鹿（井光）に同じと考えられる。その祖が光を放ち、井戸から出現したと伝えることは、『記』・『紀』の所伝に等しいことから、これが彼らの独自な始祖出現伝承とみられる。『新撰姓氏録』では、それが女性と伝えられることも興味深い。

この所伝に関わり、この地域はわが国における水銀鉱脈の代表的な分布地域であることから、[51]「井が光るとは、水銀坑のごときものをいう」との解釈もある。[52]『万葉集』巻第七には、「大和の宇陀の真赤土《まはに》のさ丹《に》つかばそこもか人の我《わ》を言《こと》なさむ」（1376）と、男女関係が顕わになることを「宇陀の真赤土」が衣に着くことに例えているように、とくに宇陀地域は古来水銀の産地として広く知られていた。1971年に閉山するまでは、わが国有数の大和水銀鉱山（宇陀市菟田野町）が操業しており、現在も「真赤土」の泥土が流出している場所もあるが、宇陀川は木津川（下流は淀川）に流れ下るから吉野川とは水系が異なる。

吉野川流域でも水銀は産出したが、井氷鹿（井光）の現れた井戸を水銀坑とするには、他にも傍証が必要と思われる。わが国では、水銀鉱は「丹」「丹生」「赤土」など、赤色をさす語で示されてきた。銀色に光る液状の水銀は、鉱物としての自然水銀もあるが、多くは硫化水銀鉱石（辰砂・朱砂）を蒸留して生産された。吉野首氏と水銀鉱業との関係は今のところ未詳である。『記』・『紀』や『新撰姓氏録』の所伝を見れば明らかなように、光を放っていたのは井戸ではなく、そこから出現した人物（始祖）であることも、水銀坑説に否定的である。

これとは別に、井戸から光を放ち貴人が出現する神話的場面は、『記』の海佐知毘古・山佐知毘古神話でも語られており、隼人系の物語に特徴的な情景であった。また、新羅王家の始祖赫居世《かくきょせい》の妃となる閼英《あつえい》は、閼英井から現れた龍の右脇から誕生したので井戸の名をつけたと伝えられ（『三国史記』巻一）、始祖や貴人の井戸からの出現譚はわが国に限らない。

人為的に地中に穿たれた井戸は、他界（あの世）との通路とも観念され、近年まで井戸には神が祀られ特別視されてきたことは、改めて述べるまでもない。井氷鹿は、地下の霊的世界と繋がっている井戸から出現したと、語り伝えられていたのである。

次に吉野の国巣についても、同じく『新撰姓氏録』大和国神別条が、左のように記している。

国栖《くず》。石穂《いはほ》押別神自《おしわくのかみよ》り出づ。神武天皇、吉野に行幸《いでま》しける時に、川上に遊《あそ》べる人有り。時に、天皇御覧《みそなは》しければ、即《やが》て穴《あな》に入《い》り、須臾《しばらく》にして又出《またい》でて遊べり。……

石穂押別神は石押分（磐排別）にあたり、『記』・『紀』では巌（磐石）を押し分けて出現したと伝えるが、ここでは穴から出現したとある。巌（磐石）を押し分けての出現と穴からの出現は、観念上は大差なく、そこには井戸からの出現と共通した神話的観念を読み取ることができる。ちなみに、ここにある「遊び」は、今日的な意味のそれではなく、神事における歌舞など神を楽しませる儀礼的行為（神楽）を意味しており、この場合は神武天皇に対する歓迎儀礼をさしている。[53]

二つの所伝に共通するのは、集団の始祖が井戸や巌（磐石）を押し分けて大地の穴から出現したと語られていることである。これは始祖の土中出現《どちゅうしゅつげん》物語であり、わが国では非常に特異な型の始祖神話であるが、類話が皆無なわけではない。注目するべきは、それがいずれも日向国に伝えられることである。節を改めて述べよう。

始祖土中出現神話と隼人

九州最大の古墳群である西都原《さいとばる》古墳群（宮崎県西都市）の東約２㎞に位置し、日向国児湯《こゆ》郡に置かれた日向国府《こくふ》跡に隣接して鎮座する式内社の都萬《つま》神社（宮崎県西都市妻、祭神は木花開耶姫命と伝える）の、代々の社家《しゃけ》は日下部《くさかべ》氏であった。この都萬神社の創祀に関わり、同じく式内社である江田《えた》神社（宮崎市阿波岐原《あわきがはら》町）の宮司金丸氏が所蔵する乾元二年（１３０３）撰述という『妻萬《つま》大明神之御縁起』に、興味深く不思議な内容の物語が伝えられる。

その縁起は、太古に妻萬神の夫婦が稲作を始めたが、人民はいなかった。その後「庚午《こうご》年十一月十九日庚午日」になり、次のようなできごとがあったと伝える(54)。

掘土男一人・女一人出、即各無衣服故、萱苅拵壁居住、仍号日下部立次、奉仕大明神君

：：

「土を掘って男女が現われたが、それぞれ衣服を着けていなかったので、萱を刈り壁に拵《こしら》えて居住した。すなわち日下部立次《はるつぐ》と名のり大明神の祭祀に奉仕した」、という。物語に飛躍が

都萬神社

江田神社

あり一部所伝の脱落も想定されるが、庚午年は最初の全国的な戸籍である庚午年籍《こうごねんじゃく》が造られた天智《てんち》天皇九年（670）との関連を意識したものかも知れない。始祖土中出現はもちろん事実ではないが、重要なことは、天孫降臨の舞台とされるこの地域で、全く異質な型の始祖神話が語られていることである。

この日下部は、神武天皇が最初に上陸したという河内の日下の地に王宮を営んだ、日向諸県君氏系である日下宮王家の大日下王・若日下王にかかる名代部である。(55) その伴造である日下部氏の族系は複数あり、当然そのなかに隼人系ないしは隼人に近しい集団が想定されるが、『新撰姓氏録』摂津国神別条には、次のよう記されている。

日下部。阿多御手犬養《あたのみてのいぬかひ》と同《おな》じき祖《おや》。火闌降命《ほすそりのみこと》の後《すゑ》なり。

火闌降命は、隼人、とくに阿多隼人の祖と伝えられるが、先にも触れた阿多御手犬養は、『新撰姓氏録』右京神別下条には次のようにある。

阿多御手犬養。同じき神（火闌降命）の六世《む》孫《つぎのひこ》、薩摩若相楽《さつまのわかさがら》の後なり。

始祖という薩摩若相楽の名は、阿多隼人の拠地である薩摩の地名に由ることは間違いない。相楽は山背国の相楽《さがらか》郡（京都府木津川市、笠置町、和束町、精華町辺り）との関連が想定されるものの、この人物は他には見えずよく分からない。後述する畿内隼人の居地との関係も考えら

日下部塚跡（都萬神社）

れるが、都萬神社の社家日下部氏が隼人系集団であったことは間違いなかろう。

鎌倉時代後期成立の『塵袋《ちりぶくろ》』第七が引く「日向国古庾《こゆ》郡吐濃《つの》峯・吐乃《つの》大明神」の物語は古風土記逸文の可能性もあるが、これもその特異な内容に注目される。朝鮮半島の新羅《しらぎ》遠征より帰国した神功《じんぐう》皇后（応神天皇の母）が韜馬《うしか》の峯に居た時に、左のことがあったという。

弓射給ヒケル時、土ノ中ヨリ黒キ物ノ頭サシ出ケルヲ、弓ノハズニテ、ホリ出シ給ヒケレバ、男一人女一人ゾアリケル。其ヲ神人トシテ召シ仕ヒケリ。其ノ子孫今ニ残レリ。……

吐乃大明神とは、式内社の都農《つの》神社（宮崎県児湯郡都農町）とその祭神をいうが、その神人《じにん》（神職）は土の中から出現した男女に始まるという。こうした土中出現物語は、この地域の集団に特徴的な始祖神話であったと考えられるが、[56] 天孫降臨の舞台とされる地域で語られていたところに重い意味がある。

始祖土中出現神話は、沖縄県宮古《みやこ》島・八重山《やえやま》諸島石垣島・韓国済州島・台湾・東南アジアなどにも点々と分布し、アジア東南部の古層栽培民文化に特徴的なものであったとみられている。とくに、「土中から湧き出た三神人が海の向こうからやってきた乙女と結ばれて良・高・夫三姓の始祖になった」という、済州島の土中出現神話は始祖神話として語られており、わが国のそれとの類似に留意される。[57] 古代の日向地域に始祖土中出現神話が分布することは、その地理的位置からみて諒解されようが、問題はそこから遠く離れた大和の吉野川流域にも孤立的に分布することを、どのように理解するかということである。

これは、神武天皇の名イハレヒコの理解にも関連してくる。その名に含まれるイハレについては、神武天皇が大和を制圧した時に磐余邑でも戦闘があったから、その地名に由ると解するのが一般的である。しかし、そこでの戦闘が神武天皇のその後の在り方を決定する画期となるようなもの、地名が個人名として採用されるほどに重要なものであったかと言えば、『紀』には抵抗する磯城《しき》の八十梟帥《やそたける》が「屯聚《いは》み居《ゐ》た」ので「磐余邑《いはれのむら》」と名付けたとあるに過ぎない。画期となった地名を名に取り入れるなら、王宮を営んだ地名を採用してカシハラヒコと称したほうが望ましい。

こうした矛盾から、イハレヒコはイハレの地を開発して代々に亘り祭祀権を行使した司祭者的王者の代表者名であり、幾人かの王者たちの姿を重ねたものであるという説も唱えられているが、(58)神武天皇伝承から磐余の地域開発を読み取ることには無理がある。イハレの地名が今日に伝わらないのも問題であるが、神武天皇の名に取り入れられたイハレについては、大和の地名から離れて別の視点からの分析を試みる必要もあると思われる。

たとえば、それは「磐生《いはあ》れ」、すなわちイハレ＝磐（磐座）に寄りついて出現、もしくは磐を割り裂いて出現したという始祖出現神話が復原できないだろうか。伝説の中国・夏王朝の始祖禹あるいは子の啓が石から生まれたと伝えられる（『淮南子《えなんじ》』脩務訓・『繹史《えきし》』所引「随巣子」など）ことも、イハレヒコの名を考えるうえで留意される。これはまったくの憶測にすぎないが、もし後者ならば、高天原からの天孫降臨神話とは別に、かつて始祖王イハレヒコについて、南九州系集団に特徴的な土中出現神話で語られていたことがあったのではないかとも考えられる。

それはさて措き、吉野首や吉野の国巣にはきわめて特異な始祖土中出現神話が伝えられることからみて、彼らもそれの分布する日向地域から移住してきた集団ではなかったかと考えられる。要するに、阿陀の鵜養・吉野首・吉野の国巣らは、ともに南九州から移住してきた集団であったと推考される。

ここに至れば、神武天皇が彼らの居住する吉野川流域を訪れ、その際に武力制圧・帰服のことが語られていないことの理由も、容易に理解される。神武天皇は、彼らを武力で服属させるために赴いたのではなく、いわば先に大和に移住していた同系の集団を表敬訪問したのである。

要するに、神武天皇がわざわざ吉野川流域に住む阿陀の鵜養らを訪ねたのは、先住の日向系集団に対する表敬儀礼であった。久米歌に、「…鵜飼《うかひ》が徒《とも》今助《す》けに来《こ》ね」と歌われることも理由のあることであり、神武天皇にとり阿陀の鵜養は新天地での行動に助力を要請できる親近な集団であった。国栖が「神アソビ」でやって来た神武天皇を歓待したと伝えられるわけも諒解される。

大和国宇陀郡の南九州系集団――蛇行鉄剣と関わって

神武天皇の大和平定の第一歩であった宇陀（菟田）地域にも、南九州系の集団が居住していた痕跡がある。『先代旧事本紀《せんだいくじほんぎ》』は、神代から推古天皇二十九年の聖徳《しょうとく》太子死去までを記した歴史書であるが、序文に推古天皇二十八年に聖徳太子・蘇我馬子《そがのうまこ》らが撰録したとあるのは、まったくの仮託である。加えて記事には『記』・『紀』などからの引用が多いことから後世の偽《ぎ》書《しょ》とみるむきもあったが、実際は平安時代初期の九世紀前半ごろに成立した、物部連《もののべのむらじ》（石上《いそのかみ》朝臣）氏に関係深い氏族誌的な書籍とみられている。[59] その『先代旧事本紀』[60]「天皇本紀」景行《けいこう》天皇段には、12代景行天皇の子に襲小橋別命《そのおばしわけのみこと》（母は不詳）が見え、彼は「菟田小橋別祖《うだのをばしわけのおや》」とある。『記』・『紀』によれば景行天皇は、日向髪長大田根《ひむかのかみながおおたね》・襲武媛《そのたけひめ》・御刀媛《みはかしひめ》・諸県君泉媛《もろかたのきみいずみひめ》ら多くの日向系の女性を妃に入れたと伝えられる。襲小橋別命の襲は熊襲《くまそ》の襲、地域で示せば後の大隅国噌於《そお》郡（鹿児島県のかつての国分市・霧島町・福山町、桜島とそれらの周辺）であり、大隅隼人の拠地でもある。[61]

菟田小橋別の菟田は大和の地名、宇陀とみてよいが、この集団は他には見えない。襲小橋別命は日向（後の大隅地域）系の人物とみられ、阿多隼人の首長と目される吾田君小橋とは名において対になっている。なお、『新撰姓氏録』未定雑姓河内国条には、「小橋造《をばしのみやつこ》。新羅《しらぎ》国の人、多弖使主《たてのおみ》の後なり。」とある小橋造氏もいるが、吾田君小橋・菟田小橋別・襲小橋別命らとの関係は詳らかではない。いずれにしても、大和の菟田には、菟田小橋別という大隅地域に出自すると目される集団が居住していた可能性がある。

これに関わり、奈良県宇陀市守道《もち》にある5世紀後半の後出《うしろで》古墳群三号墳・七号墳や北原古墳などから、意図的に曲げたとみられる蛇行鉄剣《だこうてつけん》が出土していることに留意される。後出古墳群からは鉄製の武器や武具などの武人的な副葬品も検出されており、天皇の親衛軍的性格の被葬者像が想定されている[62]。この蛇行鉄剣は茨城県から鹿児島県まで広く分布するが、１９９７年までの集計では、全国から50余点、そのうちの12点が近畿、16点が南九州からの出土である[63]。畿内周辺と南九州に出土が集中するが、南九州では宮崎県えびの盆地や鹿児島県薩摩半島南部の在地性の強い墓から多く検出されている。非実用的な蛇行鉄剣は鉄製の武器・武具とともに検出されることが多く、中央から地方へ下賜されたとものとみる理解もあるが、製作地は限定できないという[64]。南九州に分布が特徴的な蛇行鉄剣の出土は、5世紀後半以前に南九州と関係深い集団が大和宇陀地域に居住していたことを示唆している[65]。

その後、出土は85点ほどに増えたが、２０２３年1月に奈良市丸山の富雄《とみお》丸山古墳から、きわめて長大な蛇行鉄剣が出土し[66]、耳目を集めた。富雄丸山古墳は、4世紀後半に築造された、直径１０９ｍのわが国最大の円墳である。その東北3～5㎞の奈良市佐紀《さき》丘陵の縁辺では、同時期から1世紀ほどの間に墳丘規模が２００ｍを超える大形前方後円墳が8基（宝来山古墳を含む）も築造されて佐紀《さき》盾列《たたなみ》）古墳群が形成されつつあるなかで、あえて巨大な円墳が築造されたことはきわめて有意のことと考えられる。墳丘頂中央の埋葬部は粘土《ねんど》槨《かく》（粘土で覆われた埋葬施設）に割竹型木棺《わりたけがたもっかん》が安置され、明治時代に盗掘を被っていたが、１９７２年の調査で多数の副葬品が検出されている。２０２３年の調査では、墳丘裾の東北部にある造出し（突出部）から粘土槨に覆われた高野《こうや》槇《まき》製の割竹型木棺が検出された。その粘土槨のなかに、青銅製の鼉龍文盾形銅鏡《だりゅうもんたてがたどうきょう》と蛇行鉄剣が副葬されていた。

　検出された蛇行鉄剣は、全長２３７cmでこれまでの出土品の中で最長・最古であり、もちろん実用ではない。また、鼉龍文盾形銅鏡は、高さ64cm、最大幅31cmという銅鏡としては最大のものであるとともに、他に例を見ない盾形という特異性も予想を超える驚きであった。この二点は、わが国で製作されたことも確かとされる。４世紀後半に築造されたわが国最大の円墳から検出された、他に例を見ない稀有な二点の副葬品についての関心は、その宗教的機能と富雄丸山古墳の被葬者像であり、築造した集団である。

　割竹型木棺の外に埋納された二点の副葬品は、もちろん実用の品ではなかろうが、それを埋納した目的と期待された呪術宗教的機能の考察が求められる。すなわち、それの有する呪術宗教的な威力が、葬られた屍（霊魂）に向かうことを意図したか、それとも外に向かうことを期待したものであったと解釈するかにより、目的と機能についての理解が違ってくる。

　先にも触れたように、神武天皇東遷伝承では、瀬戸内海を東進してきた神武天皇の一団は、大阪湾から河内湖岸の日下（大阪府東大阪市日下町）に上陸して大和（奈良県）に入ろうとしたところ、登美能那賀須泥毘古（長髄彦）の強力な抵抗に遭遇して一旦退却し、紀国（和歌山県）

へ迂回して紀伊半島の南端、熊野から再び上陸して大和に入ろうとした。この登美能那賀須泥毘古に冠された「登美」は大和北西部の地名であり、令制下の大和国添下《そふのしも》郡鳥見《とみ》郷（『和名類聚抄』に「鳥貝」とあるのは誤写）、今日の奈良市西部の富雄川流域にあてられる。神武天皇即位前紀によれば、大和制圧物語の最後の件で、「抵抗勢力の長髄彦が強力で、神武天皇軍は苦戦が続いていた。そこに飛来した金色の霊鵄から放たれる威力で、長髄彦の戦意は消失した。長髄彦が仕えていた物部氏の祖神である饒速日命《にぎはやひのみこと》は、長髄彦の妹の三《み》炊屋《かしきや》姫《ひめ》（長髄媛・鳥見屋媛）との間に物部氏や穂積氏の始祖となる可美真手命《うましまでのみこと》（宇摩志麻遅命）をもうけていたが、長髄彦を殺害しその配下を率いて神武天皇に帰服した」とある。

小稿は神武天皇東遷伝承の形成時期の追究を課題としているが、筆者が想定する時期と富雄丸山古墳の築造時期に大きな齟齬がないことは、興味深いところである。その被葬者と築造集団として「長髄彦」的人物と彼が率いた集団を想定することも可能であろう。蛇行鉄剣が各地に伝播していく歴史的情況の分析については、なお今後に課題が残る。

○

蛇行鉄剣に関連する可能性も想定される不思議な霊剣の移動物語が、『播磨国風土記』讃容《さよ》郡中川《なかつがわ》里（兵庫県佐用郡佐用町三日月）条にみえる。記事全体は少々長いから、要旨を次に紹介しよう。

丸部具《わにべのそなう》が河内国兎寸《とのき》村の人から剣を買い取ったが、一家が死に絶えた。近江天皇の世に苫編《とまみ》部犬猪《べのいぬい》がその跡地を耕作していて、土中から鏡のようにひかり輝く剣を得た。苫編部犬猪は鍛人《かぬち》に命じて剣に焼き入れをしようとしたところ、剣は伸縮して蛇のようであった。そこで作業を中断し、これを霊剣と判断して、朝廷に献上した。浄御原《きよみはら》朝廷は甲申年七月に曾《そ》禰連麿《ねのむらじまろ》を派遣し、この剣を本処に返還させた。

右の近江天皇は天智天皇、浄御原朝庭の甲申年は、天武天皇十二年（683）にあたる。河内国免寸村は、天平宝字元年（757）に分立する和泉国大鳥《おおとり》郡日下部郷富木《とのき》（大阪府高石《たかいし》市取《とり》石《いし》）であり、式内社の等乃伎《とのき》神社が鎮座する。仁徳天皇記に、「免寸河の西に高樹があり、その影は朝陽に当たれば淡路島におよび、夕日に当たれば河内・大和の境である高安山《たかやすやま》を越えた。その樹を切って速く進む船を造り、淡路島の寒泉《しみず》を朝夕に天皇のもとへ運んだ。破損してのちは、それを燃料にして塩を焼き、また良い音色の琴を製作した。」とある、枯野《からの》の船物語の舞台でもある。なお、右の「免寸河」は「免寸河」の誤写であろう。

蛇行鉄剣はその形状から実用品とは考えられないが、当初から副葬用の明器《めいき》として制作されたもので、焼き入れがなされていなかった可能性もある。右の『播磨国風土記』の所伝でも、掘り出された霊剣は焼き入れがなされていなかったから、それを行なったのであろう。

この地は『新撰姓氏録』和泉国神別条に、天児屋命《あめのこやねのみこと》の後で中臣氏同祖とある殿来連《とのきのむらじ》氏の本貫でもある。また、6世紀前半頃の築造で全長48mの前方後円墳、富木車塚古墳があり7基の埋葬主体部から11名の埋葬が確認されたが、1970年代の住宅開発で消滅した。

苫編部は、菅《すげ》や茅《かや》を編んで敷物や建物の壁材などに用いる薦《こも》や蓆《むしろ》を生産、貢進した集団であるが、苫編部犬猪の名は他に知られない。曾禰連氏は、『新撰姓氏録』左京神別上・右京神別上・和泉国神別条などに、石上《いそのかみ》朝臣（もと物部連）氏や采女《うねめ》朝臣（もと采女臣）氏と同祖と伝えられる、物部連氏の同族である。和泉国和泉郡に式内社の曾禰神社（大阪府泉大津市北曾根）が鎮座することから、ここが本貫と目される。

物語は、「蛇のように伸縮する不思議を示した霊剣」の所在が、河内国免寸村の人→播磨国讃容郡中川里の丸部具→同地の苫編部犬猪→霊威を示したことで朝廷に献上→天武天皇十二年七月に曾禰連麿を派遣して元の地（苫編部犬猪の子孫か）に返還、と展開する。

これに関わり、天智天皇即位前紀に「是歳《ことし》、播磨国司岸田臣麻呂《きしたのおみまろ》等、宝《たから》の剣《つるぎ》を献《たてまつ》りて言《まう》さく、「狭夜郡《さよのこほり》の人の禾田《あふた》の穴《あな》内にして獲《え》たり」とまうす。」とあるのは、右のことを指していると解される。その返還については、天武天皇紀三年（674）八月庚辰条に、「忍壁《おさかべ》皇子を石上《いそのかみ》神宮に遣《まだ》して、膏油《かうゆ》を以て神宝《かむだから》を瑩《みが》かしむ。即日《そのひ》に、勅《みことのり》して曰《のたま》はく、「元来諸家《はじめよりもろもろのいへ》の、神府《ほくら》に貯《つ》める宝物、今皆其《いまみなそ》の子孫《うみのこ》に還《かへ》せ」とのたまふ。」とあることに関わろう。これは、服属の証などとして王権に差し出し、石上神宮（大和国山辺郡の名神大社、石上坐布都御魂《いそのかにみいますふつのみたま》神社／奈良県天理市布留町）に収蔵されていた諸氏の神宝についての返還令であり、呪術宗教的な旧来の天下支配から新たな成文法に基づいた領域統治への変換を示している。[67]

「蛇のように伸縮する不思議を示した霊剣」がここでいう蛇行鉄剣であるか否かは判然としないが、最初にその剣を出だした河内国免寸村に存在する「取石」という地名にも注目される。取石の地名は、『続日本紀』神亀元年（724）十月丁未条の、聖武天皇が紀伊行幸の帰途に至った「所石頓宮《とろしのかりみや》」の所在地であり、『万葉集』巻第十には「取石の池」（2166）が見える。また『新撰姓氏録』和泉国諸蕃条に、「取石造《とろしのみやつこ》。百済国の人、阿麻意弥《あまおみ》自り出づ。」と伝える、百済系の取石造氏の拠地であった。「阿麻意弥」は、海使主もしくは天使主の意であろう。さらに、景行天皇紀二十七年十二月条の日本武尊の熊襲制圧伝承に、熊襲魁師《たける》である「取石鹿文《とろしかや》」（またの名は川上梟帥。殺されるに臨んでヤマトタメルに名を献上した。鹿文は大隅国始羅《あいら》郡鹿屋《かのや》郷／鹿児島県のかつての鹿屋市辺り）の名が見えることにも注目される。古代史料に見える取石はこれのみであることから、和泉国（旧は河内国）大鳥郡日下部郷の取石・取石造氏と熊襲魁師の「取石鹿文」については、(68)その関連に留意されよう。

和泉の取石には、百済系の取石造氏だけでなく、後の大隅隼人らも移住していた可能性が想定される。蛇行鉄剣を思わせる「蛇のように伸縮する不思議を示した霊剣」伝承の背景には、和泉日下部の取石に居した集団の歴史文化的特徴が秘められていると言えよう。

◯

神武天皇の一行は、瀬戸内海を東進して大阪湾から河内湖岸の日下に上陸し、生駒山を越えて大和に入ろうとした。しかし、すぐには目的地に向かおうとせずに、わざわざ吉野川下流域を巡った理由について考察を重ねてきた。神武天皇東遷伝承の形成問題を追究する本章は少し長いことから、ここまで述べてきたことの要点を列記しておこう。

①神武天皇が目的とする大和に入り、最初にわざわざ吉野川の下流地域を巡幸したのは、この地域の集団を武力で制圧するためではなかった。ここでは一切の武力行為はなく、地

域集団とは友好的な関係で終わっている。これは、神武天皇の大和域内での行動としては特異なことである。

②そのことの本質は、神武天皇が遭遇したという集団に存在したと考えられるが、阿陀の鵜養（阿太の養鸕部）は、宇智郡の地名分布や同系集団の居住、古代地域文化の特徴、鵜を重視する鵜葺草葺不合命（鸕鷀草葺不合尊）誕生神話などから、隼人系集団とみなす従前の見解には妥当性がある。

③宇智郡地域の隼人系集団としては、二見首・大角隼人氏らが知られていたが、同じく阿多御手犬養や坂合部宿禰氏の居住も想定可能である。吉野川下流地域には、少なくない隼人系集団が居住していたことは留意されよう。

④阿陀の鵜養は、鮎などの水産物を宮廷に贄として貢進していたとみられるが、彼らを率いた伴造は鵜甘部首氏であった。鵜甘部首氏は、5世紀の雄族である葛城氏と同祖で6世紀前半の継体朝には大臣に任じられたと伝える巨勢（許勢）臣氏の同族である。

⑤阿陀地域のやや上流地域に居住した吉野首や吉野国巣（国樔部／国栖）らも、始祖である井氷鹿（井光）が井戸の中より出現、石押分之子（磐排別の子）が磐石を押し分けて穴から出現したという、特異な始祖土中出現神話を伝えていた。国内では南九州・南西諸島に分布が限られる特徴的な神話が伝えられることは、その出自を示唆し、彼らも早くに移住した南九州系（おそらくは隼人系）の集団であったと推察される。

⑥神武天皇が大和に入る上で宇陀の地が要点となっているが、南九州地域に出土が集中する蛇行鉄剣が宇陀地域からも複数検出されていることは、ここにも南九州系の集団の居

住が想定される。

⑦富雄丸山古墳と、そこから検出された特異な副葬品は、次節で触れる神武天皇伝承における登美能那賀須泥毘古《とみのながすねびこ》（長髄彦）の問題を考えるうえで注目される。

これらの事柄は、神武天皇伝承形成の考察において、「隼人」ら南九州系集団が問題を解明する鍵であることを示している。

畿内に移住した隼人とその実態

神武天皇が、大和の中枢地域を平定する前に巡幸した吉野川流域や宇陀地域は、隼人をはじめとする南九州系集団の居地であった。要約するならば、神武天皇は、日向から大和への移動では後発であったことから、大和において王者として君臨する際に、協力を得るとともに王者としての正統性を示すために、先発の同系集団を歴訪したのである。このことは、神武天皇が上陸した河内日下（東大阪市日下）や、経由した紀国竈山《かまやま》・名草 邑《なくさのむら》（紀伊国名草郡／和歌山市）などが、隼人系集団の居地であった（『延喜隼人司式』凡番上隼人条、凡隼人計帳条）ことに通じる。

左に引く『新撰姓氏録』山城国諸蕃の秦 忌寸《はたのいみき》条に大隅・阿多の隼人が登場する。その事情は今まで明らかでなかったが、畿内と周辺に居住する、いわゆる「畿内隼人」について考察するうえで示唆的である。

大泊瀬稚武《おほはつせわかたける》天皇〈諡は雄略〉の御世に、奏《まを》して偁《まを》す。普洞王《ふとう》の時に、秦の民《たみ》、惣《すべ》て劫略《かす》められて、今《いま》見在る者は、十に一つも存らず。請《こ》ふらくは、勅使《おほみつかひ》を遣《つかは》して、撿括招集《めしあつ》めたまはむことをとまをす。天皇、使、小子部雷《ちひさこべのいかづち》を遣し、大隅《おほすみ》、阿多《あた》の隼人《はやと》等を率て、捜括鳩集《まぎあつ》めしめたまひ、秦の民九十二部、一万八千六百七十人を得て、遂に酒に賜ひき。爰《ここ》に秦の民を率て、蚕《かいこ》を養《か》ひ、絹を織り、筐《はこ》に盛り、闕《みかど》に詣《まゐ》でて、貢進《たてまつ》りしに、岳《をか》の如く、山の如く、朝庭《おほには》に積蓄《つ》みければ、天皇嘉《よろこ》ばせたまひて、特《こと》に寵命《あつきみこと》を降したまひ、名を賜ひて、禹都万佐《うつまさ》と曰へり。……諸《もろもろ》の秦氏を役《つか》ひて、八丈《やつゑ》の大蔵を宮の側《かたはら》に構《かま》へて、其の貢物《みつぎもの》を納めしむ。……是の時、始めて大蔵官員《おほくらのつかさびと》を置き、酒を以て長官《かみ》と為す。……

渡来系の大豪族である秦氏の祖先伝承であるが、「これまでは他の豪族の支配下に置かれていた秦氏系集団を、雄略朝に秦氏本宗の下に再集結させるに際して、小子部雷（少子部連《ちいさこべのむらじ》蜾蠃《すがる》・小子部栖軽とも）と大隅・阿多隼人が活躍した」という。ここで何の前触れもなく大隅・阿多の隼人が登場するが、隼人と秦氏や少子部連氏の関係は他に知られず、そのことの意味がこれまでは分明でなかった。右の記事の原史料は秦氏から出たものであろうが、唐突感が否めない不思議な所伝である。これが創作だとすれば、その意図が思いつかない。

少子部連氏は、神武天皇記の神八井耳命《かみやいみみのみこと》（神武天皇の子）の後裔系譜によれば、意富《おお》臣・坂《さか》合《い》部連《べのむらじ》・火君《ひのきみ》・大分君《おおきだのきみ》・阿蘇君《あそのきみ》・筑紫三家連《つくしのみやけのむらじ》・雀部臣《さざきべのおみ》氏ら十八氏と同祖とある。意富臣氏は『記』の編者である安万侶《やすまろ》のでた太臣（多臣）氏であり、火君は肥君、坂合部連は先述したように隼人系とみられる。要するに、少子部連氏は、隼人系の坂合部連氏や火君・大分君・

阿蘇君・筑紫三家連氏ら九州を本貫とする氏らと同族関係を結んでいたことが知られ、隼人を率いたという所伝の歴史的背景が推知される。こうした点から、これが秦氏の創作した所伝とは考えられない。

おそらく、右の王権による隼人の直接的な使役は、それまで隼人系諸集団を統轄していたと目される日向諸県君氏系日下宮王家が、雄略天皇に滅ぼされたことに関わろう[69]。それまで王権と隼人は日向諸県君氏を介した間接的な関係であったが、日下宮王家の最後の王である目弱王《まよわ》（眉輪王）が雄略天皇に滅ぼされたことで、王権が隼人系集団を直接統轄するようになったことを物語る。孤立的な所伝であるから推察を交えるが、右は隼人が王権膝下に移住していたことを前提にした所伝である。雄略天皇の死に殉じた近習の隼人の存在とともに、雄略朝には王権が基盤とした後の「畿内」地域に隼人が移住していたことを示している。

畿内隼人に関わり、天平五年（733）の「右京計帳《うきょうけいちょう》」（『大日本古文書』1―四九九）に、椋《くら》垣伊美吉意伎麻呂《かきのいみきおきまろ》の寄口《きこう》として、「阿太肥人床持売《あだのくまひとところもちめ》　年参拾玖　正女左手黒子」という女性が見えることにも注目される。なお、計帳とは律令制下の人民支配の帳簿の一つで、調《ちょう》・庸《よう》という税を賦課するための基本台帳であり、毎年作成した。また、寄口とは律令制下の戸籍・計帳に載せられた良民《りょうみん》の戸口《ここう》で、戸主《こしゅ》との続柄が示されていない寄留者のことである。肥人とは、かつて熊襲《くまそ》と連称された中の「熊」にあたる、肥後《ひご》国球磨《くま》地域（熊本県人吉《ひとよし》市を中心とする球磨川流域）の住人のことである。

この「阿太肥人」は、平城右京に移貫する前は宇智郡阿陁郷に居住していたのであろう[70]が、肥人が隼人と近しい関係にあったことから宇智郡阿陁郷にも移住していたと考えられる。かつて肥人は、隼人系集団とともに日向諸県君氏の影響下にあり、ともに近しい間柄にあった。宇智郡阿陁郷でも、隼人と肥人が雑居していたとしても不思議でない。

隼人と肥人の近しい関係については、左の『続日本紀』文武天皇四年（700）六月庚辰条も参考になる。

薩末比《さつまのひ》売《め》・久《く》売《め》・波《は》豆《づ》、衣評《えのこほり》　督《のかみ》衣君《えのきみ》県《あがた》、助督《すけ》衣君《えのきみ》弖自美《てじみ》、また肝衡《きもつきの》難波《なには》、肥人等《くまひとども》を従《したが》へて、兵《つはもの》を持《も》ちて、覓国使《くにまぎのつかひ》　刑部《おさかべの》真木《まき》等を剽劫《おびやか》す。是《ここ》に竺志惣領《つくしのそうりやう》に勅《みことのり》して、犯《ぼむ》に准《なずら》へて決罰《くゑつばつ》せしめたまふ。

薩末は薩摩、衣評はのちの薩摩国頴娃《えい》郡（鹿児島県指宿市のかつての開聞町・山川町および今の頴娃町）、肝衡は後の大隅国肝属《きもつき》郡（鹿児島県肝属郡のかつての高山町・内之浦町・田代町・佐多町）である。前者が阿多隼人、後者が大隅隼人にあてられよう。覓国とは、地方勢力を呼び寄せて安心させ、帰順させることをいう。竺志総領は、九州地域を統轄した後の筑紫大宰府《だざいふ》の長官（大宰の帥《そち》）に相当する。これは、南島や日向国から薩摩国・大隅国を分割して律令制・班田収授を施行することの前駆に朝廷から派遣された、刑部真木らを隼人らが脅かしたことに関する事後処理として、竺志総領に対して隼人首長らの処罰を命じたものである。

右の記事で注目されるのは、薩摩地域の隼人が中心となって大隅地域の隼人も動員し、さらに肥後の肥人まで率いて事を起こしていることである。[71] この記事からは、隼人と肥人が近しい関係にあり、時には協力し合うことのあったことが読み取れる。「右京計帳」に見るような、阿多隼人の居地に、肥人が居住していても不思議でない実態が、畿内に移住する以前から現地において存在したのである。

畿内隼人については、「5世紀末から6世紀初頭に朝鮮半島に大きな動きがあり、ヤマト王権は船材用の楠材の入手のため南九州地域を掌中におさめる必要があり、こうした過程で南九州に住む隼人の畿内移住が始められた」、という主張もある。(72) しかし、ヤマト王権の活発な対外交渉は、『高句麗広開土《こうかいど》王碑《おうひ》文《ぶん》』（414年建立、中国吉林省集安）に見える倭人の大規模な出兵や、『宋書《そうじょ》』倭国伝が伝える「倭の五王」による中国南朝・宋への頻繁な遣使朝貢などから、朝鮮半島へは4世紀末以来、中国へは5世紀を通じて行なわれたことは周知のところであり、5世紀の末になって急に海外渡航用船舶材の需要が増大したわけではない。また、九州地域が王権の単なる兵站《へいたん》基地であったわけではなく、九州地域の集団自身が早くから独自に積極的な海外交渉を行なってきたと解するべきである。(73)

畿内隼人の居住実態を知るために、天平七年（735）の「国郡未詳計帳」（おそらくは山背国綴喜《つづき》郡大住《おおすみ》郷／京都府京田辺市大住。『大日本古文書』1―六四一以下）を見てみよう。断簡であるその計帳には、91人が記載されている。その中で、内臣《うちのおみ》や石作連《いしつくりのむらじ》族ら隼人ではないと思われる5名を除いた86名が隼人である。その隼人86名の内訳は、有姓者は大住隼人2名、大住忌寸2名、隼人《はやと》国公《くにきみ》5名、阿多君1名で、残る76名は全て「隼人プラス名」のみの、いわゆる無姓隼人である。有姓隼人は、大嘗祭や元日即位儀などに出仕した隼人集団を率いる「大《おお》衣《きぬ》」に任命される立場を示していると解される。『延喜隼人司式』大衣条によれば、大隅隼人が左大衣、阿多隼人が右大衣に就く決まりであった。右の大住忌寸や阿多君らは、大衣的隼人とみられる。

右の史料の無姓隼人の数からみて、彼らは大住（大隅）あるいは阿多が省略されたものではないことが分かる。一部に冠された大住（大隅）や阿多は、大衣的な立場の隼人であることを示す指標であり、多数を占める無姓隼人たちは、単に「隼人」として王権に掌握されていたことを示している。要するに、大隅隼人・阿多隼人という呼称は、南九州に住む東・西地域の隼人（首長層）に関する象徴的名辞であり、それでもって全隼人を代表させたのである。こうした体制は天武天皇紀十一年（682）七月甲午条に、

　隼人、多《さは》に来《まうき》て、方物《くにつもの》を貢れり。是の日に、大隅隼人と阿多隼人と、朝庭《みかど》に相撲《すまひと》る。大隅隼人勝ちぬ。

とある頃からのことであろう。それは、前年の飛鳥《あすか》浄御《きよみ》原令《はらりょう》と『日本書紀』の編纂開始にみる令制政治体制の整備、多禰《たね》嶋（鹿児島県種子島）に派遣した倭《やまとの》馬飼部《うまかいべの》造連《みやつこむらじ》らが帰国して地図を貢上したこと、などの結果であることは明瞭である。右の記事でも、来朝したのは多くの隼人であり、その中で大隅と阿多を冠した隼人に全隼人を代表させて相撲を取らせたことが読み取れよう。

要するに、これ以前は隼人を大隅と阿多で代表させる体制は未成立であり、単に隼人とのみ称されていたのである。天平七年の山背国綴喜郡大住郷のものと目される計帳で9割近くが単に隼人とのみ記載されていることや、天武朝以前の隼人関連記事に大隅や阿多などの地

名を冠して区分していないことなどは、そのことを示している。したがって、畿内隼人の居住実態は、大隅・阿多といった出身地による区分はなく、単に隼人として混住していたのである。宇智郡の阿陀の鵜養と大角隼人も、そうした例と言えよう。

天平十四年（742）の「近江国（滋賀郡）古市郷計帳」（『大日本古文書』2—三二六以下）には、渡来系の大友但波史《おおとものたにはのふびと》氏の寄口に、阿多隼人乙麻呂・弟阿多隼人東人・弟阿多隼人加都伎・妹阿多隼人刀自売らの名が見える。渡来系氏族と関係を結んだ大衣的立場の阿多隼人のいたことが知られる。渡来系集団との関係は、先の取石造氏と取石鹿文や、秦氏系集団の再集結における隼人の使役などもその一例とできるが、隼人の特徴として今後留意する必要がある。阿多隼人の居住した近江国滋賀郡古市郷は、琵琶湖の水が流出する瀬田川に架けられた勢多《せた》橋（滋賀県大津市）の下流地域に求められている。近江国に移住した隼人（『延喜隼人司式』凡番上隼人条、凡隼人計帳条）は、古市郷や瀬田川をやや下った大津市大石竜門（『康富記』）の辺りに集住していたとみられる。

熊襲・隼人と渡来系集団の関係

ここでは前節にも関わり、熊襲・隼人と渡来人の関係について、少し掘り下げてみよう。

神代紀第九段本文には、瓊瓊杵尊《ににぎのみこと》の降臨は「日向襲之高千穂《ひむかのそのたかちほ》」とあり、同一書第四では天孫は降臨の後に「日向襲之高千穂槵日二上峯天浮橋《ひむかのそのたかちほのくしひのふたかみのたけのあまのうきはし》」に到ったとある。天孫降臨の舞台は、神話の中のことではあるが日向の襲の地域である。

『記』には景行天皇による熊襲の征討伝承は記述がなく小《お》碓命《うすのみこと》（倭建命）の遠征記事のみで

あり、わずかに日向美波迦斯毘売《みはかしびめ》（御刀媛）の入内でもってその関係を示唆的に伝えている。

他方『紀』では、景行天皇紀十二年条に熊襲が背いたために天皇みずから制圧に出向き、日向国に到ったところ「襲国に厚鹿文《あつかや》・迮鹿文《さかや》といふ者あり」、熊襲梟帥《たける》の二人の娘「市乾鹿文《いちふかや》・市鹿文《いちかや》」のうちの、市鹿文の協力で「襲」を制圧したとある。鹿文は大隅国始羅《あいら》郡鹿屋《かのや》郷（鹿児島県のかつての鹿屋市）であるから本来の「襲」は、のちの大隅国噌於（囎唹）郡（鹿児島県のかつての国分市・霧島町・福山町・桜島）をはじめとする、大隅国の北半部地域であったとみられる。もちろん、そこは後の大隅隼人らの拠地でもあるが、景行天皇記の倭建命《やまとたけるのみこと》の征西伝承でも「熊曾建《くまそたける》二人」と表記しており、クマとソを別の集団と意識していたことが読み取れよう。(74) このように、熊襲は一つの集団・地域をさすのではなく、別な二つの集団・地域と捉えるべきである。(75)

先にも触れたが神代記では、天降《あまくだ》った邇邇芸命《ににぎのみこと》は、笠沙《かささ》の御前《みさき》（鹿児島県南さつま市笠沙町）で出会った大山津見神《おおやまつみ》の娘の神阿多都比売《かむあたつひめ》（亦名《またのな》は木花之佐久夜毘売《このはなのさくやびめ》）との間に、「火照命《ほでりのみこと》（隼人《はやと》阿《あ》多君《たのきみ》の祖《おや》）・火須勢理命《ほすせりのみこと》・火遠理命《ほおりのみこと》（亦名は日子穂穂手見命《ひこほほでみのみこと》）」を儲《もう》けたとある。神代紀でも、瓊瓊杵尊は吾田《あた》の長屋《ながや》の笠狭碕《かささのみさき》で出会った鹿葦津姫《かしつひめ》（神吾田津姫《かむあたつひめ》／木花之開耶姫《このはなのさくやびめ》）との間に、「火闌降命《ほのすそりのみこと》（隼人等の始祖《はじめのおや》／吾田君小橋《あたのきみおばし》等の本祖《とおつおや》）・彦火火出見尊《ひこほほでみのみこと》・火明命《ほのあかりのみこと》（尾張連《おはりのむらじ》等の始祖）」を儲けたとある。

加えるに、神武天皇記には、神武天皇が未だ日向に居た時に、阿多《あた》の小椅君《おばしのきみ》の妹である阿比良比売《あひらひめ》との間に多芸志美美命《たぎしみみのみこと》と岐須美美命《きすみみのみこと》を儲けたとある。神武天皇即位前紀でも、その女性の名を日向国吾田《あた》村の吾平津媛《あひらつひめ》と記されており、いずれにしても阿多隼人の女性との間に関係が重ねられている。

天孫降臨は大隅隼人の拠地（襲）、海佐知毘古・山佐知毘古神話を含め、その後の婚姻の舞台は阿多隼人の拠地に設定されていることが知られる。そのことの歴史的意味の追究も重要であるが、王権神話の体系化に関わり、のちに触れる。

「襲」を制圧してのち、景行天皇紀十八年四月甲子条に、天皇は「熊県《くまのあがた》」に到り「熊津彦《くまつひこ》」兄弟のうち従属を拒否した弟を殺して制圧し、「海路より葦北《あしきた》の小嶋に泊」ったとあるのみで「熊」についての記事は僅かである。この「熊」は、肥後《ひご》国の球磨《くま》地域（熊本県人吉市を中心とする一帯）であり、さきに述べた肥人《くまびと》の拠地であった。そこから東に山を越えれば、日向国児《こ》湯《ゆ》郡・諸県《もろがた》郡に至る。また、西に球磨川を下れば、葦北地域（肥後国葦北郡／熊本県芦北町・水俣市・八代市の球磨川以南）に至るが、右の所伝は球磨と葦北の地域間交通、交流をも伝えている。

南九州における葦北地域の重要性は、敏達《びだつ》天皇紀十二年（５８３）七月丁酉朔条に、倭国の対百済政策に関わり、「今百済に在《あ》る、火葦北国造《ひのあしきたのくにのみやつこ》阿利斯登《ありしと》が子達率日羅《だちそちにちら》」を倭国に呼び戻したとあることから知られる。達率は百済国第二位の官位であり、肥後の葦北国造の子の日羅が、百済の高官になっていた。また、推古天皇紀十七年（６０９）四月庚子条には、百済から中国（隋）に派遣された使者が、その国の乱れにより目的を遂げずに帰国する途中で暴風に遭い、「僧十一人、俗七十五人、肥後国の葦北津に泊れり。」という記録がみえ、この地と百済との密な交流が知られる。天草諸島によって東シナ海から隠されるような位置にある葦北津の地理的条件からみて、これは漂着というよりは選択的、意図的な来航と解するべきであろう。

国造とは継体朝から欽明朝、6世紀前半から中葉にヤマト王権が「クニ」という領域統治のために設定した地方官であり、クニの有力豪族が任命された。「屯倉《みやけ》」は同様な目的でヤマト王権が設定した王権の所領であるが、国造は管轄領域クニの中の屯倉や、王権の支配下に置かれて労役・貢納の義務を負った集団である「部《べ》」のことなどを管掌した。『隋書《ずいしょ》』倭国伝に、推古朝の倭国に「軍尼《くに》一百二十人あり」と見えるのは、国造のことと解されている。

肥後国の葦北の地は、朝鮮半島南西部の百済国と結ばれた要津であり、この地の国造の子が百済国の高官になるなど、活発な交流が行なわれていたのである。葦北郡で八代海《やつしろかい》に流出している球磨川の上流は、もちろん「熊」の地域、肥人の拠地であり、当然彼ら肥人の間にも百済国との交流が考えられる。葦北地域は、朝鮮半島に結ばれる海の玄関であっただけでなく、不知火海《しらぬい》・黒之瀬戸を南下して阿多隼人、球磨川を溯り熊の地域・肥人を介しては西の諸県君氏・大隅隼人らとも結ばれていたのである。

国栖と「日の御子」と山背の隼人と

神武天皇が大和の吉野川流域で遭遇した吉野の国栖（国巣／国樔／国主）は、南九州から早くに移住した隼人ないしは隼人に親近な集団と考えられるが、その問題をもう少し敷衍して述べておこう。

『記』・『紀』において、神武天皇東遷伝承の次に吉野の国栖が登場するのは、応神天皇の時である。まず、応神天皇記には次のようにある。

又吉野の国主等《くずども》、大雀命《おほさざきのみこと》の佩《は》かせる御刀《みたち》を瞻《み》て歌曰《うた》ひけらく、

品陀《ほむた》の　日の御子《みこ》　大雀　大雀　佩かせる大刀《たち》　本《もと》つるぎ　末《すゑ》ふゆ　冬木《ふゆき》如《の》す　からが下樹《したき》の　さやさや

とうたひき。又吉野の白檮上《かしのふ》に横臼《よくす》を作りて、其の横臼に大御酒《おほみき》を醸《か》みて、其の大御酒を献りし時、口鼓《くちつづみ》を撃《う》ち、伎《わざ》を為《な》して歌曰ひけらく、

白檮《かし》の上《ふ》に　横臼を作り　横臼に　醸みし大御酒　うまらに　聞《きこ》しもち食《を》せ　まろが父《ち》

とうたひき。此の歌は、国主等大贄《おほにへ》を献る時時、恒に今に至るまで詠《なが》むる歌なり。

自ら醸した御酒を捧げて歌とともに献じたという吉野の国主が、のちに宮廷の節会に鮎・栗・茸類など土地の産物を御贄として献上し、その際には歌・笛など国栖奏《くずそう》を演じたことの[76]、起源譚である[77]。それが「今」、すなわち『記』編纂時においても古《いにしえ》通りに行なわれていたという。

とくにここで注目されるのは、吉野の国主が即位前の大雀命（のちの仁徳天皇）を「日の御子」と称えていることであり、太陽神崇敬への強い傾倒を読み取ることができる。これは「日下」の表記ともども『紀』が頑なに拒否していることでも見逃せないが、詳細な考察は以前に行なったから[78]、ここでは指摘に留めておく。

一方、応神天皇紀十九年十月戊戌朔条は次のように記している。

吉野宮に幸《いでま》す。時に国樔《くず》人《ひと》来朝《まうけ》り。因《よ》りて醴酒《こざけ》を以《も》て、天皇に献《たてまつ》りて、歌《うたよみ》して曰《まう》さく、

橿《かし》の生《ふ》に　横臼《よくす》を作り　横臼に　醸《か》める大御酒《おほみき》　うまらに　聞《きこ》し持《も》ち食《を》せ　まろが
父

歌《うたよみ》既に訖《をは》りて、則ち口を打ちて仰《あふ》ぎて咲《わら》ふ。今国樔、土毛《くにつもの》献る日に、歌《うたよみ》訖《をは》りて即ち口を撃《う》ち仰ぎ咲《わら》ふは、蓋《けだ》し上古《いにしへ》の遺則《のり》なり。夫《そ》れ国樔は、其の為人《ひととなり》、甚《はなは》だ淳朴《すなほ》なり。毎《つね》に山の菓《このみ》を取りて食《くら》ふ。亦《また》蝦蟆《かへる》を煮て上味《よきあぢはひ》とす。名《なづ》けて毛瀰《もみ》と曰ふ。其の土《くに》は、京《みやこ》より東南《たつみのすみ》、山を隔《へだ》てて、吉野河の上《ほとり》に居《を》り。峯《たけ》嶮《さが》しく谷深くして、道路《みち》狭《さ》く巘《さが》し。故《このゆゑ》に、京に遠《とほ》からずと雖《いへど》も、本《もと》より朝来《まうく》ること希《まれ》なり。然《しか》れども此《これ》より後《のち》、屢《しばしば》参赴《まうき》て、土毛を献る。其の土毛は、栗・菌《たけ》及び年魚《あゆ》の類なり。

「日下」の表記を採用しなかった『紀』は、ここで「日の御子」の歌謡の載録を意図的に拒否しているが、吉野の国栖（国樔）の生業や習俗、国栖奏の仕草などがよく分かる点では貴重である。煮た蛙を好物としていたことは興味深いが、献上の御贄に鮎があることは、阿陀の鵜養の生業に通じる点がある。また、『記』・『紀』ともに、吉野の国栖の御贄進上が応神朝に始まると伝えていることは、神武天皇伝承の形成時期とも関わって留意される。

　山背国綴喜郡大住郷が畿内隼人の居地であったことはさきに述べたが、吉野の国栖も綴喜郡に移住していたことが知られることは、隼人と吉野の国栖の関係を考える上で検討に値しよう。

それは『類聚《るいじゅう》符宣抄《ふせんしょう》』によるが、この書は天平九年（737）の官符と詔書、平安時代初期から中期の官符、宣旨などを収録しており、11世紀中葉頃の成立と目されるが未完の書である。そこに載る天暦二年（948）八月廿日付の山城国司に下した「太政官符」の、「応免除国栖笛工山城是行同真生等徭役幷戸田正税事」に見える人名に注目される。その概要は、山城国「綴喜郡嶋郷戸主山城田村戸口」である「国栖笛工《ふえふき》山城是行・同真生等」の税（徭役と正税）を免除するように命じたものである。税の免除は国栖笛工である山城是行らの要請によるものだが、それを宮内省に上申したのは「国栖別当国栖茂則」であった。国栖別当とは、宮廷の節会《せちえ》に御贄《みにえ》を進上して国栖奏を演じた、吉野の国栖集団を管轄した職位である。

平安時代のことだが、右の史料から木津川畔の山城国綴喜郡嶋郷（京都府京田辺市草内の辺り）に吉野の国栖が移住していたことが知られる。ここは隼人の居地として知られる綴喜郡大住郷の南東約4km半の位置にあり、吉野の国栖と隼人が吉野川流域だけでなく、山城国綴喜郡でも近接して居住していることが単なる偶然であったとは考えられない。

山城国綴喜郡嶋郷に住む国栖笛工の山城是行や真生らは、国栖別当である国栖茂則の管轄下にあったが、戸主である山城田村も含めて彼らも吉野川流域から移住した国栖であった可能性が高いと考えられる。それは、『延喜宮内省式』諸節会条に、「凡そ諸節会には、吉野の国栖、御贄を献り、歌・笛を奏せよ。節毎に十七人を以て定と為せ。〈国栖十二人、笛工五人、但し笛工二人は、山城国綴喜郡に在り。〉」と見えることによる。吉野の国栖が御贄を進上する際に演じた国栖奏に従った笛工五人のうちの二人は山城国綴喜郡の居住であり、それが天暦二年の太政官符に見える山城是行と真生らの「国栖笛工」にあたることは間違いない。残る笛工三人は、なお大和吉野の国栖から採っていたのであろう。

彼ら綴喜郡嶋郷の国栖笛工は、大和吉野から山背に移住した集団とみられるが、その時期は定かではなく、宮都が大和から山背へ移動したことに伴う動きであった可能性も否定できない。しかしながら、吉野の国栖と隼人の近しい関係を示すことに変わりはない。

ちなみに、「やましろ」の地名は都の置かれた大和の山の背後に位置することに由来し、山代・山背と表記されたが、平安遷都にともない山城に改められた。

国栖笛工・山城氏について

国栖笛工である山城氏についても、少し見ておこう。

まず神代記の天安河誓約《あめのやすのかわのうけい》段に、須佐之男命《すさのおのみこと》が天照大御神《あまてらすおおみかみ》から得た珠に息吹《いぶき》を吹きかけて生まれた「天津日子根命《あまつひこねのみこと》は、凡川内国造《おほしかふちのくにのみやつこ》、額田部湯坐連《ぬかたべのゆゑのむらじ》、茨木《うばらき》国造、倭田中直《やまとのたなかのあたひ》、山《やま》代《しろ》国造、馬来田《うまくた》国造、道尻岐閇《みちのしりのきへ》国造、周芳《すは》国造、倭淹知造《やまとのあむちのみやつこ》、高市県主《たけちのあがたぬし》、蒲生稲寸《かまふのいなき》、三《さき》枝部造《くさべのみやつこ》　等《ら》が祖《おや》なり。」とある中に、山代国造氏がみえる。

ここに見える額田部湯坐連氏には、史料は後に示すが允恭天皇の時に隼人を平定して獲た「隼人馬」（額田馬）を献上したという伝承が知られており、同じく右に見える大和国十市郡菴《あむ》知《ち》村（天理市庵治町《おうじ》）を本貫とする同族、倭淹知造氏も馬飼集団であった。(79) それに関わり、『先代旧事本紀』天皇本紀景行天皇段に、日向髪長大田根《ひむかのかみながおおたね》を母とする日向襲津彦命《そつひこのみこと》の後裔氏族に奄智君氏、同じく襲武媛《そのたけひめ》を母とする豊門別命《とよとわけのみこと》の後裔氏族に奄智首氏が見えることから、景行天皇後裔という奄智君・奄智首氏らとともに倭淹知造氏も、本来は南九州系集団であった可能性が高い。

右の天津日子根命の後裔という山代国造は、神代紀第六段本文に「天津彦根命、是《これ》凡川内《おほしかふちの》直《あたひ》、山代直《やましろのあたひ》等の祖なり。」とある山代直氏に、凡川内国造は凡川内直氏にあてることができる。

祖の天津日子根命（天津彦根命）については、『新撰姓氏録』山城国神別条に、「山背忌寸《やましろのいみき》。天都《あまつ》比古《ひこ》禰命《ねのみこと》の子、天麻《あまのま》比《ひ》止《と》都《つ》禰命《ねのみこと》の後なり。」とある天都比古禰命と同じであろう。そうすれば、天都比古禰命系で天麻比止都禰命の後という山背忌寸氏と、山代直氏の同族関係も想定可能である。右に見える山背忌寸の旧姓は山背直であり、山背直氏は天武天皇十二年（683）九月丁未に山背連氏を、同じく十四年六月甲午には山背忌寸氏を賜姓されていることから、山背直・山背連・山背忌寸氏は同じ氏である。[80] なお、『新撰姓氏録』山城国神別条では、この山背忌寸氏に続いて、阿多隼人が載録されていることは示唆的である。

次に、この天都比古禰命の子という「天麻比止都禰命」は、神代紀第九段一書第二に「天《あめ》目《ま》一箇神《ひとつのかみ》を作金者《かなだくみ》とす。」とある天目一箇神と同じ神と目されており、金属工人らの祖として知られている。[81]『古語拾遺』にも、「天目一箇神をして雑の刀《くさぐさたち》、斧及《また》鉄の鐸《さなぎ》を作らしむ。」、「天目一箇神は筑紫、伊勢の忌部《いむべ》が祖なり。」とある。また、『先代旧事本紀』国造本紀前記に「…天目《あめま》一命《ひとつのみこと》を以《も》て、山代国造と為《な》す。即《すなは》ち山代直なり。…」とあるが、これは神代紀第六段本文にいう山代直氏にあてられよう。『新撰姓氏録』山城国神別・山背忌寸条の天麻比止都禰命と『先代旧事本紀』国造本紀前記の天目一命は同一神とみられることから、山背忌寸氏と山代国造・山代直氏は同じ氏と解することができる。

ただし状況はやや複雑であり、『先代旧事本紀』国造本紀は二つのヤマシロ国造を記している。

山城国造。橿原朝御世《かしはらのみかどのみよ》に、阿多振命《あたのふるのみこと》を山代国造と為《な》す。

山背国造。志賀高穴穂宮朝御世《しがのたかあなほのみやのみかどのみよ》に、曾能振命《そのふるのみこと》を以て、国造に定め賜《たま》ふ。

二つのヤマシロ国造を重複掲載とみなすむきもあるが、[82] 両者は無縁ではないものの祖名の違いから重複記載ではなくて、別の集団と捉えるのがよいと考えられる。この二国造の族系解明は容易でないが、それぞれの祖名がそれを考える際の手掛かりとなる。それはいずれも「振命」に集団に縁りの地名を冠した名と解されるが、阿多振命の「阿多」は薩摩半島の阿多（吾田）、曾能振命の「曾」は熊曾（熊襲）の曾（襲）、大隅半島の噌於（贈唹）にあてるのが妥当と考えられる。

阿多振命・曾能振命は各々阿多（阿多隼人）と大隅（大隅隼人）に対応するならば、ヤマシロ国造は隼人系となり、見過ごすことができない。山背国に居住した大隅隼人としては、先述した天平七年の山背国綴喜郡大住郷のものとみられる「計帳」に記された大住隼人・大住忌寸が、山背国の阿多隼人としては同じくその中に見える阿多君や、『新撰姓氏録』右京神別下条の阿多御手犬養らが想定される。

『続日本後紀』承和三年（836）六月壬子条によれば、「山城国の人、右大衣《みぎのおほきぬ》阿多隼人逆《さか》足《たり》に姓《うぢ》阿多忌寸を賜ふ。」とあり、大隅隼人と並んで大衣に就く阿多隼人が山城国に居していたことも参考になる。右大衣とは、朝廷の儀式や御幸に供奉する多数の隼人を統率した、二人の大衣の内の一人であるが、大衣に就けば忌寸が賜姓されたのであろう。

『先代旧事本紀』にいう神武朝（橿原朝御世）や13代成務《せいむ》朝（志賀高穴穂宮朝御世）の国造任命はもちろん事実ではないが、山城国造と山背国造はともに同じ隼人系集団であった可能性が高いと考えらえる。神代記の山代国造・神代紀の山代直氏は山城国造に、『新撰姓氏録』山城国神別条・国造本紀前記の天目一箇神系の山背忌寸氏を山背国造にあてる説もあるが、(83) 確証はない。

右とは別に、『続日本紀』天平勝宝八歳（７５６）七月庚午条には「河内国石川郡の人漢人《あやひとの》広橋《ひろはし》・漢人刀自売《とじめ》ら十三人に、山背忌寸を賜ふ。」とあり、渡来系の山背忌寸氏もいた。石川郡の山背忌寸氏をヤマシロ国造とみなすむきもあり得ようが、この氏名の「山背」は河内国石川郡山代郷（大阪府南河内郡河南町山城辺り）の地名にかかるもので、ヤマシロ国造との関係は詳らかではない。この「山代郷」は『和名類聚抄』には見えないが、１９５２年に奈良県宇智郡大阿《おおあ》太《だ》村東阿田（五條市東阿田町）の大阿太小学校校舎床下から発見された鋳銅鍍金製の『山代忌寸真作墓誌』に、「所知天下自軽天皇御世以来至于四継仕奉之人河内國石川郡山代郷従六位上山代忌寸真作　戊辰十一月廿五日…」と見えることから、石川郡に山代郷が存在し、山代忌寸（山背忌寸）氏の拠地であったことが知られる。山代忌寸真作は文武・元明・元正・聖武天皇の四代に仕え、「戊辰」は神亀五年（７２８）にあたる。(84) 正確な出土地が分明でないことは遺憾であるが、周辺の古代墳墓からの出土とすれば、ここが隼人系である阿陀の鵜養の本拠であることや、ヤマシロ国造氏が隼人系であったことにおいて、石川郡の山背忌寸氏本宗の族系関係を想定することも可能であるが、推察の域を出ない。

右に加えて、『先代旧事本紀』天神本紀には、「伊岐志邇保命《いきのしにほのみこと》　山代国造等祖」という別系の山代国造も伝えられて関連の所伝が輻輳しており、これ以上の追究は困難である。

ひとつのヤマシロ国造は天目一箇神の神裔と伝えることから金属工人集団でもあり、他方のヤマシロ国造は額田部湯坐連氏や倭淹知造氏らとの同族関係から隼人系の馬匹《ばひつ》文化に親しい集団であったと考えられる。5世紀中葉以降の隼人系集団に特徴的な要素となる鉄と馬が、二つのヤマシロ国造に想定されるが、二国造は交替で国造に任じられていたのではないかとも考えられる。

山城国綴喜郡大住郷には大隅隼人や阿多隼人が集住していたことから、それぞれが交互にヤマシロ国造に任命されていたと解することもできよう。いずれにしても、隼人系の集団がヤマシロ国造に任命されていたことは、畿内隼人の移住時期や実態、これまでのヤマト王権の隼人観に関する理解についても見直しが必要なことを示している。

二つのヤマシロ国造の祖名に共有される「振命」の「振」は、韓国語のpur（火）・purk（赤・赫）・park（明）などと関連する、神霊降臨・霊魂の招き入れや光輝を意味する古語[85]に通じる語句である。「振命」は始祖を称えた「光り輝く君」という意であり、吉野首氏の祖の井光（井氷鹿）が光を放ち井戸から現れたという物語が想起される。

『類聚符宣抄』天暦二年八月廿日付の「太政官符」に見える山城国綴喜郡嶋郷の国栖笛工山城氏は、居地や発祥地においても山城国造・山背国造らと近しい関係にあったのではないかとも考えられる。なお、天目一箇神の神裔集団にかかわり、『新撰姓氏録』未定雑姓大和国条に「葦田首《あしたのおびと》。天麻比止津乃命《あめのまひとつのみこと》の後なり。」という、大和国葛上郡葦田（奈良県北葛城郡王寺町から香芝市辺り）を本拠とする葦田首氏が知られるが、その族系は未詳である。

神武天皇東遷伝承の文化史的特徴――馬匹文化との関連

神武天皇東遷伝承の形成時期についての考察は、必然的に阿陀の鵜養（阿多隼人）らの吉野川流域への移住時期の下限を明らかにする。その方法は、はじめに述べたように広く用いられている反映法は採らず、所伝の内部分析に基づいて考察をすすめる。内部考証的な方法に拠った理由は、反映法よりも恣意性が少なくより客観性が担保されると考えたことによるが、ここでの具体的な視点は「馬」使用の有無にある。

東遷伝承は東征伝承とも称されるように、抵抗する集団を武力で制圧する、戦闘行為のともなうものであった。ところで、古代の史書に記録された戦《いくさ》は、陸上は馬での移動が一般的である。

たとえば、皇極《こうぎょく》天皇紀二年（643）十一月丙子朔条によれば、周知の上宮王家の滅亡の際に、蘇我入鹿《そがのいるか》の発した軍に斑鳩宮《いかるがのみや》（生駒郡斑鳩町）を包囲された山背大兄王《やましろのおおえのおう》（聖徳太子の子）に対して、陪従《べいじゅう》する三輪文屋君《みわのふんやのきみ》が「一旦は深草屯倉《ふかくさのみやけ》（京都市伏見区深草）に逃れて、馬で東国に行き対抗態勢を構えるよう進言した」とある。

672年の壬申《じんしん》の乱において、大海人《おおあま》皇子（のちの天武天皇）は六月甲申に吉野宮を脱出するに際して、飛鳥古宮（明日香村飛鳥）の留守司である高坂《たかさか》王のもとに使者を派遣し、政府の馬を利用するために「駅鈴《うまやのすず》」を要求したが拒否された。そこで止む無く徒歩で出立したが、途中で県犬養連大伴《あがたいぬかいのむらじおおとも》の鞍馬《くらおけるうま》に遭遇したので、それを召して使用したとある。

古代の戦にかかる移動では、王者・貴人らは騎乗が通例であった。ところが、『記』・『紀』の神武天皇東遷伝承では、移動はすべて船か徒歩であり、馬は一切登場しない。僅かに馬との関係を思わせるのは、神武天皇が上陸しようとした河内の日下に盾を並べて戦ったので盾《たて》津《つ》という、とあることぐらいである。この盾は、周知の「隼人の盾」をさしていると思われるが、その木製の盾の頂部には馬髪を編んで結いつける決まりであったことにおいて（『延喜隼人司式』）、わずかに馬との関係が窺われる。ただし、隼人の盾に馬髪が結いつけられるのは、隼人が馬匹《ばひつ》文化（馬飼文化）を導入して以降のことであり、伝承上のことである神武天皇軍が日下に立てた盾に馬髪が結いつけられていたか否か定かではない。

隼人は、推古天皇紀二十年（612）正月丁亥条にみえる駿馬「日向《ひむか》の駒《こま》」を産出する馬匹集団として知られており、関係史料は後に示すが「隼人馬」は「額田馬《ぬかたうま》」とも称えられた[86]。しかし、馬匹文化に親しい隼人の本拠地を発した神武天皇が熊野に上陸した後の移動や、大和の平定事業においても一切馬を用いていないことから、神武天皇東遷伝承の時代背景には、ヤマト王権や隼人らが馬匹文化を導入する以前の歴史文化的な社会が想定される。このことは、神武天皇東遷伝承の根幹は、王権や隼人が馬匹文化を導入、それが社会に定着する以前に形成されていたことを示唆している。

ここで明示するべきは、先進文化である馬匹文化をわが国が本格的に導入した時期である。それに関わる『記』・『紀』の所伝から垣間見よう。

垂仁天皇紀三十二年七月己卯条は、陵墓築造を始めとして王権内の喪葬儀礼の始終を掌《つかさど》った土師《はじ》氏の祖、野見《のみ》宿禰が皇后日葉酢媛命《ひばすひめのみこと》の墓には殉死《じゅんし》に代えて「埴《はにつち》を取りて人・馬及び種種《くさぐさ》の物の形を造作」して樹立することを提案して採用されたが、これが埴輪《はにわ》の起源であると記している。これは古墳上に樹立された埴輪の起源を、出現時期の下る形象《けいしょう》埴輪の使用も遡らせて一括して記したもので、垂仁朝に相当する時期の古墳に馬形埴輪が樹立されたことや、馬匹文化が定着していたことを語るものではない。馬匹文化の定着を言うには、馬の日常的、具体的な使用記事でなければならない。

次の景行天皇紀四十年是歳条の日本武尊《やまとたけるのみこと》の東国・蝦夷《えみし》制圧伝承では、地域を巡るなかで馬が登場する。ただし、それは信濃（長野県）の道は険しくて「馬頓轡《なづ》みて進《ゆ》かず」とある箇所のみである。信濃は早くに馬匹集団が定着した地であることも影響してこうした表現がなされたとも考えられるが、その道が険しいことを述べた『紀』筆録者の文飾以上のものではない。日本武尊が、熊襲・蝦夷の制圧に騎馬で出征したという記述はない。これは『記』においても同様であり、このことはヤマトタケル伝承の形成時期をも示唆していよう。

仲哀《ちゅうあい》天皇（ヤマトタケルの子）の皇后である神功《じんぐう》皇后摂政前紀には、神功皇后が朝鮮半島南東部の新羅《しらぎ》国へ遠征した際に、服属した新羅王が「…伏《したが》ひて飼部《みまかひ》と為《な》らむ。其れ船柂《ふねかぢ》を乾《ほ》さずして、春秋に馬梳《うまはたけ》及び馬鞭《うまのむち》を献《たてまつ》らむ」と語ったとある。

仲哀天皇記でも、大后《おおきさき》息長帯日売命《おきながたらしひめのみこと》（神功皇后）の新羅遠征に際して、新羅の国王《こにきし》が「…天皇の命《みこと》の随《まにま》に、御《み》馬甘《うまかひ》と為《し》て、…仕《つか》へ奉《まつ》らむ」と誓ったので、「新羅国は御馬甘と定め」たとある。

これは、倭国が導入した馬匹文化の源流の一つとその始原時期を示唆しているが、説話化した所伝であり、信頼性は必ずしも十分ではない。このあたりの『紀』紀年は実際より古く設定されているが、百済からの七枝刀《しちしとう》（七支刀）の贈与（神功皇后紀摂政五十二年九月丙子条／七支刀銘文から紀年を補正して３７２）や、新羅からの人質微叱許智伐旱《みしこちほっかん》の送還（神功皇后紀摂政五年三月己酉条／『三国史記』などから紀年を補正して３８５）伝承などから、細かな事実関係は別にして年代補正すれば「神功皇后摂政時期」は、おおむね4世紀後半頃にあてるのが妥当である。この頃には、倭国の支配層の間で馬についての関心が高まっていたことは推察できる。

具体的な所伝としては応神天皇紀十五年（４０４）八月丁卯条に、「百済王《くだらのこきし》、阿直伎《あちき》を遣《まだ》して、良馬二匹《よきうまふたつぎ》を貢《たてまつ》る。即ち軽《かる》の坂上《さかのうへ》の厩《うまや》に養はしむ。因《よ》りて阿直岐を以て掌《つかさど》り飼《か》はしむ。故《かれ》、其の馬養ひし処《ところ》を号《なづ》けて、厩坂《うまやさか》と曰《い》ふ。」とある。また応神天皇記にも、「百済国主照古《こにきしせうこ》王、牡馬壹疋《をまひとつ》、牝馬《めま》壹疋を阿知吉師《あちきし》に付けて貢上《たてまつ》りき。〈此の阿知吉師は阿直史等《あちきのふひとら》の祖《おや》。〉」と、同様な所伝が見える。馬は古代国家間で贈与対象となる、貴重な先進文化であった。ちなみに、雄略天皇紀九年七月壬辰朔条の、田辺史伯孫《たなべのふびとはくそん》にかかる物語から、応神天皇を葬った馬「誉田《ほむた》陵」（墳丘全長４２５ｍの誉田御廟山古墳、大阪府羽曳野市誉田）には赤い駿駒をかたどった馬形埴輪が建てられていたことが知られる。

百済国主照古王とは近肖古《きんしょうこ》王のことであるが、高麗《こうらい》の金富軾《きんふしき》が１１４５年に撰述した高句麗・百済・新羅三国の歴史書である『三国史記《さんごくしき》』によれば、近肖古王の在位期間は３４６～３７５年であり、応神天皇紀十五年八月丁卯条の百済王を応神天皇記により近肖古王にあてると、応神天皇紀の紀年と整合しない。彼此の史料に細かな年次の不整合はあるが、ほぼ４世紀末から5世紀初頭頃に、新羅だけでなく、倭国と連携関係にある百済などからも本格的に馬匹文化が導入されたものと推考される。このころ倭国は騎馬文化の発達していた高句麗と対立を深めており（『高句麗広開土王碑文』）、おそらくは騎馬兵を主体にした高句麗軍に大敗したことを契機に、本格的に馬匹文化の導入策を推進したものと考えられる。なお、詳細は別稿に譲る。(87)

続く仁徳天皇紀五十三年（425）五月条には、上毛野君《かみつけののきみ》の祖の竹葉瀬《たかはせ》が新羅に派遣されたが、それに従った弟の田道《たぢ》が「精騎《すぐれるうまいくさ》」を連ねて新羅軍と戦ったと見える。その馬は現地で調達したかも知れないが、倭国軍にも騎馬戦が可能ということは、馬匹文化導入の目的と定着を示唆している。これも上毛野君氏より出たと思われる祖先伝承であり、所伝の信憑性は十全ではない。ただし、次の履中天皇以降は馬の利用記事が急増し、馬匹文化の国内定着を語っている。

たとえば、履中天皇即位前紀によれば、対立する弟の住吉仲皇子《すみのえのなかつみこ》（墨江王）に宮殿を囲まれた即位前の履中は、物部大前《おおまえ》宿禰らに救出され、馬に乗せられて石上《いそのかみ》神宮まで逃れたとある。『古事記』の所伝も、履中を馬に乗せるのが倭漢直《やまとのあやのあたい》の祖の阿知直《あちのあたい》とある点が異なるが、物語の大筋では等しい。また、履中天皇は御馬皇子（母は葛城葦田《あした》宿禰の娘の黒媛）をもうけており、履中天皇紀五年九月壬寅条には「河内飼部《かわちのうまかいべ》」、弟である允恭《いんぎょう》天皇紀四十二年十一月条には「倭飼部《やまとのうまかいべ》」がみえ、王権による馬養集団の編成を示しており、馬匹文化の広がりが読み取れよう。5世紀後半に当たる雄略天皇紀では、もはや騎馬戦が普通のこととして散見されるが、これらのことは古墳や遺跡から馬の骨歯や馬具が検出される時期とも整合的である。(88)

以上のことを参酌すれば、神武天皇とヤマトタケルの物語の基本的な部分は履中朝以前、5世紀初めごろまでには形成されており、それ以降に大きな改変はなされていないのではないかと考えられる。

八咫烏伝承について——賀茂氏と神武天皇東遷伝承

神武天皇東遷伝承に登場する阿陀の鵜養・吉野首・吉野の国巣らについて、『記』・『紀』ともに何らの戦闘行為も記さず、制圧・帰服のことはまったく語らない。神武天皇が吉野川流域を巡幸した目的が、彼ら集団や地域の武力平定でなかったことは明白である。

『記』は神武天皇が吉野川流域に至るために、八咫烏が先導したと記している。『紀』では、八咫烏は菟田《うだ》（奈良県宇陀市）へ向かう先導者としてあらわれ、神武天皇紀二年二月乙巳条にはその後裔が葛野主殿県主部《かづののとのもりのあがたぬしら》とある。葛野主殿県主とは山背の賀茂県主・鴨県主氏であるから(89)、八咫烏の物語には山背の賀茂氏（賀茂県主・鴨県主）の関与があったとみてよい。『新撰姓氏録』山城国神別の鴨県主条には、鴨建津之身命《かものたけつのみのみこと》（賀茂建角身命）が大烏と化して神武天皇を導いたので天八咫烏の号を与えられたとあり、八咫烏は山背賀茂氏の祖である鴨建津之身命とみなされていたことが知られる。

そこで各所伝を少し細かく見ていくと、『記』では神武天皇は八咫烏の導きにより吉野川流域から菟田に向かっている。『紀』では、熊野→菟田→吉野川流域→菟田と進んでいるが、いずれも大和中枢地域に行くには、先にも触れたが地理的な矛盾や無駄がある。物語では、紀ノ川河口に位置する紀国竈山《かまやま》（紀伊国名草郡／和歌山市和田）を経由しているから、熊野村まで南下せずにそのまま紀ノ川→吉野川流域→菟田に至るならば地理的にも順当な径路となるが、あえて遠く紀伊半島南端の熊野村まで南下していることには、その必然性が存在したに違いない。神武天皇には、熊野村を経由しなければならない理由が存在したのである。

おそらく、それは大熊の出現で急に病臥した神武天皇一行をただちに回復させたという、石上神宮（大和国山辺郡の名神大社の石上坐《いそのかにみいます》布都御魂《ふつのみたま》神社／奈良県天理市布留町）の祭神・布都御魂《ふつのみたま》（韴霊）の、他を凌駕する霊験を語ることにあったのではないかと考えられる。

八咫烏の後裔という山背の賀茂氏は、(90)『山城国風土記』逸文加茂社条（『釈日本紀』巻九）には大和の葛城から移住したと伝えることから、八咫烏伝承の理解には葛城賀茂氏の山背への移住問題も絡んでくる。そもそも、賀茂氏には神武天皇に関わる所伝が少なくないが、これは両者の密な結びつきを語っていると解される。そこでまず、それらの点を以下に摘記しよう。

①神武天皇の大后の富登多多良伊須須岐比売命《ほとたたらいすすきひめのみこと》（比売多多良伊須気余理比売《ひめたたらいすけよりひめ》／媛踏鞴《ひめたたら》五十鈴媛《いすずひめの》命《みこと》）の誕生伝承に、その父を三輪君氏が奉斎した大物主神《おおものぬしのかみ》とする所伝（神代記・神代紀第八段一書第六／城上郡の名神大社、大神《おおみわ》大物主神社／桜井市三輪）と、葛城の賀茂氏が奉斎した事代主神《ことしろぬしのかみ》とする記載（神代紀第八段一書第六「又曰」・神武天皇即位前紀／葛上郡の名神大社、鴨《かも》都波八重事代主命《つはやえことしろぬしのみこと》神社／御所市宮前町）が併存している。いずれが本来の所伝かという問題もあるが、その母については、三嶋溝橛姫《みしまみぞくいひめ》／玉櫛姫《たまくしひめ》（神代紀第八段一書第六「又曰」）・三嶋《みしま》溝橛耳神《みぞくいみみのかみ》の娘の玉櫛媛（神武天皇即位前紀）・三嶋溝咋《みしまみぞくい》の娘の勢夜陀多良比売《せやだたらひめ》（神武天皇記）などとあり、三嶋溝咋の娘とする点では共通する。この三嶋溝咋の素姓が殆ど分明では

なかったことは、王権形成伝承の研究においても大きな問題であった。『先代旧事本紀《せんだいくじほんき》』国造本紀に都佐国造《とさのくにのみやつこ》が「長阿比古《ながのあびこ》同祖。三島溝杭命《みぞくいのみこと》九世孫小《お》立足尼《たちのすくね》。」とある所伝を手掛かりに考察を進めた結果、葛城の賀茂君氏系で紀伊国那賀《なが》郡（和歌山県岩出市・紀の川市）を本貫とする長我孫《ながのあびこ》氏・長公《ながのきみ》氏らの、摂津国における同族であることを明らかにしたが、[91]詳細は次章で述べる。このことから、神武天皇の大后の出自を語る神婚伝承において、三嶋溝咋の娘に依り付く神は、神代紀第八段一書第六「又曰」と神武天皇即位前紀が伝える、葛城賀茂氏が奉斎した事代主神とするのが本来であったと解される。[92]神武天皇の大后は葛城賀茂氏系の女性とするのが当初の所伝であり、神武天皇伝承と賀茂氏の結びつきは濃密である。

②『紀』によれば、壬申の乱の際に、葛城の賀茂氏の活躍をはじめ、事代主神らが高市県《たけちのあがた》主許梅《ぬしこめ》に神がかりして神武天皇陵に種々の兵器を奉るよう託宣し、許梅に神武天皇陵を祭拝させたとある。事代主神を奉斎する人々には、事実関係は別にしても神武天皇陵のことが伝承されていたのである。

このように、神武天皇伝承と賀茂氏の密な結びつきが知られるが、右の八咫烏伝承については神武天皇伝承形成の最後に付加された要素とみなす説がある。[93]それは、大和国宇陀郡に鎮座する伝承縁りの式内社、八咫烏神社（奈良県宇陀市榛原町高塚）の創祀について、『続日本紀』慶雲二年（705）九月丙戌条に「八咫烏社を大倭国宇太郡に置きて奉らしむ。」とあることを論拠とする。式内社の創祀時期が知られる貴重な史料でもあるが、『記』・『紀』の成立間近なこの記事に依拠して、八咫烏伝承は神武天皇伝承に最も新しく付加された部分だとされている。またこれとは別に、「八咫烏伝承だけが大和国以外の地域を本拠とする後裔氏族のものであるのは不審であり、本来は葛城賀茂氏の伝承であったものを山背の賀茂氏が取り込んで改変し、『記』・『紀』編纂の最終段階で加上したものである」という主張もある。[94]

ところが右の説では、なぜこの時期になって八咫烏伝承だけが加上され、新しく八咫烏神社が創祀されたのかという問題について説明がない。そもそも、そうした時期に『記』・『紀』の伝承を改変、あるいは加上することが可能であったか否か、また山背の賀茂氏がその時期に八咫烏伝承を創作することができたのか、さらにはそうした所伝を創作、加上することに対して他の氏族から異論が出なかったのか、等々の疑問が拭えない。加えて、同時に褒賞されたという弟滑《おとうかし》や弟磯城《おとしき》、剣根《つるぎね》などの物語に関する理解についても説明が求められるが、その立場からは論及がないという問題もある。さらに、宮中の年中行事について記した鎌倉時代初期の『年中行事《ねんじゅうぎょうじ》秘抄《ひしょう》』（『群書類従』六）中酉日《なかのとりのひ》賀茂祭事条所引「秦氏本系帳」には、「天武天皇六年に、山背国をして賀茂を営ましめたまふ。」とある。これが神殿などの造営を指すならば、八咫烏神社創祀より30年近く前の飛鳥に王宮があった時に、山背の賀茂氏や賀茂社の祭祀が王権にも認知されて、庇護されていたことになる。

おそらく、本来の八咫烏伝承は、賀茂氏の始祖が神武天皇を吉野川流域から宇陀、磯城の地まで先導したという、功績譚であったと思われる。式内社の八咫烏神社の創祀時期が新しいのは、八咫烏伝承自体が新しいことを直接的に示すものではない。[95]それは『記』・『紀』の編纂過程で八咫烏伝承の存在が広く知られることになり、加えて山背の賀茂氏らの要請もあ

八咫烏神社

って行なわれたことと考えられる。伝承に縁りの地における式内社の創祀時期が比較的新しいことの理由は、伝承の関連氏族である賀茂氏が、すでに大和から山背葛野に移動していたことによると考えられる。

　葛城の賀茂氏には、高鴨神と本宗集団が土左（高知県）に追放されて葛城の地における祖神祭祀が雄略朝以来不可能な状況にあり、かつ山背の賀茂氏も祖神祭祀をめぐり賀茂氏同族間での闘乱が繰り返されて、文武天皇二年（698）から天平十年（738）まで賀茂祭について朝廷から規制されるなど、不遇の状況にあった。[96] しかし、漸くこの時期に至り、原『記』・『紀』に神武天皇にかかる八咫烏伝承が採録されたことを梃子にして、氏族の祖神を八咫烏の名で縁りの大和宇陀の地に創祀することで、山背の賀茂氏が復権の動きを示したことは十分に考えられることである。

神武天皇紀二年二月乙巳条の論功行賞記事によれば、道臣《みちのおみ》（大伴氏）には築坂邑《つきさかのむら》、大来目《おおくめ》（来目氏）には来目邑、珍彦《うづひこ》（倭直《やまとのあたい》氏）には倭国造《やまとのくにのみやつこ》、弟滑（菟田主水部《うだのもいとりら》）には猛田邑《たけだのむら》（宇陀郡多気郷）と猛田県主《あがたぬし》、弟磯城の黒速《くろはや》には磯城県主、剣根には葛城国造、最後に頭八咫烏《やたがらす》（葛野主殿県主部）も褒賞に加えたとあるが、その具体的内容については記載がない。こうした書きぶりから、頭八咫烏の部分が最後に加えられたとの印象を拭えないが、これは八咫烏（頭八咫烏）の後裔を称する賀茂氏がすでに山背に移住しており、その確定が遅くなったという事情によるものと考えられる。その褒章は、葛野主殿県主、すなわち賀茂（鴨）県主への任命ではなかったか。

要するに、神武天皇伝承に八咫烏のことが語られていた当初から、八咫烏を祖と仰ぐ集団が「葛野主殿県主」という族名であったとは限らない。物語が伝えられていた当初は、八咫烏を祖と仰ぐ集団は、いまだ山背葛野に移住していなかった可能性が高い。それが原『記』・『紀』に定着する頃には、彼らは大和から山背葛野に移住していたために、後裔氏族の確定が最後にずれ込み、褒賞記事の記載にも影響したのではないかと推考される。このように考えるならば、右の所伝の中で八咫烏の後裔氏族だけが大和国が本貫ではないという疑問も氷解しよう。なお、賀茂氏の山背葛野への移住問題については以前に詳述したから[97]、ここでの再説は控えておく。

隼人の畿内「移配」説と神武天皇伝承

神武天皇が吉野川流域に訪ねた阿陀の鵜養は、早くに畿内に移住した隼人であった。したがって、神武天皇伝承の形成時期を考えるうえで、隼人の畿内「移配」問題は避けて通れない。

　五畿内（大和・山背・河内・摂津・和泉）と近江・丹波・紀伊などに居住する、いわゆる畿内隼人（『延喜隼人司式』凡番上隼人条、凡隼人計帳条）については、「ヤマト王権に服属した隼人を、その証として呪的威力や軍事力で王権に奉仕させるために、王権膝下の地へ強制的に移配した隼人であり、そのために律令制では隼人司《はやとのつかさ》（衛門府《えもんふ》の被官、大同三年〈808〉八月に兵部省へ移管）が置かれたのである」と説明されてきた。[98] その時期と目的については、「天武朝頃に南九州の隼人集団の勢力を圧え、分断する政策が採用された結果である」という説明もある。[99] これらは、いずれも「畿内隼人はヤマト王権により武力で制圧されて、強制的に服属、移住させられた異族である」という視点からの理解である。

　こうした理解に反して、畿内隼人がヤマト王権により強制的に移配されたことを示す史料は皆無であることから、その解釈に妥当性は見いだせない。令制下のことであるが、王者の徳に未だ感化していない異族、すなわち夷人雑類《いじんざつるい》とされた「毛人《えみし》・肥人《くまひと》・阿麻弥人《あまみひと》」（『令集解《りょうのしゅうげ》』賦役令《ふやくりょう》辺遠国条）らに対して律令政府は中央官司を設けていないが、隼人には隼人司が置かれて特別な扱いがなされていることは、右の解釈に疑問をいだかせる。また、東北地方の蝦夷（毛人）出身の女性が王家にキサキとして入ることはないが、神話伝承も含めて隼人出身女性の入内が少なくないことは、隼人が王権内で特別な位置にあったことを示しており、「畿内隼人は強制移配されたもの」という理解とは整合しない。加えて、『記』・『紀』の王権神話に隼人系の海佐知毘古・山佐知毘古（海幸彦・山幸彦）神話が取り込まれているが、これも隼人だけのことであり、隼人を夷人雑類と同列に扱うことを躊躇させる。そもそも、天孫降臨から神武天皇の日向出立までの物語は、事実関係は別にしても、隼人の居地が舞台になっているのである。

この背景には、王権と隼人の歴史的な特別の関係を考えざるを得ない。古代国家において、隼人は蝦夷らとは歴史的位置づけが大きく異なるのである。(100) すなわち、王権が隼人を特別に扱った理由を問わなくてはならない。

そもそも、畿内隼人を隼人勢力の分断を目的として移配されたものと解する説については、隼人らがすでに王権に帰服していたならば、そのことの必要姓は存在しない。反対にそれが未達成の場合ならば、集団を分割し遠く離れた畿内まで移動させることが容易《たやす》く実行できたか疑問である。実際に隼人がいまだ敵対的勢力として存在していたならば、集団が分断されて王権膝下に強制移住させられる強硬策に、素直に従っただろうか。また、強制的に移配されたならば、その地域社会で軋轢が起きなかったのだろうか。

要するに、隼人は本当に王権により畿内とその近国に強制的に「移配」されたのであろうか。隼人が強制移配されたことを示す史料が存在しないことも問題であり、隼人の「畿内移配」説の妥当性については再検討が必要であろう。比較のために、以下に王権の蝦夷への対応について垣間見るが、それは隼人とは対照的である。

たとえば、景行天皇紀四十年是歳条は、「能褒野《のぼの》に逮《いた》りて、痛甚《なやみさは》なり。則《すなは》ち俘《とりこ》にせる蝦夷《えみし》等《ども》を以て、神宮《かみのみや》に献《たてまつ》る。」とあり、能褒野（三重県鈴鹿市から亀山市辺り）で病気がひどくなった日本武尊《やまとたけるのみこと》は、東国から連れ帰った蝦夷を伊勢神宮に貢進したと伝える。さらに景行天皇紀五十一年八月条には、その後日譚が記されている。

是《ここ》に、神宮に献れる蝦夷等、昼夜《ひるよるな》喧り譁《とよ》きて、出入礼《いでいりゐや》無し。時に倭姫命《やまとひめのみこと》の曰《のたま》はく、「是の蝦夷等は、神宮に近《ちか》くべからず」とのたまふ。則ち朝庭《みかど》に進上《あ》げたまふ。仍《よ》りて御諸山《みもろのやま》の傍《ほとり》に安置《さぶら》はしむ。未《いま》だ幾《いくばくのとき》時を経《へ》ずして、悉《ふつく》に神山《かみのやま》の樹《き》を伐《き》りて、隣里《さと》に叫《さけ》び呼《よば》ひて、人民《おほみたから》を脅《おびやか》す。天皇聞《きこ》しめして、群卿《まへつきみたち》に詔《みことのり》して曰はく、「其《か》の、神山の傍に置《はべ》らしむる蝦夷は、是本《これもと》より獣《あや》しき心有りて、中国《うちつくに》に住《す》ましめ難《がた》し。故《かれ》、其《そ》の情《こころ》の願《ねがひ》の随《まにま》に、邦畿之外《とつくに》に班《はべ》らしめよ」とのたまふ。是《これ》今、播磨《はりま》・讃岐《さぬき》・伊予《いよ》・安芸《あぎ》・阿波《あは》、凡《すべ》て五国《いつくに》の佐伯部《さへきべ》の祖《おや》なり。

「伊勢神宮に献上した蝦夷は昼夜なく喧騒だったので、御諸山（大和の三輪山）の傍に移したが、三輪山の樹木を伐り近隣社会と騒動を起こしたので、さらに播磨（兵庫県南部）・讃岐（香川県）・伊予（愛媛県）・安芸（広島県西部）・阿波（徳島県）に移住させた、これが五か国の佐伯部の祖先である」と伝える。景行朝の伝承や日本武尊の史実性は今では確かめ難いが、伊予以外の4か国では後に蝦夷で編成されたという佐伯部やその伴造である佐伯直《あたい》[101]氏らの分布が確かめられることから、時期を別にすれば蝦夷の移配はほぼ事実とみられている。

それからはやや後の事だが、斉明《さいめい》天皇紀四年（658）四月から六年三月条は、阿倍比羅夫《あへのひらぶ》に命じて日本海側の北陸以北の蝦夷らを討伐させたと伝える。また、斉明天皇紀五年七月戊寅条には、坂合部連《さかいべのむらじ》石布《いわしき》・津守連《つもりのむらじ》吉祥《きさ》を遣唐使として派遣したが、その際に「道奥《みちのく》の蝦夷男女二人を以《ゐ》て、唐の天子に示《み》せたとある。同条に引く「伊吉連《いきのむらじ》博徳《はかとこ》書」には、それは歳毎に入朝する「熟蝦夷《にきえみし》」とあり、同じく「難波吉士《なにわのきし》男人《おひと》書」にはその蝦夷は「白鹿皮一、弓三、箭《や》八十を天子に献る」とあって、ヤマト王権の権威を示すために唐まで帯同している。

それに関わり『新唐書』（11世紀の成立）日本伝にも、天智天皇即位の翌年に日本の使者（遣唐使）が、蝦夷を帯同してやって来たとある。これは天智天皇紀八年（６６９）是歳条にみえる、河内直《かわちのあたい》鯨《くじら》らの派遣であろう。(102)

蝦夷のこうした状況に反して、隼人には類似の所伝は一切なく、王権内における隼人と蝦夷の位置づけと対応の仕方の差異は明瞭である。おそらく、畿内隼人はヤマト王権が政治的目的により強制的に「移配」したものではなく、自らの意思により移動した者たちであったと解される。こうした点を意識してか、「古墳時代中期以降に、日向の有力豪族の一部がヤマト王権と政治的交流関係を主体的に結び、その子弟が定期的に王権に出仕するようになった。また、肥後の肥君と薩摩の薩摩君、阿多君が密接な関係を形成した。その後、7世紀後半（天武朝）に、薩摩・大隅地域の隼人の一部が近畿地方に移住した」という説もある。(103)

畿内隼人を強制的な「移配」結果と捉えない点は評価できるが、南九州系の集団の畿内移住は古墳時代中期以前から断続的に行なわれていたと解するべきであろう。したがって、「履中天皇即位をめぐる住吉仲皇子事件における隼人や、雄略天皇埋葬時の近習隼人の殉死など、天皇家と隼人が早くから主従関係をもっていたことを示すもので、応神天皇が北九州から畿内へ入ったという考え方を前提とすれば、その時すでに隼人を近習として連れて来ていた」という理解も、(104) 強ち的外れとは言えないと思われる。

このことは神武天皇東遷伝承の形成時期とも関わる問題でもあり、隼人ら南九州系集団が、従前の通説的理解よりも早くに、畿内と近国地域に移住していた可能性は少なくない。

神武天皇伝承の形成と反映説の検討

「はじめに」でも少し触れたが、神武天皇伝承の形成に関する従前の研究では、後世の時代を画する大きなできごとをもとにして創作された虚構の物語と理解する、反映法に依拠した説明が主であった。しかし、この立場では、もととするできごとを何に求めるかにより結論が異なるから、諸説が一致しているわけではない。これは恣意的な考えの影響をうけやすい反映法の限界を示しているが、ここではその主な先行研究を瞥見し、続いて神武天皇伝承の理解を深めるために、その前提に配置されている日向神話の問題について触れておこう。

㈠　応神朝重視説

この立場は、神武天皇伝承の歴史的背景の基底には、神功皇后を母として筑紫で誕生した応神天皇に関わる歴史的伝承と政治的立場の主張を核とし、それ以降の歴史状況の影響が加わり物語として段階的に発展した、と理解する。(105)

具体的には、4世紀末にヤマト王権の内部で麛坂《かごさか》王・忍熊《おしくま》王事件に象徴される争乱が起こり、王権の主導権が奈良盆地北部・佐紀《さき》に古墳群を築いた集団から大阪府南部・河内の政治集団に移動した変動が核になっていると解する。すなわち、応神天皇の即位に象徴される政治的変動を基にして、4世紀末から5世紀初め頃に神武天皇の大和平定物語の骨格となる伝承が形成されたとする。[106]

これは、神武天皇東遷伝承の内部分析から得られた時期とも近く惹かれる点もあるが、熊野上陸・吉野川流域巡幸・八咫烏・大和平定など未解明の問題が残されることなど、すべてが説明可能なわけではない。

(二) 雄略朝重視説

雄略天皇が5世紀後半に葛城氏を滅ぼして葛城地域を政治的に統合し、磐余に王宮を営んだ時代のことが神武天皇の大和平定伝承に反映しているとみなす説である。[107]

しかし、神武天皇の大和平定伝承において葛城地域が占める割合（『紀』に葛城高尾《たかお》張邑《はりのむら》の赤銅《あかがね》の八十《やそ》梟帥《たける》／土蜘蛛《つちぐも》）は僅少で葛城氏との関連も不明であり、両者の間に相関は認められない。

(三) 継体朝重視説

この説は、すでに存在していた核となる物語に、畿外（『記』は近江・『紀』は越前）の出身で応神天皇5世孫という継体天皇が6世紀初頭に即位したことが影響を与えて、『記』・『紀』に定着する神武天皇東遷伝承が形成されたと主張する。[108] あるいは、神武天皇伝承を生んだ歴史的背景は応神・仁徳朝にあるが、継体朝に体系的な始祖伝承としてまとめられたとする。[109] いずれも、伝承の段階的な形成を主張する点に特徴がある。

伝承の段階的な発展を想定するこれらの説は、時代の異なる複数のできごとが反映していると解することから、いずれの時期を重視するかにより具体的な説明が違ってくる。時代と内容の異なる複数のできごとが、どのような理由で一つの物語に収斂、発展していくのかについて、具体的な内容にも関わる説明が求められよう。

㈣　天武朝重視説

神武天皇大和平定伝承の径路には、672年の壬申の乱における大海人皇子の進軍径路が投影しているとする主張もある。(110) ただし、壬申の乱では河内の日下や熊野、宇智郡阿陁郷の地域や阿陀の鵜養などは登場しない。天武朝以降を重視する立場は、隼人系の神話と目される、いわゆる日向神話が『記』・『紀』の王権神話体系に組み込まれた時期であるとする主張にも通じる点がある。

それぞれに課題が残り、単にできごとの内容が似ているだけではなく、より確かな論拠が求められる。神武天皇伝承の考察には、これまで述べてきたように物語の内部考証的な分析が最も客観的な方法と考える。そこで、『記』・『紀』において神武天皇伝承の前提に配置されている日向神話から、王権・王家と隼人の関係について考えよう。

日向神話と隼人と王権神話

隼人の始祖が王権に奉仕する由来を語って結ばれる、隼人系の神話として周知の海佐知毘古・山佐知毘古（海幸彦・山幸彦）神話が、『記』・『紀』において王権神話として編成される意図と体系化の時期の解明が、隼人問題理解の鍵となる。詳細は別稿を予定しているが、小稿の理解を深めるために少しだけ触れておこう。

これについては、「天皇支配の原理の構築と天皇支配の正統化をはかるねらい」が考えられ、その構成には「7世紀後半から8世紀初頭の政治的課題が反映されている」と解して、「天武朝以降、『記』・『紀』の撰上の時まで」になされた、と説かれてきた。[111]

あるいは、「神武天皇が山の神と海の神の血統を受け継いでその呪能をもつ者として出現することを説くこと、隼人の服属の起源を説くことにあった。文武朝の覓国使剽刧事件・大宝二年の対隼人戦争など、阿多とよばれた薩摩半島を中心に政府への抵抗が起こっている。政府はとくに阿多地方（薩摩地方）に居住する隼人たちが服属すべき由来を、神話にさかのぼって説く必要があった」という主張も、[112]基本的視点は右に等しい。

こうした理解は早くから存在し、[113]いわば通説的な立場と言えようが、これを継承した近年の説には、「天武天皇紀十一年七月甲午条以前の『記』・『紀』の隼人関係記事は信憑性が低い」・「隼人とは、第一義的にはイデオロギー的要請から創出された概念であり、隼人に関する『記』・『紀』の所伝の信憑性には疑問がある。隼人とはある種のフィクションである」・「畿内隼人とは、天武朝に南九州の隼人とともに創出されたものである」などと位置づけ、「隼人」は律令国家形成期に儒教的なイデオロギー的要請から創出された概念、呼称に過ぎないと主張して、天武朝以前の『記』・『紀』の隼人関連記事を否定的に捉えるものもある。[114]

少し具体的な問題について述べるならば、清寧《せいねい》天皇紀元年（４８０）十月辛丑条に、雄略天皇を丹比高鷲原陵《たじひのたかわしのはらのみささぎ》（大阪府羽《は》曳野《びきの》市）に葬った際に、隼人が殉死《じゅんし》して陵側に殉葬されたと伝えられることについて、「政府が期待する「隼人像」を示」す必要があったからに過ぎず、「中国的な貞節観、忠義観を示し死んだ隼人を、中国式の礼制により葬ったという記事であり、史実とは認めがたい」、と断定する。さらに、そうした「記事の捏造」をしなければならなかった理由については、雄略天皇を文明未開の野蛮な集団である「夷狄《いてき》をも心服させる中国的徳治主義に則る偉大な帝王に仕立て上げることにあった」、と主張する。

しかしながら、『紀』編者は雄略天皇について、すでに「大悪天皇」（二年十月是月条）・「有徳天皇」（四年二月条）と相反する二つの天皇評価記事を記載しており、ことさら事実関係まで捏造して天皇像を創作しなければならない必要性があったとは考えられない。『紀』編者には、事実か否かは別にして、垂仁天皇紀三十二年七月己卯条に記される皇后日葉酢媛命《ひばすひめのみこと》の喪葬に際しての殉死殉葬の廃止・埴輪《はにわ》の造立伝承は、既知の事柄であったと思われる。それにも拘らず、雄略天皇の葬儀における隼人の殉死、殉葬を明記していることの意図と歴史的背景を考えなければならない。自己の論述に合わない所伝を、作偽・捏造説で葬り去ることは容易であるが、『紀』を史料として活用する場合には編纂の背景に存在した歴史観まで洞見して、記事の語るところを考えなければならない。

漢籍による文章の潤色、神仙《しんせん》思想や儒教などの中国思想に依拠した記述などは、ここに限ることではなく『紀』全体を通じてみられる態度であり、それは権威ある文を編もうとした『紀』を貫く基本的な方針であったことは周知のところである。[115] そうした『紀』編纂の思想性や編纂態度、それに基づいた文飾行為は、中国的教養を身につけた『紀』編者らには、当然の行為であった。そのことをもって、記事の核となる部分までも捏造として否定するならば、行き着くところ『紀』そのものの存在基盤が失われてしまうであろう。

そもそも、隼人という族称についても、他者が称したものか、それとも自称であるのか、明らかではない。たとえ、王権側から名付け称したものであったとしても、それは居住する地域名を冠した「肥人・阿麻弥人」（『令集解』賦役令辺遠国条／球磨人・奄美人）、「阿太人」（『万葉集』２６９９）などと基本的には同じものであり、それらが儒教的イデオロギーに基づいた特別な族称でないことは明瞭である。つまり、「隼人」が王権によるイデオロギー的族称であると解する史料的な根拠は存在しない。

ここではそれよりも先ず、編年的な事実の記述とは本質的に意味が異なる『記』・『紀』神話を正しく捉えることから始めなければならない。

神話一般の基本点な理解について簡明に述べると、それはまず幻想的観念である神信仰の存在が前提となる。その神は、時間と空間を超越する畏怖するべき存在と観念された。特定の神のみを強く信仰する社会ほどその傾向が強いが、いずれにしても人がいなければ神も存在しない。人々の「共有幻想」に基づいた観念上の存在である神は、教義とは裏腹に人以前には存在しない。もちろん、それが共有されずに個人の信仰に留まっている段階では、社会的に大きな意味を持つことはない。

神話と王権の関係については、神信仰やそれに繋がる神話が古代の王権・王統・王位などに不可欠と考えられた宗教的権威を保証するもの、その裏打ちとして機能するためには、王権を構成する成員や王者を支える集団の間に、その神話と歴史の共有が不可欠であったことを理解しなければならない。各地域の豪族が宗教的に最高の権威を認めた祭祀王に帰服、結集した社会では、神話（神統譜）と歴史（王統譜）の共有が、王権を構成する必須の紐帯となったのである。それが、王権と帰属した豪族を精神的に結合させ、一体感を醸成する要素として機能していたのである。王権の成立を語る神話は、王権の成員間で共有されてこそ意味があり、実際の社会で機能して生きた王権の歴史となったのである。このように、神話と歴史を共有することが、王権の成員であるための不可欠の条件であった。

『記』・『紀』についていえば、神代記が多くの氏族をつなげた同族系譜を記載し、神代紀が本文のほかに多くの異伝（「一書曰」）を記載していることなどは、こうした古代王権の在り様《あよう》を示すものである。ただし、神話と歴史が共有されていても、集団の出自や歴史的な認識の差異などにより、集団間で内容に若干の異伝が生じてくるのは必然であった。加えて、時間の経過による変化も避けられないが、物語の基本的展開に大きな変容が生じなかったことは、神代紀の異伝の内容から明白である。神代紀に採録された複数の異伝の内容の違いは、原史料の新旧を示しているのではなく、原史料を保有した集団（氏族）の違いに由来する。

『記』・『紀』が神話を載録している意図については、若干の差異は存在しても基本的な展開が等しい神話と歴史が王権の成員に共有される社会、古代王権の本質に考えが及ばなければ、正しく理解することはできない。神代紀に多くの異伝が載録されていることは、神話と歴史が王家と王権成員に共有されていたことの痕跡であるとみてよい。内容の等しい神話と歴史を共有することにより、宗教的権威を纏った天皇の下に集結した氏族の間に、王権の成員としての自覚と自負、帰属意識が醸成され、権力編成の紐帯が形成されたのである。(116)

『記』・『紀』神話についての右の理解は、それを天武・持統朝の政治的課題が反映した創作物に過ぎないとする通説的な解釈とは、自ずと立場が異なることは明白である。

いま一例として、先の海佐知毘古・山佐知毘古神話について記すならば、その載録は隼人の速やかな帰順のためと言うが、『記』・『紀』の成立間際にそれを王権神話として取り込んで、いったい誰がそれを読み、かつどのような効果が期待されたのだろうか、筆者には憶測すらできない。つまり、南九州に住む隼人らが『記』・『紀』の神話を読み得たとは思われないが、仮にそれを読んだとしても、彼らが王権に抗うことを止めて帰服することに納得した、というようなことが実際問題として考えられるであろうか。右は隼人の立場からの視点が欠如した、あまりにも非現実的な主張であり、少なくない疑問だけが残る。

加えるに、そもそも海佐知毘古・山佐知毘古神話は、神代記・神代紀本文・神代紀一書が第一から第四まで、あわせて6種の異なる所伝が存在する。『記』・『紀』編纂期の、短期間で6種（紀本文が編者の作文としても5種）もの異なる所伝が派生する状況を、右の立場から説明することができるであろうか。

通説の海佐知毘古・山佐知毘古神話が『記』・『紀』編纂過程で創作、載録されたという主張には、加えて以下の疑念も存在する。

(一)誰がその捏造を企図し、実際に創作したのか、明らかにされていない。

(二)多くの氏族は、そうした行為について承知、納得したのかについて、検討がなされていない。

㈢王権と対峙していた東北の蝦夷への対応との差異について、考察がなされていない。

さらに、隼人（の祖先）が天皇（の祖先）と兄弟であるという所伝は、右の通説的立場からすれば「『記』・『紀』撰述の時点で造作されるどころか、むしろ否定されてよいはずの系譜伝承ではないのか」、という疑問も示されている。[117] そもそも、『記』・『紀』成立間際の新しい造作が、「天皇支配の原理の構築と天皇支配の正統化」を示すうえで権威ある主張となり得たことについて、論理的な説明が求められる。[118] つまり、新しい主張が社会で権威を獲得するには、それが広く認知されるだけでも相当な時間の経過が不可欠であり、そうした近々の「造作・捏造」がすぐには権威ある主張にならないのが普通である。

そのほかにも、神武天皇即位前紀には、神武天皇が東遷出立前に「日向国の吾田《あた》邑の吾平《あひら》津媛《つひめ》」を妃としたとあるが、これは大宝二年に薩摩国が日向国から分立する以前の表記であるから、『記』・『紀』成立間際の作偽説では説明が難しいと考えられる。

熊襲から隼人へ――王権の時代観

右述した数々の疑問は、これまでの通説的な説明が妥当ではなかったことを物語っている。まず、天武朝になるまで大隅隼人・阿多隼人の名が見えないことは、ヤマト王権と隼人の交渉がこの時期までなかったことを意味するものではない。それは、王権が隼人を総体として把握していたこと、二つの地名を冠して隼人を代表させることが行なわれなかったことを示しているに過ぎない。[119] ところが、令制的な地域支配体制の施行にともない、王権が隼人とその居住地域を大隅と阿多に東西二分して把握する方法を採用した結果、大隅隼人・阿多隼人として記録に残されたのである。これは、律令政府による後の薩摩国・大隅国設置の、先駆的な隼人の掌握法であったと解するべきである。[120] 神代記に「隼人阿多君」、神代紀第十段本文に「吾田君小橋等」などの記載はあっても阿多隼人・大隅隼人が見えないのは、未だそれが行なわれていなかった時点での表記であることを示している。薩摩国が日向国から分立する前後から、『続日本紀』では阿多隼人に代えて薩摩隼人の表記が見られるようになるのは、右のことからすれば当然の成り行きであった。それでもなお、『延喜式』では阿多隼人の呼称が用いられているのは、これが早くに制度化された政治的な用語であったことによろうが、その呼称への拘りも示唆している。

もし、これまでの主張のように、天武天皇紀以前の隼人関係記事が天武・持統朝以降に造作されたものであったならば、当然それらには大隅・阿多などの地名を冠して記されたであろう。天武朝以前の隼人関係史料に、大隅・阿多が冠されていないことを理由に、造作された記事として否定するのは妥当ではない。単に隼人とのみ記していることには、反対に天武朝以降の隼人観が投影していないことを示していると捉えるべきである。天武朝以前には隼人は総体として把握されており、王権による隼人社会の把握が地域区分的ではなかったのである。これは、土地よりも人・集団で地域を代表させることを重視した、古代に特徴的な支配の方法である。ところが天武朝に至り、阿多隼人・大隅隼人でもって全ての隼人を代表させる地域区分的な隼人統轄策が採用されたのであり、歴史的には令制的国制の先駆として位置づけることができるのである。

次に、隼人の畿内とその近国への移住を、天武・持統朝頃の隼人の分断支配策の結果とみなす解釈のあることは先にも触れたが、隼人支配に関して問題が表面化するのは文武天皇四年（７００）・大宝二年（７０２）・和銅六年（７１３）・養老四年（７２０）であるが、これらはいずれも基本的には令制的な国制施行に対する反発であった。このことが、それ以前に王権と隼人の交渉・交流がなかったことを意味するものではない。王権の側から隼人社会の内部秩序や慣習を大幅に改変させる強制的な干渉がなければ、両者の関係は平穏であった。王権の価値観と支配方式をその内部社会に無理強いすれば、軋轢《あつれき》の生じることは隼人でなくでも避けることはできない。

こうした時期に、隼人らが伝えたであろう神話を王権神話の中心的な部分に取り込んで、どうして政治的軋轢を緩和させることができたのか、隼人はどのようにして『記』・『紀』神話を読んだのか、いずれも考え難い事柄である。

そもそも新たな支配策に抵抗する集団の神話を王権神話に取り込むことに対して、王族や支配層の間に違和感はなかったのだろうか。さらに、王権による新たな令制国制の施行に反対している集団が、切り離されて畿内へ移住することを易々《やすやす》と承知したのだろうか。加えて、天武朝から文武朝頃にそれが行なわれたとすれば、行政行為の記録化が本格化した時期であるから、そのことを示唆する史料が少しでも残存していて当然であるが、それが皆無であるのはいかなる理由によるものか、等々の疑念を打ち消すことができない。

問題視されてきた天武朝以前の隼人関係記事は、熊襲（熊曾）関係記事と対比させることで、よりその歴史的位置づけ及び両者の関係性が明らかとなり、これまでの疑問も解消される。

『記』・『紀』における熊襲関連記事は、『記』では仲哀天皇記において大后息長帯日売命（神功皇后）が神を招き寄せ、天皇が熊曾国を撃とうとしたとある行をもって終わる。それは『紀』においてもほぼ等しく、神功皇后摂政前紀で仲哀天皇が神の教えに従わずに亡くなった翌三月壬申朔に、臣下を派遣して熊襲国を討たせたとあるのが最後である。

他方、隼人については『記』・『紀』ともに神話を除けば、仁徳天皇の歿後、のちの履中天皇と同母弟の墨江中王《すみのえのなかつみこ》（住吉仲皇子）の王位をめぐる争いに登場する、近習隼人の曾婆訶理《そばかり》（刺領巾《さしひれ》）が最初である。

『記』・『紀』は、南九州系の集団に関して、仲哀天皇以前には熊襲とあり、隼人は履中朝以降とする時代観を有していたことが読み取れよう。要するに、『記』・『紀』における南九州系の集団に対する認識において、熊襲と隼人をその代表的集団として把握する時代的境界が、神功皇后から応神・仁徳朝期に存在したことが理解される。こうした時代観が史実と相関するか否かの検討は容易でないが、この時代認識の境界が先に推定した神武天皇伝承の内部分析から得られた伝承形成時期の下限とほぼ重なることは、惹かれるところである。

ちなみに、『新撰姓氏録』左京神別下条の、次の所伝も参考になる。

額田部湯坐連《ぬかたべのゆゑのむらじ》。天津彦根命《あまつひこねのみこと》の子、明立天御影命《あけたつあめのみかげのみこと》の後《すゑ》なり。允恭《いんぎよう》天皇の御世《みよ》に、薩摩国に遣《つかは》されて、隼人を平《ことむ》けて、復奏《かへりごとまを》しし日《とき》に、御馬一疋《みうまひとつ》を献《たてまつ》りけるに、額《ぬか》に町形《まちがた》の廻毛《つむじ》有り。天皇嘉《よろこ》ばせたまひて、姓《うぢ》を額田部と賜《たま》ふなり。

右にかかわり、『新撰姓氏録』大和国神別条にも次のようにある。

額田部河田連《かはたのむらじ》。同じき神の三世孫、意富伊我都命《おほいがつのみこと》の後なり。允恭天皇の御世に、額田馬を献りけるに、天皇、勅《みことのり》したまはく、此《こ》の馬、額は田町如《たまちな》せりと。仍《よ》りて姓を額田連と賜ひき。

「薩摩国」とあるのは令制後の文飾であるが、ヤマト王権が南九州の隼人と対峙したのが履中天皇の同母弟である允恭天皇の時であったと伝えることは、右に見た『記』・『紀』における隼人観とも齟齬しない。なお、隼人馬が「額田馬」と称されたこと、とくに「額に町形の廻毛有り」・「額は田町如せり」とあることの意味と王権が隼人馬を導入したことについては以前に詳述したので(121)、それに譲る。

おわりに——神武天皇の神話的位置づけと阿陀の鵜養

天孫降臨の地は、神代記では「竺紫日向之高千穂之久士布流多気《つくしのひむかのたかちほのくじふるたけ》」とあるが、神代紀第九段本文には「日向襲之高千穂《ひむかのそのたかちほ》」、その一書第四では天孫は降臨の後に「日向襲之高千穂槵日二上峯天浮橋《ひむかのそのたかちほのくしひのふたかみのたけのあまのうきはし》」に到ったとあり、日向の中でも襲の地に限定している。襲は後の大隅国噌於(囎唹)郡(鹿児島県のかつての国分市・霧島町・福山町・桜島)をはじめとする、大隅国の北半部地域であり、大隅隼人らの居地であった。

ところが、それ以降の男女関係は、左に記すように同じ類型を繰り返しており、特別なあり様《よう》を示していることが読み取れる。

㈠邇邇芸命（瓊瓊杵尊）：神阿多都比売（亦名は木花之佐久夜毘売／鹿葦津姫・神吾田津姫）。
㈡火遠理命（彦火火出見尊）：豊玉毘売（豊玉姫）。
㈢鵜葺草葺不合命（鸕鷀草葺不合尊）：玉依毘売（玉依姫）。
㈣神武天皇：阿多の阿比良比売（日向国吾田村の吾平津媛）。

すなわち、右からは阿多（吾田）の女性との婚姻の繰り返しが読み取れる。阿多は、後に薩摩国阿多郡（鹿児島県南さつま市）として残るが、古くは薩摩半島を代表する地域名であり、阿多隼人の拠地であった。

また、神代紀では瓊瓊杵尊の埋葬地が筑紫日向《ひむかの》可愛《え》之山陵、彦火火出見尊のそれは日向高《たか》屋《や》山上陵、鸕鷀草葺不合尊は日向吾《あ》平《ひら》山上陵とあり、事実関係は別にしてこれらを合わせて考えるならば、彼ら王家の祖は母系と埋葬地において隼人系であると認識されていたことは間違いない(122)。

要するに、日向の大隅の地に降臨した祖神とその裔が阿多の女性と婚姻を重ねて王家の始祖が誕生するという、この神話の大筋と舞台を明快に見通すことができる。ヤマト王権の王家の出自と族系を語る物語が、いずれも大隅から阿多に移動しながら隼人の拠地を舞台に展開していることは、わが国の古代史においてきわめて特異なことだと理解される。このことを、神武天皇を中心にして抽象化すれば、「外界から大隅に来訪した異邦人と子孫が、重ねて阿多の女性を妻にむかえ、その裔の人物が隼人らの助力で東遷を実現して、初代倭国王の位に就いたのである」、という神武天皇東遷伝承の核心部分が明瞭となる。

日向・隼人系集団に支えられた外来系の神武天皇が、東方大和への国覓《くにまぎ》において、日向・隼人系集団の集住する河内・日下や、早くに移住していた大和・吉野川流域の阿陀の鵜養、吉野の国巣（国栖）、吉野首らの祖を表敬訪問したと語られることは、その物語の本質から見れば当然のことであったと言えよう。『記』・『紀』の所伝に拠れば、ヤマト王権が南九州の集団と積極的に関係を結ぶのが、12代景行天皇から16代仁徳天皇までの時代（238頁略系図参照）であることは、本章の課題を考えるうえで示唆的である。

こうした観点からすれば、神武天皇東遷伝承は、遅くとも日向系日下宮王家・目弱王（眉輪王）が雄略天皇に滅ぼされる[123]以前にしか成立し得ない内容と位置づけられる。このことは、馬匹文化の導入から見た神武天皇東遷伝承の形成時期とも整合的である。これはまた、『記』・『紀』において熊襲関連記事が消えて隼人関連記事が出現する期間とも齟齬しない。さらに、吉野の国巣が応神朝から朝貢を始めたと伝えられることも時期的に矛盾せず有意である。

これまで述べてきた諸項目の収斂する時期としては、ほぼ4世紀後半以降、5世紀初頭以前が想定される。これは、神武天皇東遷伝承の根幹が形成された時期をも示していると考えられる。

これと当時のヤマト王権の外交との関係について一言すれば、いわゆる「倭の五王」（讃・珍・済・興・武）は、421年から478年まで中国南朝・宋に10度にわたり遣使・朝貢を重ねた[124]。神武天皇東遷伝承はこの「倭の五王」の南朝外交が始まる前にはほぼ形成されており、すでにその王権が語り伝えていたと考えられる。
残された課題は、なぜこの時期にヤマト王権の始祖王の物語が形成されたのか、あるいはこの時代の王権・王家がそれ以前から保持していたのか否かということであるが、これはヤマト王権の本質と王統の交替にも関わる古代史上の大きな問題でもあり、研究の深化にはなお多くの時間が必要である。

註

(1) 代数には追号である弘文天皇は加えない。
(2) 『日本書紀』天武天皇十年三月丙戌条。
(3) 『続日本紀』養老四年五月癸酉条。
(4) 津田左右吉『日本古典の研究』上、岩波書店、一九四八年。
(5) 星野良作『研究史神武天皇』吉川弘文館、一九八〇年。
(6) 植村清二『神武天皇　増補版』八八頁、至文堂、一九六六年。松前健も、反映法・モデル論は、恣意的・便宜的で、安易な方向に流れやすいと批判している。松前健「日本神話研究の動向」『日本神話の形成』塙書房、一九七〇年。
(7) 池田源太「八咫烏伝承の持つ歴史性」橿原考古学研究所編『近畿古文化論攷』吉川弘文館、一九六三年。三品彰英『日本神話論』三品彰英論文集第一巻、平凡社、一九七〇年。同『神話の世界』図説日本の歴史2、一六三頁、集英社、一九七四年。
(8) 倉野憲司・武田祐吉校注『古事記』岩波書店、一九五八年。
(9) 本居宣長『古事記伝』十八之巻、『本居宣長全集』十巻、筑摩書房、一九六八年。
(10) 並河永『大和志』吉野郡、一七三六年。日本歴史地名大系『奈良県の地名』八七九頁、平凡社、一九八一年。『角川地名大辞典奈良県』一一七頁、角川書店、一九九〇年。

(11) 坂本太郎・ほか校注『日本書紀』岩波書店、一九六七年。神武天皇紀全体の構成については、次の横田健一の分析がある。横田健一「神武紀の史料的性格」『日本書紀成立論序説』塙書房、一九八四年。
(12) 守屋俊彦「鵜養が伴　今助けに来ね」『日本古代の伝承文学』和泉書院、一九九三年。
(13) 平林章仁「葛城の一言主神と関連氏族」『龍谷大学考古学論集』Ⅲ、二〇二〇年。同『雄略天皇の古代史』志学社、二〇二一年。
(14) 土橋寛『古代歌謡全注釈　日本書紀編』三八頁、角川書店、一九七六年。
(15) 直木孝次郎「来目直・来目部」『日本古代兵制史の研究』吉川弘文館、一九六八年。
(16) 上田正昭「戦闘歌舞の伝統―久米歌と久米舞と久米集団―」『日本古代国家論究』塙書房、一九六八年。
(17) 土橋寛「「久米歌」と英雄物語―英雄時代の問題によせて―」『古代歌謡論』三一書房、一九六〇年。同『古代歌謡全注釈　古事記編』八五頁、角川書店、一九七二年。
(18) 守屋俊彦、前掲註（12）。
(19) 可児弘明『鵜飼―よみがえる民俗と伝承―』中央公論社、一九六六年。竹内利美「河川と湖沼の漁法と伝承」『山民と海人―非平地民の生活と伝承―』日本民俗文化大系第五巻、小学館、一九八三年。
(20) 石原道博編訳『新訂魏志倭人伝　他三篇』岩波書店、一九八五年。
(21) 千田稔「海人族と日本の基層文化」中西進編『南方神話と古代の日本』角川書店、一九九五年。
(22) 井上辰雄『熊襲と隼人』七二頁、教育社、一九七八年。
(23) 可児弘明、前掲註（19）、四九頁。
(24) 大場磐雄「葬制の変遷」『古代の日本』2、風土と生活、角川書店、一九七一年。
(25) 国分直一『日本民族文化の研究』二〇二・四二五頁、雄山閣、一九七〇年。
(26) 平林章仁『鹿と鳥の文化史』白水社、一九九二年。
(27) 谷川健一『神・人間・動物』一四八頁、講談社、一九八六年。
(28) 平林章仁『神々と肉食の古代史』吉川弘文館、二〇〇七年。
(29) 原口耕一郎『隼人と日本書紀』五六頁、同成社、二〇一八年。

（30）西郷信綱「神武天皇」『古事記研究』未来社、一九七三年。伊藤循「天皇制と吉野国栖」『古代天皇制と辺境』同成社、二〇一六年。伊藤は、大嘗祭に加えて「天皇の天下支配が悠久無限であることを認識させるため」に、神武天皇東遷伝承に吉野国栖の始祖を登場させたと主張するが、それでは阿陀の鵜養や吉野首の始祖登場が説明できないことから、こうした解釈に妥当性のないことが分かる。

（31）門脇禎二『神武天皇』一一六頁、三一書房、一九五七年。中村明蔵『熊襲・隼人の社会史研究』二九一頁、名著出版、一九八六年。

（32）西宮一民校注『古語拾遺』補注八二頁、岩波書店、一九八五年。

（33）中山太郎「蟹守土俗考」『日本民俗学』第二巻風俗篇、大和書房、一九七七年、初版は一九三〇年。

（34）松村武雄『日本神話の研究』第三巻、培風館、一九五五年。石田英一郎「月と不死」『桃太郎の母―ある文化史的研究―』講談社、一九六六年。松前健「日向神話の形成」『日本神話の形成』、前掲註（6）。ニコライ・ネフスキー（岡正雄編）『月と不死』平凡社、一九七一年。

（35）青木和夫・ほか校注、補注三九五頁、岩波書店、一九八二年。

（36）佐伯有清「日本古代の別（和気）とその実態」『日本古代の政治と社会』吉川弘文館、一九七〇年。

（37）平林章仁「名代・子代考」『龍谷史壇』七九号、一九八一年。

（38）直木孝次郎「巨勢氏祖先伝承の成立過程」『日本古代の氏族と天皇』塙書房、一九六四年。日野昭『日本古代氏族伝承の研究』九〇頁、永田文昌堂、一九七一年。

（39）平林章仁『「日の御子」の古代史』塙書房、二〇一五年。

（40）大和地名研究所編『大和地名大辞典』大和地名研究所、一九五二年。

（41）平林章仁「大和国宇智郡の隼人」『古代文化』二八―一〇、一九七六年。

（42）黛弘道「犬養氏および犬養部の研究」『律令国家成立史の研究』吉川弘文館、一九八二年。

（43）泉森皎「古墳時代」『五條市史』新修、一九八七年。市本芳三「南九州とヤマト王権」『南九州とヤマト王権』大阪府立近つ飛鳥博物館、二〇一二年。奈良県立橿原考古学研究所『南阿田大塚山古墳』奈良県文化財調査報告書第190集、二〇二二年。

(44) 永山修一「古墳時代の「隼人」」奈良県立橿原考古学研究所附属博物館『隼人—古墳時代の南九州と近畿—』一九九二年。
(45) 平林章仁、前掲註(39)。同『天皇はいつから天皇になったか?』祥伝社、二〇一五年。
(46) 中村明蔵『隼人の研究』四一・七八頁、学生社、一九七七年。
(47) 永山修一『隼人と古代日本』同成社、二〇〇九年。原口耕一郎、前掲註(29)。なお、永山説が天武朝以前の隼人関連史料を否定する点については、伊藤循の批判がある。伊藤循「隼人研究の現状と課題—永山修一氏『隼人と古代日本』とその後—」『古代天皇制と辺境』、前掲註(30)。
(48) 東徹志「畿内からみた南九州」『日向・薩摩・大隅の原像—南九州の弥生文化—』大阪府立弥生文化博物館、二〇〇七年。
(49) 上村俊雄『隼人の考古学』ニュー・サイエンス社、一九八四年。鎌田洋昭・ほか『橋牟礼川遺跡』同成社、二〇〇九年。
(50) 門脇禎二『神武天皇』一一一頁、前掲註(31)。その他に、神武天皇の一行は紀ノ川・吉野川・宇陀の径路で大和に入ったと解する若井敏明の主張もあるが、史料的な論拠がない。若井敏明『「神話」から読み直す古代天皇史』洋泉社、二〇一七年。
(51) 松田壽男『丹生の研究—歴史地理学から見た日本の水銀—』早稲田大学出版部、一九七〇年。
(52) 小島憲之・ほか校注・訳　新編日本古典文学全集『日本書紀』①二〇九頁頭注、小学館、一九九四年。
(53) 古代には、光を放つのは神が存在を示す方法の一つと観念されていた。三宅和朗「古代の神々と光」『古代の王権祭祀と自然』吉川弘文館、二〇〇八年。古代の「遊び」の意味については、次に述べた。平林章仁『橋と遊びの文化史』白水社、一九九四年。
(54) 式内社研究会編『式内社調査報告』第二四巻一〇三頁以下(澤武人)、皇學館大学出版部、一九七八年。中村明蔵「都万神社」谷川健一編『日本の神々—神社と聖地—』第一巻、白水社、一九八四年にも、「社伝」として類似の所伝を記している。
(55) 平林章仁、前掲註(39)。同『天皇はいつから天皇になったか?』、前掲註(45)。

(56) 吉井巌「国巣と国巣奏」『天皇の系譜と神話』三、塙書房、一九九二年。平林章仁、前掲註(39)。

(57) 大林太良「琉球神話と周囲諸民族神話との比較」『沖縄の民族学的研究―民俗社会と世界像―』(財)民族学振興会、一九七三年。同「琉球神話と周囲諸民族神話」『日本民族と黒潮文化』角川書店、一九七七年。同「人類の起源」『世界神話事典』角川書店、一九九四年。依田千百子『朝鮮神話伝承の研究』瑠璃書房、一九九一年。松原孝俊「朝鮮半島の話」『世界神話事典』角川書店、一九九四年。山下欣一「沖縄(南島)の神話」『日本神話事典』大和書房、一九九七年。

(58) 三品彰英『神話の世界』図説日本の歴史2、一八一頁、前掲註(7)。

(59) 大久間喜一郎・乾克己編『上代説話辞典』雄山閣、一九九三年。

(60) 新訂増補国史大系『先代旧事本紀』吉川弘文館、一九三六年。鎌田純一『先代旧事本紀の研究　校本の部』吉川弘文館、一九六〇年。

(61) 平野邦雄「九州における古代豪族と大陸」『古代アジアと九州』九州文化論集1、平凡社、一九七三年。井上辰雄『隼人と大和政権』学生社、一九七四年。

(62) 石野博信『古墳時代を考える』一二一頁、雄山閣、二〇〇六年。

(63) 奈良県立橿原考古学研究所附属博物館『隼人―古墳時代の南九州と近畿―』一九九二年。小池寛「蛇行剣における基礎的研究―蛇行剣のもつ概念と出土の意義―」金関恕先生の古稀をお祝いする会編『宗教と考古学』勉誠社、一九九七年。

(64) 鈴千夏「蛇行剣と鉄鏃」『南九州とヤマト王権』大阪府立近つ飛鳥博物館、二〇一二年。

(65) 肥後国球磨郡には久米郷(熊本県球磨郡のかつての久米村)があり、久米氏と肥人の関係も考慮される。大伴連氏は久米氏を率いて神武天皇の大和平定に尽力したと伝えられるが、球磨川下流に位置する葦北郡の葦北国造氏も大伴連氏との関係が深く、同郡には伴郷があった。喜田貞吉「久米部と佐伯部」日本歴史地理学会編『日本兵制史』日本学術普及会、一九三九年。久米氏の主な研究は次のとおり。直木孝次郎「来目直・来目部」、前掲註(15)。上田正昭「戦闘歌舞の伝流―久米歌と久米舞と久米集団と―」、前掲註(16)。大橋信彌「久米部の歌舞について」『日本古代の王権と氏族』吉川弘文館、一九九六年。

(66) 奈良市教育委員会『富雄丸山古墳の発掘調査―第六次調査―』二〇二三年。奈良県立橿原考古学研究所『富雄丸山古墳出土蛇行剣・鼉龍文盾形銅鏡の原寸大レントゲン写真』二〇二三年。大塚初重・小林三郎編『古墳事典』二八九頁、東京堂出版、一九八二年。
(67) 平林章仁『物部氏と石上神宮の古代史』和泉書院、二〇一九年。
(68) 佐伯有清『新撰姓氏録の研究』考證篇第六、一八頁、吉川弘文館、一九八三年。
(69) 少子部蜾蠃伝承の、史実関係の復原と歴史的意味については、次に述べた。平林章仁『雄略天皇の古代史』、前掲註(13)。
(70) 中村明蔵、前掲註(31)、一五六頁。
(71) 中村明蔵、前掲註(31)、一五二頁。
(72) 江谷寛「畿内隼人の遺跡と伝承」舟ヶ崎正孝先生退官記念会編『畿内地域史論集』舟ヶ崎正孝先生退官記念会、一九八一年。
(73) かつて、畿内の隼人は王権が基盤とした地域の境界守護という軍事的目的から、5世紀後半から6世紀前半に移住したと考えたことがある。しかし、今回、神武天皇東遷伝承を改めて分析した結果、全般的な見直しの必要なことが明らかとなった。平林章仁「大和国宇智郡の隼人」、前掲註(41)。
(74) 九州諸国の風土記にも同じ意識がみられるが、それらは『紀』的知識の影響を色濃く受けているために、この場合の傍証とはならない。
(75) 津田左右吉『日本古典の研究』上、一五四・一六六頁、前掲註(4)。上田正昭「建国神話の形成」『日本の建国』青木書店、一九六六年。平野邦雄「九州における古代豪族と大陸」『古代アジアと九州』九州文化論集1、平凡社、一九七三年。井上辰雄、前掲註(61)、三六頁。国分直一「隼人源流考―島嶼世界との関連をめぐって―」大林太良編『日本古代文化の探究・隼人』社会思想社、一九七五年。青木紀元「日本神話における日向」『高天原神話』講座日本の神話4、有精堂、一九七六年。田中卓『住吉大社神代記の研究』田中卓著作集7、三七四頁以下、国書刊行会、一九八五年。中西進「火と水の神話」中西進編『南方神話と古代の日本』角川書店、一九九五年、など。なお、熊襲は「神話的次元における日向の対極概念として創出された」虚像とする伊藤循の説もあるが、小稿ではそうした政治主義的観念に依拠した史料解釈は採らない。伊藤循、前掲註(47)。

(76) 『新撰姓氏録』大和国神別国栖条、『貞観儀式』践祚大嘗祭儀条、『延喜神祇式』践祚大嘗祭条、『延喜宮内省式』諸節条など。なお、『常陸国風土記』行方郡条や久慈郡条にも「国栖」についての記載が見えるが、これについては別の機会に考えたい。

(77) 吉井巌「国巣と国巣奏」、前掲註(56)。和田萃「吉野の国栖と王権・国家」『歴史評論』五九七、二〇〇〇年。

(78) 平林章仁、前掲註(39)。同『天皇はいつから天皇になったか?』、前掲註(45)。

(79) 平林章仁『蘇我氏の研究』雄山閣、二〇一六年。同『蘇我氏と馬飼集団の謎』祥伝社、二〇一七年。

(80) 山代直と山背直を別の氏とみる立場もあるが、必ずしも妥当ではない。篠川賢・大川原竜一・鈴木正信編『国造制の研究—史料編・論考編—』八木書店、二〇一三年。ちなみに、『新撰姓氏録』左京諸蕃上条には「山代忌寸。魯国《ろのこく》の白竜《はくりゅう》王自《よ》り出づ。」とある、渡来系の山代忌寸氏もいるから注意を要する。

(81) 柳田國男「一目小僧その他」『定本柳田國男全集』第五巻、筑摩書房、一九六八年。

(82) 吉田晶『日本古代国家成立史論』東京大学出版会、一九七三年。新野直吉『国造と県主』改訂増補版、至文堂、一九八一年。佐伯有清・高嶋弘志偏『国造・県主関係史料集』近藤出版社、一九八二年。

(83) 鈴木正信編「国造関係史料集」『国造制の研究—史料編・論考編』、前掲註(80)。

(84) 奈良国立文化財研究所飛鳥資料館『日本古代の墓誌』一九七七年。

(85) 三品彰英『建国神話の諸問題』三品彰英論文集第二巻、二五五頁以下、平凡社、一九七一年。

(86) 平林章仁、前掲註(79)。

(87) 平林章仁『雄略天皇の古代史』、前掲註(13)。

(88) 入間田宣夫・谷口一夫編『牧の考古学』高志書院、二〇〇八年。右島和夫監修・青柳泰介・丸山真史ほか編集『馬の考古学』雄山閣、二〇一九年。

(89) 池田源太、前掲註(7)。佐伯有清「鴨県主氏の系図」『古代氏族の系図』学生社、一九七五年。

(90) 平林章仁「山背賀茂社の祭祀と賀茂氏」『龍谷日本史研究』四三、二〇二〇年。同「葛城の高鴨神と関連氏族」『古代史論聚』岩田書院、二〇二〇年。
(91) 平林章仁「三嶋溝咋の神話と関連氏族」『日本書紀研究』三三冊、塙書房、二〇二〇年。
(92) 平林章仁『雄略天皇の古代史』、前掲註(13)。
(93) 佐伯有清「ヤタガラス伝説と鴨氏」『新撰姓氏録の研究』研究篇、吉川弘文館、一九六三年。
(94) 前川明久「ヤタガラス伝説の一考察」『続日本紀研究』第一六五号、一九七三年。
(95) 池田源太、前掲註(7)。
(96) 平林章仁「山背賀茂社の祭祀と賀茂氏」、前掲註(90)。同『雄略天皇の古代史』、前掲註(13)。
(97) 平林章仁、前掲註(13)、(90)など。
(98) 直木孝次郎「隼人」『日本古代兵制史の研究』、前掲註(15)。中村明蔵、前掲註(31)、二九一頁。同前掲註(46)、四一頁。
(99) 井上辰雄、前掲註(61)、一二七・一九八頁。
(100) 上田正昭「古代日本の南島文化」中西進編『南方神話と古代の日本』、前掲註(21)。
(101) 日本古典文学大系『日本書紀』上、補注六〇三頁、岩波書店、一九六七年。
(102) 工藤雅樹『古代蝦夷』一七頁、吉川弘文館、二〇〇〇年。
(103) 田中聡「隼人・熊襲と古代国家」『日向・薩摩・大隅の原像―南九州の弥生文化―』大阪府立弥生文化博物館、二〇〇七年。
(104) 大林太良「対談・隼人とその文化」(金関丈夫)大林太良編『日本古代文化の探究・隼人』、前掲註(75)。
(105) 庄司浩「神武天皇伝説成立の史的背景―特に応神王朝成立を基盤として―」『続日本紀研究』一四四・一四五号、一九六九年。
(106) 塚口義信「〝神武東征伝説〟成立の背景」『東アジアの古代文化』一二二号、大和書房、二〇〇五年。同「大和平定伝承の形成」『日本書紀研究』二九冊、塙書房、二〇一三年。
(107) 渡里恒信「大和平定伝承について」『日本古代の伝承と歴史』思文閣出版、二〇〇八年。

(108) 直木孝次郎「継体朝の動乱と神武伝説」『日本古代国家の構造』青木書店、一九五八年。筑紫申真『アマテラスの誕生』講談社、二〇〇二年、初版は角川書店、一九六二年。菅野雅雄「神武記の構想―大和入り説話を中心として―」日本文学研究資料新集1『古事記・王権と語り』有精堂、一九八六年。

(109) 門脇禎二、前掲註(50)、一四八〜一六七頁。

(110) 直木孝次郎『壬申の乱』増補版二六六頁以下、塙書房、一九九二年、初版は一九六一年。同「神武天皇と古代国家」『神話と歴史』吉川弘文館、一九七一年。ただし直木は、発祥(応神・仁徳朝)、発展(継体・欽明朝)、整形(推古朝)、完成(天武朝)、という段階的な形成過程を想定している。次の原島礼二や新谷尚紀も、直木説と大同小異である。原島礼二『神武天皇の誕生』二二一頁以下、新人物往来社、一九七五年。新谷尚紀「伊勢神宮の創祀　日本民俗学の古代王権論」『国立歴史民俗博物館研究報告』一四八、二〇〇八年。同『伊勢神宮と出雲大社』第一章、講談社、二〇〇九年。

(111) 中村明蔵、前掲註(31)、五七・一二〇頁。

(112) 永山修一、前掲註(47)、二六頁。

(113) 次田真幸「海幸山幸神話の形成と安曇連」『東アジアの古代文化』7、大和書房。一九七五年。青木紀元、前掲註(75)。

(114) 原口耕一郎、前掲註(29)、三七〜一〇七頁。

(115) 坂本太郎「史筆の曲直」『古事記と日本書紀』坂本太郎著作集第二巻、吉川弘文館、一九八八年。石井公成『聖徳太子―実像と伝説の間』春秋社、二〇一六年。

(116) 平林章仁、前掲註(67)、四六頁。なお、海幸彦・山幸彦神話が王権神話として体系化される問題については、別稿を予定している。

(117) 三品彰英『日本神話論』、前掲註(7)、二五一〜二五二頁。

(118) 松前健「日向神話の形成」『日本神話の形成』、前掲註(6)。

(119) 隼人という名辞については、応神天皇と日向泉長日売《いずみながひめ》の間に生まれた大羽江王《おおはえ》(大葉枝皇子)・小羽江王《おはえ》(大葉枝皇子)の名が参考になろう。北郷泰道「大王と日向の媛たち」大阪大谷大学・宮崎県連携講座『『日本書紀』における畿内と日向』講演資料、二〇二〇年。
(120) 中村明蔵『隼人と律令国家』一一二～一一三頁、名著出版、一九九三年。
(121) 平林章仁、前掲註(79)。額田部は応神天皇の子の額田大中日古命(母は品陀真若王の娘の高木之入日売命)の名代部であるが、額田大中日古命の名と隼人馬における額田の関係については、なお考えなければならない。
(122) 松前健「日向神話の形成」『日本神話の形成』、前掲註(6)。
(123) 平林章仁『謎の古代豪族　葛城氏』祥伝社、二〇一三年。
(124) 「倭の五王」による南朝外交の目的と限界については、次に詳述した。平林章仁『雄略天皇の古代史』二一八三～二二〇頁、前掲註(13)。

第二章　神武天皇伝承と賀茂の事代主神
――摂津の三嶋溝咋の神話と関連氏族――

はじめに

歴史学研究の最終的に目指すところが人間性の探究にあるならば、神話も人々によって生み出され、語り伝えられたものであるから、十分にそのための有効な素材である得る。神話を古代史研究の史料として用いる際には、まずそれが存在した意味や社会での機能を探ることになるが、史実と混同してはならないことはもちろんであり、その限界に留意しなければならない。

共有幻想である神話の語るところは、編年可能な史実ではないが、さりとて無から創作、捏造された、実際の社会とは何の縁りもない、全くの虚構でもない。神話が語り伝えられ、機能していた古代社会では、それは信仰と祭儀に裏打ちされた宗教的真実の物語であり、現実の社会を秩序づける規範として存在した。神話や祭儀は、社会に秩序をもたらし、自己を含めあらゆる存在に意味を与えていたのである。神話・祭祀・儀礼・呪術などの宗教的事象は、つねに社会や歴史との関連において存在したのであり、その意味においてひとつの歴史的な事実であった。

約言すれば、神話と祭儀は、人間と文化の起源を神々に託して語り演じることで、世界の始原と現実の社会のありようを説明し、人々の思考・認識を基礎づけていたのであり、彼らの歴史観、世界観の表明でもあった。ゆえにそれは、社会の秩序にもなり得たのである。

とくに古代社会では、世界は「この世」（現世・日常・世俗・昼）と「あの世」（他界・異界・非日常・非世俗・夜）から成るとともに両者により一体的に構成されている、と観念されていたことに留意しなければならない(1)。言い換えるならば、祭祀の場において演じられる儀礼とその語り、神話は、宇宙と社会の始原を表現することにおいて、慣習法下の社会の秩序となる、宗教的規範の根源であった。それは、成文法成立以前の世俗社会を宗教的規範で支えていると観念された宗教的慣習法に、正当性を付与していたのである。

したがって、そこから読み取るべきは、編年される歴史事実ではなく、古代の人々の心性・精神や時代の思潮、文化や時代相である。また、神話にも発生→伝承→変化があり、そのことを周知したうえで、その時代の世俗的活動（日常的世界）との連関について考究するべきである。神話が機能し、宗教的秩序や禁忌（taboo）が律する、二元的世界観に覆われた古代社会の全体像を、正しく理解することは容易ではない。

ここでは右述の事柄に留意して、『記』・『紀』における、初代天皇・神倭《かむやまと》伊波礼毘古命《いはれびこのみこと》（神日本磐余彦火火出見／神武）の大后となる富登多多良伊須須岐比売命《ほとたたらいすすきひめのみこと》（比売多多良伊須気余理比売《ひめたたらいすけよりひめ》／媛踏鞴《ひめたたら》五十《い》鈴媛命《すずひめのみこと》）の誕生神話、なかでもこれまではほとんど素姓が分明でなかった三嶋溝咋とその関連氏族に関する考究から、古代王権伝承形成の歴史的様相を垣間見ることにしよう。

富登多多良伊須須岐比売命の誕生——丹塗矢型神婚神話

神武天皇記は、その大后となる富登多多良伊須須岐比売命の誕生について、次の「丹塗矢《にぬりや》型《がた》神婚神話」で説明している。

> 然《しか》れども更に大后《おほきさき》と為《せ》む美人《をとめ》を求《ま》ぎたまひし時、大久米命《おほくめのみこと》曰《まを》しけらく、「此間《ここ》に媛女《をとめ》有り。是を神の御子と謂《い》ふ。其《そ》の神の御子《みこ》と謂ふ所以《ゆゑ》は、三《み》嶋溝咋《しまのみぞくひ》の女《むすめ》、名は勢夜陀多良《せやだたら》比売《ひめ》、其の容姿《かたち》麗美《うるは》しかりき。故《かれ》、美和《みわ》の大物主神《おほものぬしのかみ》、見感《みめ》でて、其の美人の大便《くそ》為《ま》れる時、丹塗矢《にぬりや》に化《な》りて、其の大便《くそ》為《ま》れる溝《みぞ》より流れ下《くだ》りて、其の美人の富登《ほと》を突《つ》きき。爾《ここ》に其の美人驚きて、立ち走り伊須須岐伎《いすすきき》。乃《すなは》ち其の矢を将《も》ち来て、床《とこ》の辺《べ》に置けば、忽《たちま》ちに麗《うるは》しき壮夫《をとこ》に成りて、即《すなは》ち其の美人を娶《めと》して生める子、名は富登多多良伊須須岐比《ほとたたらいすすきひ》売命《めのみこと》と謂ひ、亦《また》の名は比売多多良伊須気余理比売《ひめたたらいすけよりひめ》と謂ふ。故、是《ここ》を以《も》ちて神の御子と謂ふなり」とまをしき。

それは要するに、摂津・三嶋溝（淀川分流の神崎川上流、安威《あい》川ほとりの人工水路／大阪府茨木市）上に構えた廁《かわや》（便所）で用を足していた三嶋溝咋の娘の勢夜陀多良比売に、彼女を見染めて丹塗矢と化した大物主神が溝を流れ来てその富登（女性器）を突き刺し、直截に言えば突然に現れた大物主神と交合し、驚いて立ち走り狼狽した、という。続いて、勢夜陀多良比売が床辺に置いた丹塗矢が男に変じ結ばれたと記すが、丹塗矢の女陰突き刺しが神に見染められて交合したことを語っているから、床辺云々は交合の重複となる。おそらく、説明的なこの部分はのちの蛇足であり、本来的所伝ではなかろう。ともかく、こうして誕生したのが富登多多良伊須須岐比売命（比売多多良伊須気余理比売）であり、だから神の御子というのである、と伝える。

神武天皇が神の御子である女性を大后に迎えたことで、初代天皇としての正統性が保証されたのである、と語るところにこの物語の意図があった。問題は、それが神代と人代の交差するところに配置されているゆえ、そこからどのような歴史的背景を読み取ることができるか、ということである。

厠における神婚とは異常なことと思われるかもしれないが、応神天皇記の秋山之《あきやまの》下氷《したび》壮夫《おとこ》と春山之《はるやまの》霞《かすみ》壮夫《おとこ》の兄弟が天之《あめの》日矛《ひぼこ》の娘を競い合う伊豆志袁登売《いづしおとめ》説話（兵庫県豊岡市出石町に鎮座する、名神大社の出石神社の起源譚）、崇神天皇紀十年条の倭迹迹日百襲姫命《やまとととびももそひめのみこと》が大物主神の妻となり箸（籌木《ちゅうぎ》＝糞篦《くそべら》）で陰部を撞いて亡くなり箸墓《はしはか》（奈良県桜井市箸中、定型化した最古の大形前方後円墳）に葬られるという箸墓型神婚説話、『尾張国風土記』逸文が伝える尾張連氏の遠祖宮酢《みやず》媛《ひめ》と日本武尊《やまとたけるのみこと》の物語などが知られるように、古代には厠が神婚儀礼の舞台として語られることが少なくなかった。それは、厠が異界との境をなすとともに一つの内なる異界でもあり、人の生死と深くかかわっている空間と観念されていたことによる。新生児の宮参りに相当する雪隠《せっちん》（便所）参《まい》りや、その糞溜めに落ち救われた幼児は新たな名に付け替えるなど民間の習俗は、そうした観念の遺制である。もちろん、こうした神婚儀礼が実際に厠で催されたというよりは、厠であると見立てられた斎《いつき》の庭で、漆黒の闇夜に執り行なわれたことなどは、以前に述べたところである。(2)

　右の神話が、次に引く『山城国風土記』逸文（『釈日本紀』所引）の丹塗矢型神婚神話と内容が酷似しているのも、周知のところである。

　可茂《かも》の社《やしろ》。可茂と称《い》ふは、日向の曾《そ》の峯《たけ》に天降《あも》りましし神、賀茂建角身命《かもたけつのみのみこと》、神倭石余比《かむやまといはれひ》古《こ》の御前《みさき》に立ちまして、大倭《やまと》の葛木山の峯に宿りまし、彼《そこ》より漸《やくやく》に遷《うつ》りて、山代《やましろ》国の岡田の賀茂に至りたまひ、山代河の随《まにま》に下《くだ》りまして、葛野河《かどのがは》と賀茂河との会《あ》ふ所に至りまし、賀茂川を見迥《みはる》かして、言《の》りたまひしく、「狭小《さ》くあれども、石川の清川《すみかは》なり」とのりたまひき。仍《よ》りて、名づけて石川の瀬見《せみ》の小川と曰ふ。彼《そ》の川より上《のぼ》りまして、久我《くが》の国の北の山基《やまもと》に定《しづ》まりましき。爾《そ》の時より、名づけて賀茂と曰ふ。賀茂建角身命、丹《たに》波《は》の国の神野《かみの》の神伊可古夜日女《かむいかこやひめ》にみ娶《あ》ひて生みませるみ子、名を玉依日子《たまよりひこ》と曰ひ、次を玉依日売と曰ふ。玉依日売、石川の瀬見の小川に川遊びせし時、丹塗矢、川上より流れ下りき。乃《すなは》ち取りて、床《とこ》の辺に插《さ》し置き、遂に孕《はら》みて男子《をのこ》を生みき。人と成《な》る時に至《いた》りて、……屋《や》の甍《いらか》を分け穿《うが》ちて天《あめ》に升《のぼ》りき。乃《すなは》ち、外祖父《おほぢ》のみ名に因《よ》りて、可茂別雷《かもわけいかづちの》命《みこと》と号く。謂はゆる丹塗矢は、乙訓《おとくに》の郡の社に坐《いま》せる火　雷　神《ほのいかづちのかみ》なり。可茂建角身命、丹波の伊可古夜日売、玉依日売、三柱の神は、蓼倉《たでくら》の里の三井《みゐ》の社に坐す。

「可茂の社」とは山背国愛宕《おたぎ》郡の名神大社賀茂別雷《かもわけいかづち》神社（京都市北区上賀茂）、「神倭石余比古」は初代天皇神武、「蓼倉の里の三井の社」は山背国愛宕郡の名神大社の三井神社（賀茂御《かもみ》祖《おや》神社〈京都市左京区下鴨〉の摂社）、「乙訓の郡の社に坐せる火雷神」は山背国乙訓郡の名神大社の乙訓坐火雷《おとくににいますほのいかづち》神社（京都府長岡京市）、「丹波の国の神野の伊可古夜日女」は丹波国氷上郡の式内社の神野《かみの》神社（兵庫県氷上郡氷上町）、「山代国の岡田の賀茂」は山背国相楽郡の木津川畔に鎮座する式内大社の岡田《おかだ》鴨《かも》神社（京都府相楽郡加茂町）の地である。なお、この時点では賀茂御祖神社（下鴨神社）は未だ存在しない。

これは山背葛野の賀茂氏[3]の始祖神話と目されることから、神武天皇記の富登多多良伊須須岐比売命誕生神話ともども、丹塗矢型神婚譚は賀茂氏系集団に特徴的な神話であったとみなす点では異論はない[4]。

さきの神武天皇記の所伝で問題となるのは、丹塗矢と化して寄り来たのが、大和の三輪山西麓（名神大社の大神《おおみわ》大物主神社、奈良県桜井市三輪）で三輪君（大神《おおみわ》朝臣）氏により奉斎された大物主神であったことである。大物主神は、大和葛城もしくは山背葛野の賀茂氏が奉斎した神ではない。三輪君氏と賀茂氏が同祖と伝える系譜関係（崇神天皇記の意富多多泥《おおたたね》古命《このみこと》の苗裔／神代紀第八段一書第六／『新撰姓氏録』など）の実際については、論が錯綜するのでここでは割愛するが、『山城国風土記』逸文の語る大和葛城と山背葛野の賀茂氏の関係（賀茂氏の移動問題＝両地域賀茂氏の同祖関係）については、異なる二つの理解が並立している。これは、本章の主題にも関わることから、簡潔に見ておこう。

大和葛城と山背葛野の賀茂氏

管見で遺漏もあると思うが、大和葛城と山背葛野の賀茂氏を同系とみるのは、倉野憲司(5)、三品彰英(6)、上田正昭(7)、松前健(8)、中村修也(9)、金井清一(10)、阿部眞司(11)の諸氏である。その主な論拠は、山背賀茂氏から出た原史料に拠ると目される右の『山城国風土記』逸文の丹塗矢型神婚神話において、大和葛城→山背相楽岡田→山背葛野の移動が語られていることにある。

反対に、両地域の賀茂氏を別系と解するのは、井上光貞(12)、岡田精司(13)、和田萃(14)の諸氏である。その主な論拠は、『養老神祇令』に「凡《おほよ》そ天神地祇《てんじんちぎ》は、神祇官《じんぎくわん》、皆、常《つね》の典《のり》に依《よ》りて祭《まつ》れ。」とあることについて、令に関する古来の註釈を集成した『令集解《りようのしゆうげ》』（九世紀半ば過ぎの成立）に引く「古記」が山城の鴨を天神、大和の鴨を地祇に部類分けしていることにある。「古記」は大宝令に関する天平十年（738）頃の註釈であるから、八世紀初めには朝廷が神々を天神・地祇に区分しており、両神は別系で奉斎集団も異なるから、移動物語は根拠のない虚構であるとする。もし、この説が正鵠を射ているならば、以下の私見は瓦解し、意味のないものとなる。

そこで後説の妥当性の有無を確認するために、『記』・『紀』における天・地（国）という二元的な区分表記について、広く知られる天津罪《あまつつみ》・国津罪《くにつつみ》を例にとりあげて検討してみよう。

まず仲哀天皇記では、神託を疑ったことから天皇が急死したので、生剥《いきはぎ》などの罪を祓除する大祓《おおはらえ》をおこなったとあるが、列記されるもろもろの罪に天・国という区別はない。また、天《あめの》石窟戸《いわやと》神話で、須佐之男命《すさのおのみこと》（素戔鳴尊）の犯した数々の罪にもそうした区分はない。ところが、大祓で唱えられる『延喜神祇式』の大祓詞《おおはらえのことば》では、祓除の対象になる種々の罪は、「天津罪」・

「国津罪」と二元的に区分されている。これらのことから、天・地（国）という二元的な区別観念は、『記』・『紀』の段階では微弱なものであり、そののち歴史的に形成されたものであることが理解される。この「天津罪」・「国津罪」は刑罰を科せられる世俗的な罪ではなく、祓という宗教的儀礼で解消が可能な、宗教的禁忌を侵犯した罪であったことにも留意しなければならない。これは、成文法が未成立の古代社会では、互いに論理が逆転している「世俗法」と「宗教法」が併存しており、二元的な論理と規範・秩序が機能していたことを示している。[15]祓は本来、宗教的な罪の祓除を目的とする宗儀であり、「穢《けが》れ」祓除を目的とするものでもなかった。

　次に、『新撰姓氏録』は神別氏族を天神・天孫・地祇に区別しているが、大和国神別天神条で飛鳥直《あすかのあたい》氏が「天事代主命《あめのことしろぬしのみこと》の後《すゑ》なり。」とある。これについて佐伯有清は、天事代主命は事代主神と同名であるが、葛城の賀茂氏が奉斎した事代主神は地祇であるから、両神は別の神であるとする。[16]しかし、『新撰姓氏録』大和国神別地祇条で、「長柄首《ながらのおびと》。天之八重事代主神の後なり。」とある、天之八重事代主神が事代主神と同神であることは佐伯も認めるところであるから、[17]説得力が弱い。長柄首氏は、式内の長柄神社の鎮座する大和国葛上郡（御所市名柄）を本貫とし、地縁的にも葛城賀茂氏との関係が想定される。すなわち、ここで地祇とされる天之八重事代主神と天神とされる天事代主命を、『新撰姓氏録』の区分に基づいて別神とみなすことは疑問が残る。

　『新撰姓氏録』右京神別下天神条に、「伊予部《いよべ》。高媚牟須比命《たかみむすびのみこと》の三世孫、天辞代主命《あめことしろぬしのみこと》の後なり。」とある、「天辞代主命」も天事代主命と同神であろう。さらに左京神別中天神条では、

「畝尾連《うねをのむらじ》。天辞代命《あめことしろのみこと》の子、国辞代命《くにことしろのみこと》の後なり。」とある「天辞代命」も同様に考えられる。畝尾連氏は十市郡に鎮座する式内社の畝尾《うねお》都《つ》多《た》本《もと》神社（神代記に泣沢女《なきさわめ》神／橿原市木之本町）の辺りを本貫としたが、その祖先は「天辞代命、国辞代命」であるという。天神の後裔に部類分けされた氏族の祖名に、「天辞代命」と対で「国辞代命」の名が伝えられていることも、天神・地祇の区分に整合しない。ここで重要なことは、『新撰姓氏録』における天神・地祇の区分は、氏族の系統を明確に部類分けができるほどに、古くて重い意味を持つものではなかったことである。そもそも、神々の二元的区分を、その後裔を称する氏族の族系区分に適用することには飛躍がある。

要するに、天・地（国）という二元的な区別観念は歴史的に形成されてきたものであるとともに、相対的なものであり、絶対的なものではなかったと理解される[18]。それには、大和葛城の賀茂氏と山背の賀茂氏を別の族系に区分できるほどの有効性はない。

八尋熊鰐と化した事代主神

本題に戻るが、左に引く神代紀第八段（いわゆる出雲神話）一書第六の所伝では、寄り来る神の名と姿が『記』とは大きく異なる部分がある。

一書《あるふみ》に曰はく、大国主神、亦の名は大物主神、亦は国作大己貴命《くにつくりのおほなむちのみこと》と号す。亦は葦原《あしはらの》醜男《しこを》と曰す。……時に、神《あや》しき光海《うな》に照《てら》して、忽然《たちまち》に浮び来る者《もの》有り。……大己貴神の曰《のたま》はく、「唯然《しか》なり。廼《すなは》ち知りぬ、汝《いまし》は是吾《これわ》が幸魂《さきみたま》・奇魂《くしみたま》なり。今何処《いづこ》にか住《す》まむと欲《おも》ふ」とのたまふ。対《こた》へて曰《い》はく、「吾は日本国《やまとのくに》の三諸《みもろのやま》山に住まむと欲ふ」といふ。故《かれ》、即《すなは》ち宮を彼処《かしこ》に営《つく》りて、就《ゆ》きて居《ま》しまさしむ。此《これ》、大三輪《おほみわ》の神なり。此の神の子は、即ち甘《か》茂君等《ものきみたち》・大三《おほみ》輪君等《わのきみたち》、又姫踏鞴《ひめたたら》五十《い》鈴姫命《すずひめのみこと》なり。又曰はく、事代主神、八《や》尋熊鰐《ひろわに》に化為《な》りて、三《み》嶋溝樴姫《しまのみぞくひひめ》、或《ある》は云《い》はく、玉櫛姫《たまくしひめ》といふに通《かよ》ひたまふ。而《しか》して児姫踏鞴五十鈴姫命を生みたまふ。是を神日本磐余彦火火出見天皇の后《きさき》とす。

右の第六「一書曰」では、大物主神と大己貴神（大国主神）は同神であり、かつ大物主神は神々しく海を照らして寄り来た、大己貴神の幸魂・奇魂（幸をもたらず霊魂・神秘的な働きをする霊魂）である。さらに甘茂君・大三輪君、姫踏鞴五十鈴姫命らは、この大三輪の大物主神の裔であると表明する。これは、神武天皇記の丹塗矢型神婚説話と等しい関係を踏まえた所伝であることは言うまでもない。

ところが、それに続く「又曰」以下では神・人の関係が「一書曰」と違うだけでなく、寄り来る神の名と姿が『記』とも異なる。それは丹塗矢ではなくて八尋熊鰐であったが、「尋《ひろ》」は人が両手を横に広げた長さ、「熊鰐《わに》」は獰猛な鰐鮫《わにざめ》の意で、八尋熊鰐とは長大な鰐鮫のことである。要するに、八尋熊鰐と化した事代主神が寄り来て三嶋溝樴姫（玉櫛姫）に交わり、姫踏鞴五十鈴姫命を儲けたという。独自性の強い異伝を軽視することはできないが[19]、記事の同じ箇所の前と後で、さらには『記』とも整合しない所伝を、『紀』が載録した意図は分明ではない。『紀』編者がこれらを併記せざるを得ない状況にあったことは確かである。

さらに『紀』で注目されることは、神武天皇即位前紀では、右の神代紀第八段一書第六「又曰」、すなわち神代紀では異伝と位置づけられた所伝を踏まえて、次のように記していることである。

天皇、正妃《むかひめ》を立てむとす。改めて広く華冑《よきやから》を求めたまふ。時に、人有りて奏《まう》して曰《まう》さく、「事代主神、三嶋溝橛耳神《みしまのみぞくひみみのかみ》の女《むすめ》玉櫛媛《たまくしひめ》に共《みあひ》して生める児を、号《なづ》けて媛踏鞴五十鈴媛命と曰す。是、国色《かほ》秀《すぐ》れたる者なり」とまうす。天皇悦《よろこ》びたまふ。

神武天皇即位前紀は、異伝とされた神代紀第八段一書第六「又曰」の立場を正説として採用しているのであり、本来両者は一連の所伝ではなかったかと思われる。神統譜では大己貴神の子神と位置づけられる事代主神は、大和国葛上郡の葛城川西岸に鎮座する名神大社、鴨都波八重事代主命神社（奈良県御所市宮前町）の祭神であり、大和葛城の賀茂君氏が奉斎した。神武天皇の大后になる富登多多良伊須須岐比売命（媛踏鞴五十鈴媛命）の父を、大物主神（神代記・神代紀第八段一書第六）と、事代主神（神代紀第八段一書第六「又曰」・神武天皇即位前紀）とする二つの所伝が並立している。二様の神婚説話が併存するに至った事情は未だ分明ではなく、三輪君氏と賀茂君氏の関係とともに、神武天皇の大后の父神はいずれが本来の所伝なのかという問題が存在する。これは、初代天皇の大后の出自に関わることであるから、初期王権の形成伝承にかかる問題を内包している可能性もあり、事は軽くない。

『紀』は神武天皇の子、2代綏靖《すいぜい》天皇について、その母の媛踏鞴五十鈴姫命を「事代主神の

鴨都波八重事代主命神社

大女なり」、3代安寧《あんねい》天皇の母は「母をば五十鈴依媛命と曰す。事代主神の少女なり」と記し、帝紀的記載では事代主神を重視する傾向が強い。大物主神を奉斎していたのは三輪君氏であり、塚口義信[20]も述べるように、三輪君氏は三嶋溝咋の地域基盤である摂津国嶋下郡とは何のつながりも窺えず、その所伝は整合的でない。

本来、神武天皇の大后誕生物語は、賀茂氏に縁りの深い集団により語り伝えられていた可能性が高いと思われる。寄り来る神が異なるという問題はあるが、初代天皇の大后の母が三嶋溝咋（三嶋溝橛耳神）の娘（勢夜陀多良比売／三嶋溝樴姫／玉櫛媛）であることでは、両者に共通する。次の課題は、論究されることが少ないこの三嶋溝咋の族系の解明であり、それにより大后の父神に関する疑問についても、確かな展望がひらかれると考えられる。

三嶋溝咋とは何者か

神武天皇の大后の出自伝承において、大后の母である勢夜陀多良比売（三嶋溝樴姫／玉櫛媛）の父が摂津の三嶋溝咋（三嶋溝橛耳神）であることは、この伝承は本来、三嶋溝咋（関連集団）と関係が深いものであったことを物語っている。そこで、三嶋溝咋の族系について考えるが、まず手許の註釈類から見てみよう。

・日本古典文学大系『古事記』(21)

書紀には三島溝橛耳神とある。三島は地名、摂津国に三島郡がある。溝咋は名（一六一頁）。

・日本古典文学大系『日本書紀』(22)

三嶋溝橛姫の名にあるミゾは水の流れであり、これは川屋（厠）を連想させる。クヒは棒で、男性の象徴となるもの。また、セヤタタラのセは、ソと交替する音、セヤはソヤと同じ。ソヤは金属の矢じりの矢。タタラは「立たれ」の古い名詞形であるから、セヤタタラは「矢を立てられ」である。従って、ミゾクヒとセヤタタラの名から、厠にいる姫がホトに丹塗矢を立てられるという話が想像される。……三島は摂津国の郡名（上―一三二頁）。

溝咋神社

・新編日本古典文学全集『古事記』[23]
摂津の地名にちなむ名。『延喜式』神名帳によれば、摂津国島下郡に「溝咋神社」があった（一五七頁）。

・新編日本古典文学全集『日本書紀』[24]
ミゾクヒ姫は、いわゆる「流れ矢」伝説の女主人公の名。厠の溝とその溝を流れる「杙」（男根の意）によって懐妊する乙女で、巫女的性格をもつ（一―一〇五頁）。「三島」は大阪府茨木市・高槻市を中心とする地域。茨木市に溝咋神社が残る（『延喜式』神名に「摂津国島下郡溝咋神社」）（一―二三二頁）。

・日本思想大系『古事記』[25]
湟咋の名にちなむ神社に神名式の摂津国嶋下郡溝咋神社があり、後世の溝杭庄（長講堂領）の地。……国造本紀では都佐国造となった小立足尼を三嶋溝杭耳命の九世孫とする（三七一頁補註）。

三嶋溝咋の人物像、あるいは三嶋溝橛耳神を奉斎した集団について、日本思想大系『古事記』が「国造本紀」（『先代旧事本紀』）の所伝を指摘する以外に、右には具体的な説明のないことがわかる。これは、初代天皇の大后誕生にかかる物語を伝えた集団について、ほとんど未解明の状況にあることを示すものである。

三嶋溝咋関連の先行研究

そこで次に管見ではあるが、三嶋溝咋についての先行研究について検討しよう。

まず次田真幸[26]は、富登多多良伊須須岐比売命（媛踏鞴五十鈴媛命）の名を構成する「多多良（踏鞴）」を『紀』の表記から鍛冶道具であり、その基盤には鉄器文化が存在したと解して、鍛冶の守護神である龍蛇神と巫女の神婚にこの物語の原像を求めるなかで、次のように述べる。

- 『先代旧事本紀』「国造本紀」には、都佐国造が長阿比古同祖で、三島溝杭命九世孫、小立足尼から始まるとある。三島溝杭命（三嶋溝咋）は豪族名とするよりも、三島地方を本拠とした豪族により信仰された神と見るべきである。
- 三島県主は、『先代旧事本紀』天神本紀に「天神玉命　三嶋《みしまの》県《あがた》主等祖《ぬしらのおや》」とあり、同神代系紀には「天神玉命　葛野鴨《かどのかもの》県《あがた》主等祖《ぬしらのおや》」と記していることから、『先代旧事本紀』では三島県主と鴨県主とは同系氏族となる。

・賀茂県主と三島県主は、地理的にも同じ水系によって結ばれている関係の深い同系氏族であるから、賀茂氏の伝承である丹塗矢型の神婚説話と同型の説話が、三島県主にも伝承された。

右の三嶋溝咋と都佐（土佐）国造の同祖伝承についての指摘は後述するように注視されるにも拘わらず、そのところを追究されなかったのは惜しまれる。三嶋県主との関連については、『先代旧事本紀』天神本紀では鴨県主等の祖は天櫛玉命とあって、天神玉命を祖とする三嶋県主とは別系の氏と位置づけており、同一書籍内で所伝が整合的でない。また『新撰姓氏録』右京神別上天神条でも、「三島宿禰。神魂《かみむすびのみこと》命の十六世孫、建日《たけひ》穂命《ほのみこと》の後なり。」とあって、武《たけ》津之身命《つのみのみこと》の後とする賀茂県主・鴨県主（山城国神別天神）と三嶋県主は別系の氏となっている。要するに、『先代旧事本紀』神代系紀の記事のみをもって、三嶋溝咋関連集団が三嶋県主であったと解することはできない。

次に『新修茨木市史』(27)は、左のように記している。

・次田真幸氏説については、そこまでいえるかはともかく、三嶋県主、三嶋賀茂氏は、山城賀茂県主とは淀川水系を通じて交流があり、それが共通する神婚説話に反映している。
・三嶋地域の神婚伝承が、葛城賀茂・山城賀茂それぞれの氏族伝承の影響を受けた形で、記・紀の所伝となった。三嶋地域の在地で信仰された丹塗矢ないしワニの神の形で来臨する神の伝承が、王権神話に取り入れられた段階で、大物主・事代主の神格が与えられ、神武のキサキの出生譚となった。

　このように地縁関係を重視し、寄り来る神の名が定まるのは説話発展の最終段階とするが、三嶋県主とこの神婚説話の関連を示す史料は全く存在せず、両者の結びつきは史料の上では否定的である。また、三嶋の地域神話であったとする所伝が、なぜ、いつ、王権神話に取り入れられたのか。さらに、三嶋溝咋の娘のもとを訪れる男神が、どうして大物主神あるいは事代主神とされたのかなどについて、具体的な説明がない。神話伝承の理解には、その神を信仰、奉斎する集団との関係を考慮しなければならないが、それについて述べるところがないから説得力が乏しい。

　一方、奉斎集団との関係を重視する阿部眞司は、事代主神について考察するなかで、この神話を伝承したのは賀茂氏であると見定め、山背葛野、大和葛城の賀茂氏に視野を広げて論究する。とくに先述した次田も触れている『先代旧事本紀』国造本紀の都佐国造の所伝に注視して、三嶋溝咋と土佐国との関係について概ね次のように説いている(28)。

①三嶋溝杭は事代主神が通った女の父であるから、三嶋溝杭も事代主神を奉ずるか、それに近い形で関係したことは確かである。

②三嶋溝杭の系譜に連なる集団が、三嶋の地を経て大和葛城に移住したのが、葛城賀茂氏系の人々である。

③一言主神と事代主神、アヂスキタカヒコネ神は、重ねて考えられていた神である。

④これらの神の奉斎地は葛城にあり、葛城氏が滅んでから天皇の怒りをかった為か、その中心の神は天平宝字八年（７６４）頃までは、公的に祭祀ができなかった。

とくに阿部は、①と②に関わり、「丹塗矢伝承は事代主神を奉斎し、三嶋溝咋の地を始源の地とする賀茂系集団（産鉄集団）によって語られた」、「葛城賀茂・鴨君の祖先は産鉄技術を中心とした朝鮮半島の技術（陶器製造・養蚕・機織などを含む）をもって日本にやって来た。集団の一部は三島の地で定住し、一部は葛城氏と共に葛城の地、その他へ移った」と、葛城賀茂氏は渡来系金属技術集団であり摂津三嶋を経由して移住した、と主張する。

三嶋溝咋にかかる神婚譚が、のちにも述べるように事代主神を奉斎する葛城賀茂君氏系集団によって語り伝えられたことは確かであると考えられるから、阿部説の①は首肯できる。しかし、神代記の丹塗矢型神婚説話では、寄り来る神は三輪の大物主神である。一方、葛城賀茂君氏が奉斎した事代主神は、神代紀第八段一書第六「又曰」では八尋熊鰐と化して寄り来たと伝え、神武天皇即位前紀でも登場するが、丹塗矢型神婚説話ではない。すなわち、阿部説は、こうした不整合な状況を一括りにした解釈であり、各所伝の縺れが解かれているとは言えない。

さらに、賀茂氏系集団の摂津三嶋から大和葛城へ本拠を移動させたという、史料的な論拠や理由が示されていないことから、阿部説はこの部分でも説得力に乏しい。摂津国島下郡に三島鴨神社（大阪府高槻市三島江、高槻市赤大路町には別の鴨神社が鎮座）が鎮座するものの、大和国葛上郡に鎮座する名神大社の鴨都波八重事代主命神社や高鴨阿治須岐《たかがもあぢすき》託彦根命《たかひこねのみこと》神社（奈良県御所市鴨神）とは、社格において比較にならない。加えて、『山城国風土記』逸文加茂社条（『釈日本紀』巻九）の丹塗矢型神婚説話でも、山背賀茂氏は大倭の葛木山の峯を発祥の地と主張していることなどから、摂津三嶋が賀茂氏系集団の発祥地であったとは、到底考えられない。

阿部の説く③と④は、『土左国風土記』逸文（『釈日本紀』所引）の、「土左郡、郡家の西に去ること四里に、土左高賀茂大社有り。其の神の名を一言主尊《ひとことぬしのみこと》と為す。其の祖は詳かならず。一説に曰はく、大穴六道尊《おほなむぢのみこと》の子、味鉏高彦根尊《あぢすきたかひこねのみこと》なりといふ。」、『続日本紀』天平宝字八年十一月庚子条に「雄略天皇が土左国に流罪にした賀茂朝臣氏の「先祖所主之神、高鴨神」を、賀茂朝臣氏出身の法臣円興と弟の中衛将監賀茂朝臣田守の働きで、大和国葛上郡に復祀」したとある、二つの所伝を踏まえた主張である。問題がやや輻輳するが、『土左国風土記』逸文や『続日本紀』天平宝字八年十一月庚子条にかかる諸問題については、一言主神・事代主神・アヂスキタカヒコネ神および土左に追放された高鴨神はそれぞれが別の神格であること、一言主神を奉斎したのは秦氏系の集団であること、高鴨神の土左放逐と葛城の賀茂氏による葛城復祠、および山背の賀茂氏の動向と賀茂御祖神社（下鴨社）分立などに関する歴史的状況の解明については先著に詳述したのでそれに譲る。[29]

葛城で奉斎された事代主神は、さきの『記』・『紀』の所伝や国譲り神話に見え、同じく阿遅志貴高日子根神（味耜高彦根神）も『記』・『紀』の天若日子《あめのわかひこ》（天稚彦）神話や、神代記の大国主神神裔段に「今、迦毛大御神と謂う」などと登場する。また、天平五年（733）成立の『出雲国風土記』意宇《おう》郡賀茂神戸条にも、葛城賀茂社に坐すアヂスキタカヒコネ神の神戸が存在したことを記している。このことは、二神を奉斎していた賀茂氏の本貫をも語るのもであり、彼らが摂津三嶋から移住した痕跡はまったく存在しない。

阿部はまた、事代主神の大和高市郡への鎮座（大和国高市郡の式内大社、高市御県坐鴨事代主神社）は壬申の乱以降のこととする。この主張は、天武天皇紀元年（672）七月条の、壬申の乱の最中に高市社の事代主神と牟《む》狭《さ》社（牟佐坐神社／橿原市見瀬町）の生霊《いくみたま》神が高市郡大領高市《たけちの》県主許梅《あがたぬしこめ》に依り付いて「神日本《かむやまと》磐余《いわれ》彦《ひこ》天皇の陵に、馬及び種々の兵器を奉れ」と口走ったとある記事に依拠したものである。しかし、右の記載を信じるならば、壬申の乱の以前に高市の地ですでに事代主神が奉斎されていたことに基づいた所伝であり、この点でも阿部説には左祖できない。なお、壬申の乱にかかる右の所伝については別稿（「壬申の乱における祖神と始祖王」）を予定している。

それよりも注目されるのは、この時の託宣の内容から、事代主神を奉斎していた集団が神武天皇陵に関する情報を保持していたとみられることである。それは、『山城国風土記』逸文の丹塗矢型神婚譚でも、賀茂氏の祖神「賀茂建角身命、神倭石余比古の御前に立ちまして、大倭の葛木山の峯に宿りまし云々」と、神武天皇との関係を語っていることに通じるものがある。さらに、前章でも触れた神武天皇東遷伝承において、熊野に上陸した神武天皇らが韴霊《ふつのみたま》の霊威によって救われたあと、吉野川河尻、あるいは菟田（奈良県宇陀市）まで一行を案内するのが葛野主殿《かづののとのもりの》県主部《あがたぬしら》（神武天皇紀二年二月乙巳条）、すなわち山背の鴨県主（『新撰姓氏録』山城国神別鴨県主条）の祖である八《や》咫《た》烏《がらす》（頭八咫烏）と伝えられることである。

このように、賀茂氏系集団は神武天皇との結びつきを強調する傾向にあり、その大后誕生物語においても、賀茂氏との関係分析が重要な視点であることを示唆している。

そこで本題にもどり、これまでの記述に留意しながら、三嶋溝咋の関連氏族の考察に進もう。

三嶋溝咋の素姓

三嶋溝咋は、摂津国三嶋（島上郡・島下郡）を本拠とした集団の始祖（もしくは祖神）と目されるが関連史料は僅少で、「ミゾクヒ氏なる大豪族が存在したとするのは誤りである」[30]という説もあるように、関連集団の実態は未だ詳らかではない。

ただし、摂津国島下郡に式内社の溝咋神社（安威川西岸の茨木市五十鈴町）が鎮座し、同じく式内社の三島鴨神社（高槻市三島江。高槻市赤大路町には式内社でない鴨神社）が鎮座していることは、この物語を伝えた集団が三嶋の地に盤踞していたことや、賀茂氏との関係などを暗示している。溝咋神社の古代の状況は詳らかでないが、明治四十二年（１９０９）に合祀される以前、かつ15世紀以降の溝咋神社は上ノ宮（安威川北岸の茨木市学園町）と下ノ宮（現溝咋神社）からなっていたという。また、溝咋神社と三島鴨神社は、かつては祭礼が同日で神輿渡御もあり、関係が深かったと伝えられる。[31]

この地には弥生時代前期から近世におよぶ複合遺跡の、溝咋遺跡が存在するのも参考になる。発掘調査の結果、弥生時代後期の土器棺や古墳時代の竪穴住居跡・掘立柱建物跡・井戸・溝・土壙などが検出されている。[32]古墳時代前期に盛期があり、関東・東海・山陰・吉備などの外来系土器、韓式系土器、作り付けや移動式の竈など、特徴的な遺物が出土している。

なかでも、絵画土器・水銀朱やベンガラを塗布した土器、水銀朱精製用の石臼と石杵、弦楽器、古墳時代後期には碧玉や滑石製の玉類など、祭祀関連遺物なども出土していることは留意される。

すでに指摘されていることだが、『先代旧事本紀』「国造本紀」の左の所伝も注目される。

都佐国造。志賀高穴穂朝御代。長阿比古同祖。三島溝杭命九世孫小立足尼。定賜国造。

阿比古《あびこ》（我孫）は古い時期の王権の職掌に由来する姓《かばね》もしくは称号と見られるが、(33) 右で都《と》佐《さの》国造《くにのみやつこ》と同祖という「長阿比古」氏の関連史料としては、『続日本後紀』承和二年（835）十月戊子条に、「摂津国人従五位下長我孫《ながのあびこ》葛城《かづらき》及び其の同族合せて三人、姓長宗宿祢《ながむねのすくね》を賜ふ。事代主命八世孫、忌毛《いみけ》宿祢の苗裔なり。」と見える。この「長」を阿波《あわ》国那賀《なが》郡に引きつけて解するむきもあるが、(34) 摂津国の長我孫（長阿比古）氏＝長宗宿禰氏は、『新撰姓氏録』和泉国神別地祇条に「長公《ながのきみ》。大奈牟智神《おほなむちのかみ》の児、積羽八重《つみはやへ》事代主命《ことしろぬしのみこと》の後なり。」とある、長公氏の同族である。それは同じく事代主神の裔というだけでなく、承和十二年（845）十二月五日付の「紀伊国那賀《なが》郡司解」（『平安遺文』一—七九）に、「大領《だいりょう》 外従八位上長我孫縄主」・「大領（ママ） 外従八位下長公広雄」の名が見えることから傍証される。大領は郡の長官であり、地域の有力豪族が任命されたが、彼らは紀伊国那賀郡（和歌山県岩出市・紀の川市辺り）を本貫とする豪族であったことから、ナガを氏の名とした。

要するに、三嶋溝咋関連集団は、鴨都波八重事代主命神社・高鴨阿治須岐託彦根命神社を奉斎した大和葛城の賀茂君氏と親縁であり、事代主神の後裔を称した氏族（紀伊国那賀郡の長我孫氏や長公氏の同族）と解される。事代主神と三嶋溝橛姫の神婚説話は本来、一連の右記史料に見える紀伊国那賀郡の長我孫氏や長公氏と同族である、摂津国の長我孫氏（前身集団）らが伝えたものであった可能性が高いと考えられる。

大和国葛上郡の名神大社、鴨都波八重事代主命神社の鎮座地は、弥生時代の大集落遺跡である鴨都波遺跡（奈良県御所市）として知られているが、注目されるのは神社の西方で２００0年に行なわれた同遺跡第一五次調査の成果である。(35) 概略を摘記すれば、弥生時代中期前半の浅い溝が取り巻き低い墳丘をもつ方形周溝墓２基・古墳時代前期の方墳３基・古墳時代前期から中期の墳丘がなくて木の棺を埋葬した木棺墓６基・古墳時代前期の朝顔形埴輪を棺に転用して埋葬した埴輪棺墓・意図的に掘られた弥生時代から古墳時代の土壙10数基・片方を塀で遮蔽された掘立柱建物跡２棟など、多くの遺構・遺物が検出された。その中の鴨都波１号墳は小規模な方墳であるが、４面の三角縁神獣鏡や多量の鉄製品などの副葬には、目を見張るものがある。

なかでも重要なのは、長期に亘る多様な様式の墳墓が検出されて、鴨都波遺跡に居住した集団の永続的な墓域であったことが判明したことである。鴨都波遺跡を拠地とした集団が弥生時代から古墳時代まで、途切れることなく存続していたのである。鴨都波八重事代主命神社の鎮座からみて、鴨都波１号墳などの被葬者が事代主神を奉斎した葛城の賀茂君氏に連なる人々であることは間違いない。鴨都波遺跡の内容は、葛城賀茂君氏が思いのほか古い由来をもつ集団であることや王権内で占めた重い位置を示唆しており、その発祥や関連の神婚神話に関するこれまでの理解に、再検討が必要なことを物語っている。

おわりに

神武天皇の大后媛踏鞴五十鈴媛命の出自を語る、三嶋溝橛姫と事代主神の神婚物語を伝えた三嶋溝咋関連集団は、事代主神を奉斎し（その苗裔を称し）、紀伊国那賀郡を本貫とする長我孫（長阿比古）氏・長公氏らの同族集団であった。それは『続日本後紀』承和二年十月戊子条に見える摂津国の長我孫氏（前身集団）であった可能性が高いと考えられる。

ここでなぜ、後裔氏族の名で語られなかったのかという疑問も生じるが、この所伝は氏族の名を出して語ることが目的ではなく、三嶋溝咋の名を伝えることに意味があると観念されていたことによると考えられる。加えて、これが王家もしくは王家に関連する所伝と認識されていたことも影響したと思われる。重ねて留意しなければならないのは、実際に三嶋溝に架構された廁で偶然にこうしたことが生起したのではなく、それは祭祀において神婚儀礼として演じられていたと解するべきことである。おそらく、漆黒の闇夜に篝《かがりび》火が灯《とも》され、三嶋溝に架けられた廁と見立てられた儀場で、巫女的な女性により演じられていたのである。(36) こうした儀礼は次回の祭祀でも演じられる必要があったために、その次第は記憶、口承され、今にその始原を語る神婚説話として伝えられたものと考えられる。一度きりの事実譚と解すれば、陥穽に落ちることになる。

この神婚説話に関わり、古代の紀伊と摂津三嶋の地域間交流については、次の『播磨《はりま》国風土記』揖保《いぼ》郡大田里条が参考になる。

大田と称《い》ふ所以《ゆゑ》は、昔、呉勝《くれのすぐり》、韓国《からくに》より度《わた》り来て、始め、紀伊国名草《なぐさ》郡大田村に到《いた》りき。其の後、分れ来て、摂津国三嶋賀美《みしまのかみ》郡大田村に移り到りき。其《そ》が又、揖保郡大田村に遷《うつ》り来《き》けり。是《こ》は、本《もと》の紀伊国大田を以て名と為《な》すなり。

渡来系の呉勝氏は、おそらくは王権の指示により、紀伊国名草郡大田村（和歌山市太田、隣接する秋月には紀伊国造が奉斎した名神大社の日前《ひのくま》神社・国懸《くにかかす》神社が並んで鎮座）→摂津国三嶋賀美郡大田村（大阪府茨木市太田、溝咋神社の側を流れる安威川の上流、古墳時代中期の全長２２６ｍの太田茶臼山古墳がある）→播磨国揖保郡大田村（兵庫県太子町太田）へと、居地を移したという。その時期は定かでないものの、移動のことは強ち疑うべき理由はない。なお、ここでいう大田とは、規模の大きな田という意味ではなく、王権により開発、経営された田ということである(37)。また『播磨国風土記』賀古《かこ》郡条には、大帯日子命《おおたらしひこのみこと》（景行天皇）が印南別嬢《いなみのわきいらつめ》に求婚するため息長命《おきながのみこと》を派遣した際、摂津国高瀬之済《たかせのわたり》（大阪府守口市高瀬町）で度子《わたりもり》の紀伊国小玉《おたま》が度賃を要求したとあるのも、紀伊・摂津間の交流として参考になろう。

大和葛城と紀伊間の交流については、5世紀の大規模な切通工事を施した葛城地域から宇《う》智《ち》郡（五條市）を経て紀伊を結ぶ道路遺構、御所市の鴨神《かもがみ》遺跡が検出されていることも注目される(38)。5世紀に紀氏と同祖関係を結んだ葛城氏が、大和葛城〜吉野川・紀ノ川〜大阪湾・瀬戸内海の交通網を掌握し、有力な紀氏同族の楢原造《ならばらのみやっこ》（滋野《しげの》宿禰）氏や大坂直《おおさかのあたい》氏が大和葛城に本貫を有したことなども参考になる。

紀伊国那賀郡の長我孫氏や長公氏・三嶋溝咋関連集団（摂津国の長我孫氏）の移動には、紀ノ川〜大阪湾〜淀川の船運が想定される。神代紀第八段一書第六に、「事代主神、八尋熊鰐に化為りて、三嶋溝橛姫」に通ったとあるのも、この神を奉じた集団の海洋的性格を示している。『記』・『紀』の国譲り神話で、国譲りの要求に返答する事代主神が「出雲国の三穂《みほ》の碕《さき》に在《あ》り。釣《つり》魚するを以て楽《わざ》とす」（神代紀第九段本文）、「然《しか》るに鳥の遊為《あそびし》、魚《な》取りに、御《み》大《ほ》の前《さき》に往きて」（神代記）などと海洋との関係において語られているのも、同様である。

また、神功皇后紀摂政元年二月条に、外征を終えて東進する神功皇后の船が麛坂《かごさか》王・忍熊《おしくま》王の変により航行が困難になったので、務《む》古水門《このみなと》（兵庫県尼崎市の武庫川河口）に停泊してトったとある所伝も参考になる。その際に神々の託宣があり、教示の通りに祭鎮したところ航行可能になったというが、注目されるのはそこに登場する神々である。左にその要点を、順に摘記しよう。

①天照大神：広田国（摂津国武庫郡の名神大社広田神社／西宮市大社町）で、「山背根《やましろのね》子《こ》が女《むすめ》葉《は》山媛《やまひめ》を以て祭《いは》はしむ」。

②稚日女尊《わかひるめのみこと》：活田長峡国《いくたのながお》（摂津国八部郡の名神大社生田神社／神戸市中央区）で、「海上《うながみの》五十《い》狭《さ》茅《ち》を以て祭はしむ」。

③事代主尊：長田《ながた》国（摂津国八部郡の名神大社長田神社／神戸市長田区）で、「葉山媛の弟《いろど》長媛を以て祭はしむ」。

④表筒男《うわつつのお》・中筒男・底筒男：大津渟《おおつのぬ》中《な》倉《くらの》長峡《ながお》（摂津国住吉郡の名神大社住吉坐《すみのえにいます》神社／大阪市

住吉区）に、「居《ま》さしむべし」。

右の関連神社の鎮座地は、すべて大阪湾の沿岸であり、ここでも事代主神と奉斎集団の海洋的性格が明瞭に示されている。なお、「葉山媛」「長媛」は他に見えず、その父という「山背根子」は『新撰姓氏録』摂津国神別条に、「山直《やまのあたひ》。天御影命《あめのみかげのみこと》の十一世孫、山代根子の後なり。」とみえる。この「山直」が「山代直」の誤写ならば、前章で述べた山代国造の山代直氏と関わり興味深いが、傍証がなく定かではない。

それはさておき、三嶋溝咋関連集団は、事代主神を奉斎し海洋的性格をもつ、葛城賀茂君氏に連なる人々（紀伊国那賀郡を本貫とする長我孫氏・長公氏の同族で、摂津国長我孫氏＝長宗宿禰氏の前身集団）であったと考えられる。三嶋溝橛姫のもとに通う事代主神が、八尋熊鰐という海神の姿[39]で語られるのも、大いに故のあることであった。葛城賀茂君氏系集団はある時期、王権で枢要な位置を占め、神祇祭祀や海運を含め王家の深奥部の活動に関与することがあったのではないかと思われる。

その時期は明瞭ではないが、『先代旧事本紀』「国造本紀」の都佐国造の任命を志賀高穴穂《しがのたかあなほの》朝《みかど》（成務朝）とするのは形式的で信じ難いものの、それは「アビコ」という呼称が王権内で機能していた時代ではなかったかと推考される。

初代天皇の大后の母系集団＝三嶋溝咋関連集団が、すでに『記』・『紀』編纂時には政治的には微弱な勢力しか持たない弱小な集団であったことは軽視できない。古代の神祇祭祀が集団的、閉鎖的な特質を有するものであり、三嶋溝咋関連集団が葛城賀茂氏系であったことから、その娘に寄り来る神も事代主神とするのが本来的であったと考えられる。葛城賀茂氏系である三島溝咋関連集団が、別系である三輪の大物主神を奉斎することは、よほど特別な事情がない限り古代には想定できない。大物主神が丹塗矢と化して三嶋溝を流れ来たという物語の形成は、三輪君氏と葛城賀茂君氏が同祖関係を結んで後のことと推考されるが、その時期と歴史情況の復原は機会を改めて考える必要がある。

前章に触れたが、隼人の集住した山背国綴喜郡大住郷（京田辺市大住）が中世には隼人司領荘園となるように、隼人司領荘園はかつて畿内隼人の居地であった可能性が高いが、摂津国島下郡の長講堂領溝杭庄（大阪府茨木市）内にも隼人司領溝杭庄が存在した。(40) このことから、溝咋神社周辺には隼人が居住していた可能性も想定され、(41) 神武天皇の大后が三嶋溝橛姫の娘である媛踏鞴五十鈴媛命と伝えられることの歴史的背景、神武天皇伝承と隼人の関係を考えるうえで示唆的である。ただし、他に関連史料はなく、詳しい検討は今後の課題である。

註

（1）岩田慶治「鎮魂の論理」『呪ないと祭り』講座日本の古代信仰、第三巻、学生社、一九八〇年。ミルチャ・エリアーデ（風間敏夫訳）『聖と俗―宗教的なるものの本質について―』法政大学出版局、一九六九年。

（2）飯島吉晴『竈神と厠神』人文書院、一九八六年。平林章仁『三輪山の古代史』白水社、二〇〇〇年。黒崎直『水洗トイレは古代にもあった』吉川弘文館、二〇〇九年。

（3）井上光貞は、カモの語はカミ＝神の音便変化したものであり、山背の葛野県主が神官化して、その職掌を明示するために、神＝カモ県主と称したとする。しかし、それを他のカミあるいはカモの語に敷衍しても理解が成り立つかと言えば全く不可であり、従うことはできない。井上光貞「カモ県主の研究」『日本古代国家の研究』岩波書店、一九六五年。

（4）この丹塗矢型賀茂神婚神話から導くことができる賀茂氏の移動については、さきに詳述した。平林章仁『雄略天皇の古代史』志学社、二〇二一年。

（5）倉野憲司「賀茂系神話と三輪系神話との關聯」『古典と上代精神』至文堂、一九四二年。

（6）三品彰英『神話と文化史』三品彰英論文集第三巻、一六六頁、平凡社、一九七一年。三品は、山背賀茂神が天神とされたのは、『山城国風土記』逸文の丹塗矢型神婚神話の、カモタケツノミ神の天降り伝説・タマヨリヒメ（国つ神）が天神（火雷神）と結ばれることを理由にあげる。その時期は、平安京遷都後とするが、田中卓が『令集解』神祇令「古記」の存在から明確にこれを否定している。田中卓「葛木のカモと山代のカモ」『神道史研究』四七―一、一九九九年。

（7）上田正昭『日本神話』一二八頁以下、岩波書店、一九七〇年。上田は、賀茂氏が移動していく間に神格が転移、奉斎集団の政治的な変貌により神名も変化し、天つ神とされるようになったとするが、その時期や政治的変貌の理由などについては述べていない。上田正昭「神祇信仰の展開」『古代の日本』一、角川書店、一九七一年。さらに上田は、天神・地祇の類別は王権との関わりにおける政治的性格によるとして、天つ社・国つ社の性格の明確化を王権の神祇制度形成史の中に位置づけ、その類別は天武朝のことと説いている。

（8）松前健「序説」『神々の誕生』講座日本の古代信仰、第二巻、学生社、一九七九年。松前は岡田（註13）と同じく、天神地祇の区分は、それらの神を奉斎した集団に関わり、政治的理由による場合が多いとする。山背賀茂氏の祖八咫烏が神武に道案内をしたと伝え、令制後には主殿寮に奉仕したので、別な扱いを受けて天神とされたと主張する。

（9）中村修也『秦氏とカモ氏』六一頁、臨川書店、一九九四年。

（10）金井清一「山城国風土記逸文の賀茂伝説について」『上代文学』七九、一九九七年。ただし、金井は、大和国の三輪山麓に居住していた賀茂君氏、あるいは藤原の地に住んでいた賀茂君氏が藤原京の建設により、持統朝ごろに葛城や山背葛野へ移住したと説くが、史料的論拠がなく首肯できない。

（11）阿部眞司『大物主神伝承論』翰林書房、一九九九年。

（12）井上光貞「カモ県主の研究」、前掲註（3）。

（13）岡田精司「風土記の神社二題」土橋寛先生古稀記念論文集刊行会編『日本古代論集』笠間書院、一九八〇年。ここで岡田は、「賀茂県主家にとっては、宮廷の主殿や主水として奉仕する負名の氏の伝統とその栄光を主張する上で、日向降臨への随従と神武東征の先導を果たしたことは、始祖の伝承に不可欠の事柄であった。山背葛野に住む現実の間を埋めるために、大和から山城葛野への移住の話を挿入することが必要であった。ゆえに、山城の賀茂氏を葛城の賀茂氏の分かれとみる根拠には出来ない」、と主張する。

しかし、山背賀茂氏の日向降臨随従と神武東征先導の伝承が、彼らが宮廷に主殿や主水として奉仕したことにより語られたという主張は、未証明である。虚実は別にして、大和葛城から山背葛野への移動伝承の存在そのものが、両賀茂氏が同系であるとする意識の存在を前提としている。

岡田精司「奈良時代の賀茂神社」『古代祭祀の歴史と文学』塙書房、一九九七年。ここでも岡田は、移住物語は氏族の権威付けを図った虚構であると説く。また、山背の賀茂氏が天神系で県主をカバネとするのに対し、大和葛城の賀茂氏は地祇系で君をカバネとすることも、移住物語は不自然とする。

しかし、大和から山背への移住を主張すれば、どうして氏族の権威付けになるのか、説明がない。大和以外の地を本貫とする氏族が、権威付けのために大和から他の地域への移住物語を捏造している事例があるだろうか。そもそも、山背地域は王権が基盤とした畿内であり（孝徳天皇紀大化二年正月甲子朔条）、畿外の僻遠の地ではない。さらに、移住が捏造ならば、「山代国岡田之賀茂」（式内の岡田鴨神社、京都府相楽郡加茂町）の経由を、どう説明するのか。加えて、カバネの違いは物部連氏同族の穂積臣氏と采女臣氏、紀臣氏と紀直氏などの例もあり、十分な論拠とはならない。

（14）和田萃「葛城古道に鴨氏の神を追う」『探訪神々のふるさと』5飛鳥から難波へ、小学館、一九八二年。和田は、アヂスキタカヒコネ神について、『出雲国風土記』にはこの神に関する伝承が多く、もともと出雲神話のなかで息づいていた。六世紀に入り、出雲に在住していた渡来系の人々が葛城地方に進出し、優れた鍛冶技術で製作した鉏で開墾を進め、アヂスキタカヒコネ神が葛城でも信仰された。また、一言主神社が高宮の地（葛上郡高宮郷）に鎮座し、蘇我蝦夷が高宮へ祖廟造立していることなどから、蘇我氏や渡来系の高宮村主が一言主神を奉斎した、と説いている。

しかし、『出雲国風土記』意宇郡賀茂神戸（島根県安来市）条にアヂスキタカヒコネ神を「葛城の賀茂の社に坐す」とあり、『出雲国造神賀詞』にアヂスキタカヒコネノ命の御魂を「葛木の鴨の神奈備に坐」すと記すなど否定的史料が多く、出雲から大和葛城へのアヂスキタカヒコネ神（名神大社の高鴨阿治須岐託彦根命神社／御所市鴨神）奉斎集団の移住を示す関連史料が全く存在しないことから、従うことはできない。また、蘇我氏や高宮村主氏が一言主神を奉斎したという考えについても、名神大社の葛木坐一言主神社（御所市森脇）が鎮座するのは葛上郡高宮郷（御所市伏見・高天・北窪・南郷）でなく、葛上郡大坂郷（御所市森脇・関屋・増・名柄）であることなどから、和田説は成り立ち難い。なお、アヂスキタカヒコネ神の信仰と祭祀については次章で述べる。また、一言主神を奉斎したのは、渡来当初は葛城に居した秦氏集団であったことは以前に詳述した。平林章仁「葛城の一言主神と関連氏族」『龍谷大学考古学論集』Ⅲ、二〇二〇年。同『雄略天皇の古代史』、前掲註（4）。

（15）ミルチャ・エリアーデ（風間敏夫訳）『聖と俗―宗教的なるものの本質について―』、前掲註（1）。薗田稔「祭―表象の構造―」『儀礼の構造』日本人の宗教二、佼成出版社、一九七二年。同「神話と祭式の共生関係」『高天原神話』講座日本の神話4、有精堂、一九七六年。大林太良「親族構造の概念と王家の近親婚」『日本の古代』一一、ウジとイエ、中央公論社、一九八七年。平林章仁『神々と肉食の古代史』吉川弘文館、二〇〇七年。同『「日の御子」の古代史』塙書房、二〇一五年。なお、わが国古代における「穢観念」の形成については、次が有益である。大本敬久『触穢の成立―日本古代における「穢」観念の変遷―』創風社出版、二〇一三年。

（16）佐伯有清『新撰姓氏録の研究』考證篇第四、三三頁、吉川弘文館、一九八二年。

（17）佐伯有清『新撰姓氏録の研究』考證篇第四、九五頁、前掲註（16）。

（18）田中卓「葛木のカモと山代のカモ」、前掲註（6）。田中は、出雲臣氏は天穂日命を氏祖とする天神系であるが、奉斎する大己貴神は地祇系である。これは一見、不可解であるが、〝祖先神〟と〝奉斎神〟を使い分けている、と説明する。

(19) 三品彰英は、この違いを軽くみて、神武天皇大后誕生説話では八尋熊鰐と丹塗矢が同位的に、ないしはその本質を同じくするものとして取り扱われている。大物主神と事代主神は父子の間柄であるから同一神性を具有するものと見て何ら差支えない、と述べる。三品彰英『建国神話の諸問題』三品彰英論文集第二巻、四六三頁、平凡社、一九七一年。

しかし、両神の神統譜上の位置が本来のものであるか定かではなく、その形成時期も明瞭でない。また、八尋熊鰐と丹塗矢の違いは小さくない。

(20) 塚口義信「神武伝説解明への一視点―〞日向〞出発と〞熊野〞迂回の問題を中心に―」『堺女子短期大学紀要』第三〇号、一九九五年。

(21) 倉野憲司・武田祐吉校注、岩波書店、一九五八年。

(22) 坂本太郎・家永三郎・井上光貞・大野晋校注、岩波書店、一九六七年。

(23) 山口佳紀・神野志隆光校注、小学館、一九九七年。

(24) 小島憲之・蔵中進・直木孝次郎・毛利正守・西宮一民校注、小学館、一九九四年。

(25) 青木和夫・石母田正・小林芳規・佐伯有清校注、岩波書店、一九八二年。

(26) 次田真幸「伊須気余理比売の出自伝承と鉄器文化」『人文科学紀要』二三―一、お茶の水女子大学、一九七〇年。

(27) 茨木市史編さん委員会編『新修茨木市史』第一巻第四章（櫛木謙周）、茨木市、二〇一二年。

(28) 阿部眞司「事代主神考」『高知医科大学一般教育紀要』五、一九八九年。なお、阿部は、『大物主神伝承論』、前掲註（11）の、一三三頁以下でも同様の主張を述べている。

(29) 平林章仁『雄略天皇の古代史』、前掲註（4）。

(30) 大阪府文化財調査研究センター『溝咋遺跡（その3、4）』一一頁、二〇〇〇年。

(31) 日本歴史地名大系『大阪府の地名』I、一九二頁、平凡社、一九八六年。

(32) 大阪府文化財調査研究センター『溝咋遺跡（その1、2）』、『溝咋遺跡（その3、4）』二〇〇〇年。

(33) 直木孝次郎「阿比古考」『日本古代国家の構造』青木書店、一九五八年。直木は、『先代旧事本紀』「国造本

紀」都佐国造条に見える「長阿比古」を、阿波国那賀郡（徳島県那賀郡・海部郡・阿南市・小松島市）の長直氏（「国造本紀」に長国造、庚午年籍で長費、『続日本紀』宝亀四年五月辛巳条）にあてるが、長阿比古氏と長直氏は別氏とみられる。栗田寛『国造本紀考』二〇七頁以降、近藤活版所、一九〇三年。栗田は、都佐国造が「長阿比古同祖」とあるのは、長公・我孫（『新撰姓氏録』摂津国神別地祇）の「二氏を複ねたる姓」とする。二宮正彦「土左大神考」『日本書紀研究』十七冊、塙書房、一九九〇年。二宮は長阿比古について栗田説を踏襲しているが、栗田説の論拠は十分ではなく一つの氏と解するべきであろう。『新撰姓氏録』左京皇別下条には、「軽我孫。治田連と同じき氏。彦坐命の後なり。」とする軽我孫氏が載る。続いて「鴨県主。治田連と同じき祖。彦坐命の後なり。」という、鴨県主も載る。賀茂氏系ではないという鴨県主が、彦坐命の後という軽我孫氏と同族を称するという、やや複雑な様相が見られる。

(34) 高知県編集『高知県史』古代中世編、一九七一年。

(35) 御所市教育委員会『鴨都波1号墳調査概報』学生社、二〇〇一年。

(36) 平林章仁『神々と肉食の古代史』吉川弘文館、二〇〇七年。

(37) 三つの太田の地をめぐる横穴式石室の構造や古代瓦の文様などが類似・共通することについては、既に指摘がある。山崎信二「後期古墳と飛鳥白鳳寺院」『文化財論叢』同朋社出版、一九八三年。紀伊名草の大田は安閑天皇紀二年五月条の紀伊経湍屯倉、摂津三嶋賀美の大田は安閑天皇紀元年閏十二月条の三嶋竹村屯倉、播磨揖保の大田は推古天皇紀十四年条に法華経を講説した聖徳太子に与え、太子が斑鳩寺に施入した播磨国水田百町（法隆寺領鵤荘）との関連が想定される。王権が、渡来系集団の労働力と技術力を用いて開墾を進めていたことがわかる。

(38) 平林章仁『謎の古代豪族　葛城氏』祥伝社、二〇一三年。

(39) 神武天皇の父の誕生にかかる、神代記の海佐智毘古・山佐智毘古神話、神代紀第十段一書第一、同第三など。

(40) 『康富記』（増補史料大成）応永二十七年十月二十九日条「隼人司領摂州溝杭庄」。

(41) 前之園亮一「隼人と葦北国造の氷・モヒ・薪炭の貢進」新川登亀男編『西海と南島の生活・文化』名著出版、一九九五年。

第三章　葛城の迦毛大御神の信仰と祭祀

――アヂスキタカヒコネ神の古代史――

はじめに

大和国の葛城（狭義、令制下の葛上郡、ほぼ今日の奈良県御所市）には十三の式内社（十七座）が鎮座しており、『記』・『紀』神話に登場する周知の神々も奉斎されている。これは葛城地域の歴史的重要性を物語るものでもあるが、その中の事代主神・アヂスキタカヒコネ神(1)や高鴨神などは葛城の賀茂君（後の賀茂朝臣）氏が奉斎してきたことは確かである(2)。また、雄略朝に顕現したと伝えられるものの奉斎集団が分明でなかった一言主神は、渡来当初は葛城の朝津間（御所市朝妻）周辺に居した秦氏系集団が奉斎したことは、先に明らかにした(3)。さらに、葛城から山背に移住した賀茂氏が奉斎した山背の賀茂社（賀茂別雷《わけいかづち》神社／上賀茂社／京都市北区上賀茂）から賀茂御祖《みおや》神社（下鴨社／京都市左京区下鴨）が分立する歴史的背景には、大和葛城の賀茂氏の復権にともない山背の賀茂氏との祖神祭祀と氏族本宗の地位をめぐる角逐が存在したことも明らかになった(4)。

これらにより、古代の賀茂氏と関連する神々の関係が少しは解明できたものと考えるが、それでもなお葛城賀茂氏とアヂスキタカヒコネ神の関係性が明瞭ではなく、葛城賀茂氏がこの神を奉斎した理由が分明でないという問題が残されている。アヂスキタカヒコネ神は葛城賀茂氏の祖神ではなく、葛城賀茂氏はアヂスキタカヒコネ神の神裔ではないにも拘らず、祭祀を担ってきたのである。これは、天穂日命《あめのほひのみこと》を祖神と崇める出雲国造（出雲臣）が大己貴神《おおなむちのかみ》（杵築《きづき》大社）を奉斎していることに似ている。そこで本章では、アヂスキタカヒコネ神の本来の信仰集団と賀茂氏が奉斎した理由について考究し、賀茂氏の拠地であった葛城山（今日の金剛山、標高１１２５ｍ）麓地域の古代史に及んでみたい。

アヂスキタカヒコネ神の神話

アヂスキタカヒコネ神は、『記』・『紀』神話のなかの地上世界である葦原中国《あしはらのなかつくに》を平定する行における、「天若日子《あめのわかひこ》（『紀』は天稚彦）神話」に登場する。それによれば、「葦原中国の平定に神話上の天上世界である高天原から派遣された天若日子は、高天原からの返し矢が命中して亡くなり、天若日子の妻でアヂスキタカヒコネ神の妹、下照比売《したてるひめ》の泣く声が天界に届いたことで、喪儀が催された。そこに、友でもあるアヂスキタカヒコネ神が弔問に訪れた」ところから物語は展開する。

このアヂスキタカヒコネ神物語は、葦原中国の平定や天若日子の神話に必須の要素でないことから、二次的に『記』・『紀』神話に編み込まれたものと推察される。本来は別の独立した物語として伝えられていたと思われるが、ここではアヂスキタカヒコネ神の神格の特徴と信仰の実態の考察を目的とすることから、その問題の追究は別の機会に譲る。
主題の神話は『記』・『紀』間で内容に大差がないことから、便宜的に神代記のそれを示そう。

此の時、阿遅志貴《あぢしき》高日子《たかひこ》根神《ねのかみ》到《き》て、天若日子の喪を弔《とぶら》ひたまふ時に、天《あめ》より降り到《き》つる天若日子の父、亦其の妻、皆哭《な》きて云ひしく、「我が子は死なずて有り祁理《けり》。我が君は死なずて坐《ま》し祁理。」と云ひて、手足に取り懸《かか》りて哭き悲しみき。其の過《あやま》ちし所以《ゆゑ》は、此の二柱の神の容姿《かたち》、甚能《いとよ》く相似たり。故是《かれここ》を以《も》ちて過ちき。是に阿遅志貴高日子根神、大《いた》く怒りて曰《い》ひしく、「我は愛《うるは》しき友なれこそ弔ひ来つれ。何《なに》とかも吾《あ》を穢《きたな》き死人《しにびと》に比《くら》ぶる。」と云ひて、御佩《はか》せる十《と》掬剣《つかのつるぎ》を抜きて、其の喪屋《もや》を切り伏せ、足以ちて蹶《く》ゑ離《はな》ち遣《や》りき。此《こ》は美濃《みの》国の藍見河《あゐみかは》の河上の喪山《もやま》ぞ。其の持ちて切れる大刀《たち》の名は、大量《おほはかり》と謂《い》ひ、亦の名は神度剣《かむどのつるぎ》と謂ふ。故、阿治志貴高日子根神は、忿《いか》りて飛び去りし時、其の伊呂妹《いろも》、高比《たかひ》売命《めのみこと》、其の御名を顕《あらは》さむと思ひき。故、歌ひしく、

天《あめ》なるや　弟棚機《おとたなばた》の　項《うな》がせる　玉《たま》の御《み》統《すまる》　御統に　穴玉はや　み谷　二渡《ふたわた》らす　阿
治志貴高日子根の神ぞ。

とうたひき。此の歌は夷振《ひなぶり》なり。

この神話で、アヂスキタカヒコネ神は大量・神度剣というまたの名をもつ十掬剣（長大な剣）で喪屋（殯《もがり》儀礼用の建物）を伐り倒していることから、刀剣神的神格の神と観念されていたことが分かる。また、アヂスキタカヒコネ神の名を顕示する歌謡の「み谷　二渡らす」とい

う句は、重畳する遠くの嶺々をも闇夜に赫々と照らし浮かばせる稲妻を暗示しており、そこには雷神的神格も窺がわれる。(5) ちなみに、ここで「アヂスキ」ではなくて「アヂシキ」とあることについては後述する。

古代には、刀剣神が龍蛇的姿態を有する雷神的神格と観想されていたことは、須佐之《すさの》男命《おのみこと》が八俣遠呂智《やまたのおろち》を伐ったのが「十拳剣《とつかのつるぎ》」、その大蛇の尾から得た聖剣が「草那芸剣《くさなぎのたち》」（草薙剣）であり、草薙剣の元の名が大蛇の上に常に雲気《くも》が漂っていたということで「天叢雲剣《あまのむらくものつるぎ》」とも記され（神代紀第八段本文一書云）、大蛇を斬った剣であるから「蛇《をろち》の麁正《あらまさ》」（神代紀第八段一書第二）、あるいは「蛇の韓鋤《からさひ》の剣」（神代紀第八段一書第三）とも称された、等々と記されることから容易に理解される。垂仁天皇紀五年十月己卯朔条に、「皇后の狭《さ》穂《ほ》姫《ひめ》が夢に見た、頸に纏《まと》わる錦色の小蛇と大雨は、実は匕首《ひもかたな》と涙であった」とある。

高天原から国譲りの交渉に葦原中国へ派遣される武甕槌《たけみかづち》神は十掬剣《とつかのつるぎ》を依《よ》り代《しろ》とする王権の武神であるが、『記』では建御雷神と記されることなどもその一例である。刀剣神に対するこうした神話的観念は、汎世界的なものである。(6)

迦毛大御神＝アヂスキタカヒコネ神の奉斎

アヂスキタカヒコネ神の神話からは、雷神的神格をもつ刀剣神の神性が読み取れるが、葛城地域ではどのように奉斎されていたのだろうか。

まず、神代記の大国主神の神裔段には、次のような神統譜が伝えられる。

故《かれ》、此の大国主神、胸形《むなかた》の奥津《おきつ》宮《みや》に坐《ま》す神、多《た》紀《き》理《り》毘《び》売命《めのみこと》を娶《めと》して生める子は、阿《あ》遅《ぢ》鉏《すき》高日《たかひ》子《こ》根神《ねのかみ》。次に妹高比《いもたかひ》売命《めのみこと》。亦の名は下光比《したてるひ》売命《めのみこと》。此の阿遅鉏高日子根神は、今、迦《か》毛大御《ものおほみ》神《かみ》と謂ふぞ。大国主神、亦神屋《かむや》楯比《たてひ》売命《めのみこと》を娶して生める子は、事代主神。……

アヂスキタカヒコネ神は大国主神（大己貴神／出雲国出雲郡鎮座の名神大社、杵築大社の祭神）と胸形の多紀理毘売命（筑前国宗像郡鎮座の名神大社、宗像神社の祭神）の間に生まれた神で、高比売命（下光比売命）とは同母の兄妹という。もちろん神々が婚姻により御子神を生むことなど実際には有り得ないことであるから、こうした神統譜は信仰集団や奉斎集団間の交渉、交流などにより形成されたものと考えられる。

大国主神との関係は、天平五年（733）に成立した『出雲国風土記』意《お》宇《う》郡賀《か》茂神戸《ものかんべ》（島根県安来市大塚辺り）条の次の所伝が対応しよう。

賀茂神戸。郡家《こほりのみやけ》の東南《たつみ》のかた卅四里なり。天《あめ》の下造《つく》らしし大神《おほかみ》の命《みこと》の御子、阿《あ》遅《ぢ》須《す》枳《き》高日《たかひ》子命《このみこと》、葛城の賀茂の社《やしろ》に坐す。此の神の神戸《かむべ》なり。故、鴨といふ。神亀三年、字を賀茂と改む。即ち正倉《みやけ》あり。

また、『出雲国風土記』楯縫《たてぬい》郡神名《かんな》樋《び》山《やま》（島根県のかつての平田市）条や神門《かんど》郡塩冶《やむや》郷（島根県のかつての出雲市）条と高岸《たかきし》郷条、仁多《にた》郡三《み》沢《さわ》郷（島根県奥出雲町）条などでもこの神に関連する所伝が採録されていることから、その信仰の広がりが知られるが、こうした状況を生みだした歴史的具体相は今日では明らかでない。神門郡高岸郷条と仁多郡三沢郷条では、成人するまで泣きやまない神として描かれている。

これに関わり、『新抄格勅符抄』大同元年（806）牒の次の記事がそれとの関連を伝えているが、28戸という神封が出雲国意宇郡に設置された歴史的状況は明らかではない。

鴨神　八十四戸　大和卅八戸　伯耆十八戸　出雲廿八戸

右にみえる鴨神を事代主神にあてるむきもあるが、(7)それには疑問がある。まず、鴨神の神封84戸の内の大和の38戸は葛上郡神戸郷に求められるが、神戸郷は神通寺村と呼ばれていた高鴨阿治須岐託彦根命神社が鎮座する御所《ごせ》市鴨神をはじめ、近接する西佐味《さび》・東佐味の辺りに比定されることにある。高鴨阿治須岐託彦根命神社と事代主神を祀る鴨都波八重事代主命神社の鎮座地（葛上郡下鳧《しもかも》郷）は、直線でほぼ6㎞の距離があるから、大同元年牒にいう鴨神はアヂスキタカヒコネ神にあてるのが妥当である。伯耆《ほうき》の18戸は、大鴨・小鴨郷のある久米郡（鳥取県倉吉市から北栄町辺り）、もしくは鴨部郷のある会見郡（米子市・境港市・南部町辺り）とみられる。神護景雲四年（770）六月廿五日付の「正倉院文書」（『大日本古文書』6―四九）には、伯耆国会見郡賀茂郷の戸主賀茂部馬、その戸口の賀茂部秋麻呂の名が見えるから、後者の可能性が高いと思われる。『三代実録』貞観九年（867）四月八日丁丑条には、伯耆国の賀茂神に従五位下が授けられたとある。

アヂスキタカヒコネ神の妹神の高比売命（下光比売命《したてるひめ》）は天若日子の妻に位置づけられるが、

高鴨阿治須岐託彦根命神社

神代紀でも下照姫のまたの名として高姫が見える。この女神は、『延喜神祇式』相嘗祭条には「下照比売神社〈或号比売許曾《ひめこそ》社〉」、『延喜神祇式』名神祭条にも「比売許曾神社〈亦号下照比売〉」とみえることから、摂津国東生《ひがしなり》郡鎮座の名神大社、比売許曾神社（大阪市東成区東小橋三丁目、元は天王寺区小橋町）でも奉斎されていた。

女神の名の「シタテル」は上から下を照らすという太陽神の神格を示しているが、応神天皇記の「天之《あめの》日《ひ》矛《ぼこ》」伝承や、垂仁天皇紀二年是歳条一云の「都怒我阿羅斯《つぬがあらし》等《と》」伝承などでは、新羅渡来の女神とある。両物語はいずれも、春の耕作始めに牛を犠牲に供して穀霊に豊穣を祈願する「殺牛農耕祭祀」を主題とする内容であることに特徴がある。新羅では殺牛農耕祭祀が広く行なわれていたことから、そこからの渡来伝承は文化史的にも整合的であり、(8)本来は新羅系渡来集団により信仰、奉斎された太陽の女神とみられる。

このシタテルヒメ神＝高比売命（高姫）は、葛城の地域でも広く奉斎されていた。詳細は別に述べたので結論を摘記すれば、(9)葛上郡鎮座の式内社の長柄《ながら》神社（御所市名柄）、同じく大倉日売神社（御所市古瀬《こせ》、同市戸毛《とうげ》にも同名社あり）の祭神であり、鴨都波八重事代主命神社では祭神二座の内の一座、アヂスキタカヒコネ神を主祭神とする名神大社の高鴨阿治須岐託彦根命神社（御所市鴨神）の四座の一座が、このシタテルヒメ神である。

おそらく、シタテルヒメ神＝高比売命は本来、アヂスキタカヒコネ神の妹神というよりは対偶神と位置づけられていたと考えられる。祭祀氏族である斎部《いんべ》（忌部）広成が大同二年（807）に撰述した『古語拾遺《こごしゅうい》』所載の、殺牛祭神を主題とする御歳神《みとしがみ》神話は年穀の豊作を予祝する祈年《としごいのまつり》祭の縁起譚である。それは、葛上郡に鎮座する名神大社、葛木御歳神社（御所市東持田）における御歳神の祭儀に発祥する。この「御歳神」は穀霊を意味する普通名詞であり、葛木御歳神社で御歳神として祭られたのはシタテルヒメ神であった。(10)令制下の二月四日に斎行される祈年祭でも、葛木御歳神社には特別に白馬・白猪・白鶏を供犠する規定であったことは、この神の祭儀における伝統的観念を示している。新羅系の太陽女神を原像とするシタテルヒメ神の祭儀的特徴は、アヂスキタカヒコネ神の信仰と祭祀の始原を究明するうえで考慮される。アヂスキタカヒコネ・タカヒメという神名にも取り込まれている「高」の名辞は、高宮・高鴨・高天彦神社など、高天山（今日の金剛山、古の葛城山）の東中腹一帯の地名に共有される。

アヂスキタカヒコネ神の神格Ⅰ――「アヂ」をめぐって

アヂスキタカヒコネ神は、大和葛城において賀茂氏により奉斎されてきた雷神的神格を持つ刀剣神であり、高比売命とも称された対偶神のシタテルヒメ神は、殺牛農耕祭祀において祭られた新羅系の太陽女神である。

ところが不思議なことに、迦毛大御神と称されながらアヂスキタカヒコネ神と賀茂氏の関係が、右の所伝以外にはほとんど伝わらない。葛城賀茂氏の祖神が明瞭でないこと自身問題であるが[11]、そもそもアヂスキタカヒコネ神は賀茂氏が自分たちの祖神として奉斎した神ではない。同じく賀茂氏が奉斎した事代主神については、『新撰姓氏録』に次の所伝が見える。

①大和国神別天神：飛鳥直。天事代主命の後なり。
②大和国神別地祇：長柄首《ながらのおびと》。天之八重事代主神の後なり。
③左京神別中：畝尾連《うねをのむらじ》。天辞代命《あめのことしろのみこと》の子、国辞代命の後なり。
④右京神別下：伊予部。高媚牟須比命《たかみむすひのみこと》の三世孫。天辞代命の後なり。

右の①と②が事代主神の裔を称していたことは確かであり、③と④もその可能性が高いと思われる。事代主神を祖神と位置づける賀茂氏系集団が存在することは[12]、その結びつきの古いことを思わせるが、アヂスキタカヒコネ神にはそうした所伝はない。これまでは、アヂスキタカヒコネ神が葛城高鴨で賀茂氏により奉斎されたことに疑問を差し挟むことはなく、その関係が深く追究されることもなかった。アヂスキタカヒコネ神が、実際に当初から賀茂氏が信仰、奉斎してきたか否かについて、改めて検討を試みることも無益ではないと思われる。ここでの課題は、本来の信仰集団の解明と賀茂氏がアヂスキタカヒコネ神を奉斎するに至った歴史的状況の考察である。

そこでまず、アヂスキタカヒコネ神の神格を、その語義から分析しよう。

タカヒコネは葛城の地名「高」に関わることは、対偶神であるシタテルヒメ神（高比売命／高姫）との関係にかかわり右に述べた。これは、この神の信仰集団の居地と奉斎（鎮座）地を示している。ヒコネは男性の貴人・貴者の称であるから、ここでの神名の分析はこの神の本質に関わると目される「アヂ」と「スキ」が対象となる。

これに関して、古代に鴨をトーテムとする集団がいて鴨を神としており、アヂスキタカヒコネの「アヂは味鴨のアヂである」と解する主張がある。[13]

トーテムとは、ある集団が特定の動植物や事物と特殊な関係を有しているとする信仰、トーテミズムtotemismの対象とされた特定の動植物などのことであり、この信仰をめぐる儀礼を通して連帯性を確認し、集団統合の象徴とされる。[14]「味鴨」については、『日本国語大辞典』には、トモエガモの別称として「鴧鴨《あぢがも》」が記されている。トモエガモは秋にシベリアから日本に来る渡り鳥の一つで、『万葉集』巻第十一には、

味《あぢ》の住む渚沙《すさ》の入江の荒磯《ありそ》松我《まつあ》を待つ児等《こら》はただ一人のみ（2751）

ことが分かる。

と歌われている。この「味」は「鶴鴨」のことであるから、古代人にも知られた鳥であった

しかし、賀茂氏やアヂスキタカヒコネ神をめぐる神話に「鶴鴨＝味鴨」をトーテムとするような所伝は一切見られず、この神の神格とは何らの脈絡も知られないことから、右の主張に妥当性はない。それとは別に、「鴨」の習性に基づいてアヂは数多く群がるものを意味するという説明があり、(15)『万葉集』巻第四の長歌にも、

神代より　生《あ》れ継ぎ来れば、人多《さは》に　国には満ちて　味村《あぢむら》の　去来《かよひ》は行けど　…（485）

とある。「味村」は「鶴群」のことであるから、「鶴鴨」が群れを成すことは確かである。ただし、その説に従うならば、「アヂスキ」は「鶴のように群がるスキ」の意となろうが、「鶴のように群がるスキ」という神格や神観念には違和感を禁じえない。神の名は、それを信仰し祭祀した集団（地縁共同体・氏族共同体）の歴史的、文化的な特徴と無縁ではない。人を離れて神は存在しないことを忘れてはならない。なお、王権と結びつきの強い神（神社）の場合には、祭祀は専門の集団（いわゆる祭祀氏族）に委ねられる場合があり、本来の信仰集団と祭祀を担う集団が異なる場合もみられるから、注意しなければならない。

こうした中で、この「アヂ」にかかわる三品彰英(16)の、次の指摘に注目される。少し長いからその要旨を摘記しよう。

『三国遺事《さんごくいじ》』（高麗《こうらい》の僧一然《いちねん》が13世紀後半に編纂）に載る新羅の始祖赫居世《かくきよせい》の伝説に、「天降った紫卵から誕生した赫居世は自ら閼智居西干《あっちきよせいかん》（朴氏始祖）と称し、これを王者の尊称とした。それに続き、金の櫝に入って天降った金氏始祖は、金閼智と名付けたと」ある。始祖として降臨する神童がひとしく「閼智」と呼ばれていることは、この呼称が始祖の名として古く一般的に使用されたものであったことを思わせる。「閼智」の閼は本来、アルar と読むべきであり、穀物、原義的には穀物などの本質としての「在るもの」を意味した。「閼智」の智は、人名語尾として普通に使用されている敬称であり、後には官位をあらわす語尾としても使用された。「居西干」の「居西」は「在」の借音表記であり、「干」は王・君をあらわすウラル・アルタイ語族の共通語であるから、居西干は「います君」と訳すことが出来る。「閼智居西干」は、「穀童にいます君」と訳すことができる。それは、始祖王を穀霊的存在として、その霊徳を讃揚した新羅の古代的な称号であった。

さらに三品は、別の著作でも次のように述べている。(17)

『年中行事秘抄』（宮中の年中行事について記述、鎌倉時代初期の成立／『群書類従』六）に載る鎮魂歌の歌詞で、一首ごとの初めに「アチメ　オ、、」と呼び声があげられる。このアチメのアチも、新羅の始祖伝説において、天降る始祖が閼智居西干・金閼智と呼ばれていることと関連がある。閼智居西干はアチに居ます君の意であり、アチは神子の出現を宣する言葉であった。

古代朝鮮語のチ「知・智」が人名・官職名に添尾されて、美称、尊称を表わすことは、他にも指摘がある。(18)

これらを参酌すれば、アチは神や集団の始祖の聖性を称える言葉として、その名に用いられていたものと推考される。応神天皇紀十五年八月丁卯条に百済から良馬を伴い渡来したと伝える阿直岐史《あちきのふびと》氏の祖阿直伎《あちき》（応神天皇記では阿知吉士《あちきし》・阿直史《あちきのふびと》）や、応神天皇紀二十年九月条に渡来を伝える倭漢直《やまとのあやのあたい》氏の祖の阿知使主《あちのおみ》らの、アチ・アチキも右と同様に解されよう。阿知使主は、『坂上系図』阿智王条所引『新撰姓氏録』逸文（『続群書類従』七下）には、次述する「四邑の漢人《あやひと》」にあてられる桑原村主《すぐり》・佐味《さび》村主・高宮村主・忍海《おしぬみ》村主らの祖の「阿智王」が、応神朝に渡来して阿智使主を賜姓されたとある。アチ・アチキは渡来系集団の始祖に相応しい名であり、アヂスキタカヒコネ神のアヂもこの神の本質「スキ」を称えて冠された賞辞であったと解される。

アヂ・アチについてのこうした理解は、以下に述べるアヂスキタカヒコネ神の信仰の始原にかかる神格や、この神が新羅系渡来集団により信仰、祭祀されたシタテルヒメ神の対偶神であることなどの、歴史的背景から考えても整合的である。

アヂスキタカヒコネ神の神格Ⅱ——「スキ」をめぐって

そこで次に、右に示したアヂの語に関する理解が、スキの語句解釈と整合するか否かについて検討してみよう。

『記』は大国主神裔段で阿遅鉏高日子根《あぢすきたかひこね》神と記すが、天若日子《あめのわかひこ》神話段では阿遅志貴高日子《あぢしきたかひこ》根《ね》神と記している。一方、『紀』は天稚彦《あめのわかひこ》神話（本文と一書第一）では味耜高彦根《あぢすきたかひこね》神と記し、『出雲国風土記』意宇《おう》郡賀茂神戸・楯縫郡神名樋《かんなび》山《やま》・神門《かんど》郡塩冶《やむや》郷と高岸郷・仁多《にた》郡三沢郷条でも阿遅須枳高日子《あぢすきたかひこ》命と記されている。また、『播磨国風土記』神前《かんざき》郡条では阿遅須伎高日子尼《あぢすきたかひこね》命、『延喜式』神名帳には阿治須岐託彦根《あぢすきたかひこね》命とある。このように、一貫してスキは鉏・耜・須枳・須伎・須岐と記される中で、『記』の天若日子神話段の志貴だけが例外的な表記であることが分かる。この例外的な表記をもって「キの音に上代特殊仮名遣乙類の仮名の「貴」を宛てているが、鉏のキは甲類であるから一致せず、スキよりシキの音が古形で磯城の意である」という主張がある。(19)

しかし、同じ『記』でも大国主神裔段では阿遅鉏高日子根神と記し、『紀』も味耜高彦根神とあり、『出雲国風土記』の阿遅須枳高日子命の枳、『播磨国風土記』の阿遅須伎高日子尼命の伎、『延喜式』の阿治須岐託彦根命の岐も、すべて上代特殊仮名遣甲類の仮名である。神代記の天若日子神話における阿遅志貴高日子根神という表記は、この神についての例外的で孤立した事例であり、これのみを論拠とした主張は説得力が弱い。その主張を裏付ける有力な傍証も見いだし難く、この場合はアヂスキタカヒコネが本来の神名であると解するのが穏当である。(20)

それでは、アヂスキタカヒコネ神のスキは、どのように理解されるだろうか。スキには鉏・耜があてられているが、いずれも耕耘《こううん》に用いる農具のスキのことである。当時の鋤や鍬は、本体が木製の先端部に鉄製の刃先をはめた風呂鋤《ふろすき》・風呂鍬であり、筆者が少年の頃でも未だ一部で使用されていた。古代には貴重であった鉄製の刃先を取り付けることで、丘陵地や扇状地などの開拓、耕作が可能になり、生産力が飛躍的に向上した。

この神が祭られる高鴨阿治須岐託彦根命神社は今も奈良県御所市鴨神に鎮座するが、ここは江戸時代には大和国葛上郡神通寺村と称され、律令制下の葛上郡神戸郷にあたる。この辺り一帯は古くから佐味《さび》とも呼ばれ、神通寺村は佐味村とも記された。他に東佐味村・南佐味村などもあって、今も東佐味・西佐味の地名が残る。この地名が、スキという語を理解する鍵となる。

これに関わり参考となるのが、神功皇后紀摂政五年三月己酉条であるが、それは大略次のように伝えられる。

葛城襲津彦《そつひこ》は、新羅の人質である微叱許智伐旱《みしこちほつかん》の本国送還に付き添って渡海した。対馬の鉏海《さひのうみ》の水門《みなと》に停泊した際に、新羅の使者は藁人形で欺いて人質を新羅に逃亡させた。事の仔細を知った襲津彦は新羅の使者を焼き殺し、新羅の踏鞴津《たたらのつ》（韓国の慶尚南道釜山の南）に停泊し、草羅城《さわらのさし》（慶尚南道梁山）をおとして帰国した。この時の俘人らは、今の桑原・佐糜《さび》・高宮《たかみや》・忍海《おしぬみ》の四邑《むら》の漢人《あやひと》の始祖である。

この所伝が韓国の古代史書『三国史記』や『三国遺事』の所伝とも照応する部分があり、一定の事実を伝えていると考えられることなどは別に考察した。(21) ここではとくに、新羅に渡る際の中継地「鉏海水門」の鉏がサヒとよまれていることと、渡海した葛城襲津彦の停泊地が「踏鞴津」という金属加工に関わる地名であること、サヒが新羅系渡来人の居住した四邑の中の佐糜（今日の佐味）の地名に対応すること、などに注目される。この時に渡来した集団が居住したという桑原は葛上郡桑原郷（御所市池ノ内・玉手）、佐糜は葛上郡神戸郷（御所市東佐味・鴨神・西佐味の東部）、高宮は葛上郡高宮郷（西佐味の西部・伏見・高天《たかま》・北窪・極楽寺・南郷の南部）・忍海は忍海郡（葛城市忍海、一部は御所市）にあてられる。その四邑の漢人は後に桑原村主・佐味村主・高宮村主・忍海村主と称すが、彼らの祖と伝える阿智王（阿智使主）という名が、アヂスキタカヒコネ神のアヂ（アチ）に照応することは先に述べた。

さらに近年、高宮郷の南郷地区を中心に、5世紀から6世紀代に及ぶ広大な遺跡群が検出されたが、その多様な内容は関係者の耳目を集めた。それは南郷遺跡群と称されているが、[22]遺跡の所在地から葛城氏との関係が推定されることは当然である。加えて、地表からすぐに土壁を立ち上げ柱を塗り込めた朝鮮半島起源の大壁《おおかべ》住居跡など渡来系集団に特徴的な遺構や遺物が検出されていることにも注目される。なかでも、遺跡群全体から、鉄の鍛冶、鍛造の際に排出される鉄残滓の鉄滓《てっさい》が30kg余り、鉄を加熱する炉の内部を高温にするため風を送る鞴《ふいご》の取り付け口である鞴羽口《はぐち》も40点以上が検出されており、大規模な鉄の鍛冶《かじ》、金属加工工房の存在が知られることは見逃せない。

その一例を記せば、南郷遺跡群中央東部の高台に位置する南郷角田遺跡からは、大規模な生産工房遺構が出土した。5世紀前半の赤く焼けた砂層から、膨大な量の金属、ガラス、鹿角製の遺物などが検出され、下層には壁が赤く焼けた穴が並んでおり、韓式《かんしき》系土器や須恵器も多く出土した。南郷角田遺跡は、刀剣や甲冑など武器・武具類、ガラス製装飾品など、熱を加えて様々な完製品を製作する、先進の複合的生産工房であったとみられている。

葛城川を挟んで遺跡群の北東に位置する葛上郡牟婁《むろ》郷（御所市室《むろ》）に存在し、室大墓とも呼ばれる宮山古墳は周濠をもち墳丘全長が２３８ｍの巨大な前方後円墳であり、5世紀初めごろの築造と見られる。『記』・『紀』の関連所伝と整合的な古墳築造の時期や葛城南部地域で最大規模であることなどから、早くより葛城襲津彦の墓と目されてきた。１９０８年（明治四十一年）ごろ、墳丘の前方部を開墾中に粘土槨に木棺を埋納した主体部が発見された。そこから11面の銅鏡、29個の滑石《かっせき》製勾玉、約１００個のガラス小玉などが出土し、１９２１年には史跡に指定された。

１９５０年にその後円部墳丘が盗掘にあい、修復もかねて墳丘部の発掘調査が行なわれた。結果、後円部墳丘上には南北2基の竪穴式石室が存在し、盗掘の被害にあったのは南側の石室であった。南の竪穴式石室は紀ノ川流域に産出する緑泥片岩《りょくでいへんがん》を小口積にして構築され、全長5・51m、東側幅1・88m、高さ1・06mで、その中には兵庫県加古川下流域で産出する龍山《たつやま》石製の長持型石棺が埋納されていた。

さらに興味深いことに、１９９８年9月の台風7号の暴風は、奈良県内に大きな被害をもたらしたが、宮山古墳墳丘上の樹木も多く根起した。その根穴から、4世紀末から5世紀初めごろの朝鮮半島南部・伽耶《かや》地域の船形土器や高坏などの陶質《とうしつ》土器が出土し、奇しくも被葬者と朝鮮半島の結びつきを証明することとなった。

ここでさきの、神功皇后紀摂政五年三月己酉条などの葛城襲津彦関連の所伝が一躍注目され、その信憑性も見直されることになった。神功皇后摂政五年を『紀』紀年を修正して仮に385年にあてるならば南郷遺跡群の始まる時期との時間差が僅少となり、他の対外交渉記事に残された葛城襲津彦の活動時期に近くなる(23)。

また先の四邑の漢人の一つ、忍海漢人の居地と目される葛城市脇田遺跡（もと忍海郡脇田村）に存在し、わが国では珍しい鬼面文軒丸瓦《きめんもん》が検出されている飛鳥時代から奈良時代の地光寺《じこうじ》跡は忍海氏の氏寺であったとみられる。この遺跡の下層部からは、鉄器製造にかかわる鉄滓や鞴羽口などが検出され、金属工人集団の居住を示しているが、4世紀後半から5世紀前半の朝鮮半島系土器も伴出し(24)、その始原と性格が推考される。先述した葛城襲津彦の伝承が、これらの考古学の成果に照応することは見逃せない。

古代の渡来人に関わり、高市郡檜前郷《ひのくま》（明日香村檜隈）に西接する奈良県高市郡高取町では、5世紀後半から8世紀末の大壁《おおかべ》建物跡がこれまでに約40棟も検出され、阿知使主の裔という倭漢《やまとのあや》（東漢）氏との関係が想定されてきた。ところが近年、その高市郡高取町市尾《いちお》カンデ遺跡からは、それより年代が遡る4紀末から5世紀初めの大壁建物跡16棟以上や掘立柱建物跡8棟などが検出され(25)、『記』・『紀』に記された渡来時期との乖離が解消されてきたことは興味深い。

4世紀末から5世紀初頭の渡来伝承の信憑性が高まり、従前のようにそれらを虚偽、造作とみなす論拠が崩れたこと(26)は、『記』・『紀』の関連所伝の信憑性と今後の古代史像復原に関わり重要なことと言えよう。

のちの忍海郡域も含む葛城の地域では、4世紀末・5世紀初頭から渡来系集団が多く定着して先進文物をもたらし、大規模に鉄製品などの加工、生産が行なわれていたのである。高鴨阿治須岐託彦根命神社の鎮座地は、葛城襲津彦に伴い渡来したという新羅系集団の居住した四邑の一つ佐糜であるが、このサビ（サヒ）が朝鮮語のsapと同系語であり刀剣や鉏を意味することは、金澤庄三郎が神代紀第八段一書第三の素戔嗚尊が大蛇を斬った「蛇の韓鋤《からさひ》の剣」と、推古天皇紀二十年正月丁亥条の人日《じんじつ》の儀礼で天皇が蘇我氏を称えた歌謡中の「多智奈羅《たちなら》麼《ば》勾礼能摩差比《くれのまさひ》」（太刀《たち》ならば呉《くれ》の真刀《まさひ》）を引用して、早くに指摘するところである[27]。また三品彰英も概ね、次のように述べている[28]。

　サヒは朝鮮語のsapと同系語であり、鉏・鋤ないし刃物類を意味している。神武天皇即位前紀で兄の稲飯命《いないのみこと》が剣を抜いて熊野の海に入り「鋤持神《さひもち》と化為《な》る」、神代記の海佐知毘《うみさちび》古《こ》・山佐知毘古《やまさちびこ》神話で綿津見宮《わたつみのみや》から山佐知毘古（火遠理命《ほおりのみこと》）を乗せ戻った紐小刀《ひもかたな》を首に懸けた「一尋和邇《ひとひろわに》は、今に佐比持神《さひもち》と謂《い》ふ」とあり、「蛇の韓鋤《からさひ》の剣」は韓から伝来、あるいは韓式の刀剣、サヒは朝鮮語系の言葉で刀剣やスキの類を意味している。

このサヒと神祇祭祀の関係については、『播磨国風土記』揖保郡枚方里《ひらかた》佐比岡《さひおか》条も参考になる。

　枚方里。土《つち》は中の上なり。枚方と名づくる所以《ゆゑ》は、河内国茨田《まむた》郡枚方里の漢人《あやひと》、来到《き》たりて、始めて此の村に居りき。故《かれ》、枚方里といふ。

佐比岡。佐比と名づくる所以は、出雲の大神、神尾山《かみをやま》に在《いま》しき。此の神、出雲の国人《くにひと》の此処《ここ》を経過《すぐ》る者は、十人の中、五人を留《とど》め、五人の中、三人を留めき。故、出雲の国人等、佐比を作りて、此の岡に祭るに、遂に和《あまな》ひ受けまさざりき。然《しか》る所以は、比古神《ひこがみ》先に来まし、比売神《ひめがみ》後より来ましつ。ここに、男神《ひこがみ》、鎮《しづ》まりえずして行き去りましぬ。この所以に、女神《ひめがみ》怨《うら》み怒《いか》りますなり。然《しか》る後に、河内国茨田郡枚方里の漢人、来至《き》たりて、此の山の辺に居りて、敬《ゐやま》ひ祭りて、僅《はつか》に和《やは》し鎮むることを得たりき。此の神の在《いま》ししに因《よ》りて、名を神尾山といふ。又、佐比を作りて祭りし処を、即《すなは》ち佐比岡と号《なづ》く。

播磨国揖保郡枚方里（兵庫県揖保郡太子町）の佐比岡で、当初に佐比（鉄製利器）を製作して出雲の大神を祀ったのは出雲国人であったが、祭り鎮めることがかなわなかった（開墾、経営が成就しなかった）。神が災いをなした理由は、先に来た男神が去り、後から来た女神が一柱になったからである。その後に、河内国茨田郡枚方里（大阪府枚方市）の漢人が来て祭ったところ、神は和み鎮まった、という。出雲国人の祭祀が受け入れられなかった真の理由は明らかではないが、サヒの語・鉄製利器を用いた祭祀・渡来系集団である漢人の関係がよく表れている。

葛城の佐糜に鎮座する高鴨阿治須岐託彦根命神社でアヂスキタカヒコネ神が祀られた歴史文化的背景には、葛城襲津彦の所伝に象徴される渡来系集団の集住と、南郷遺跡群などから判明する考古学上の実態が存在したのである。アヂスキのスキが、先進の強靭な鉏・耜や鋭利な刀剣など鉄製の利器をさしていることは間違いなかろう。同時に、この地に先進の鉄製利器に関する信仰を伝えたのは、南郷遺跡群でこれらの品々の生産、加工に従事していた佐糜漢人・高宮漢人らの祖であったことも確かである。このことは、アチ（アヂ）が神や始祖の聖性を称えた古代朝鮮語に起源し、渡来系集団において祖神や始祖の名に用いられた語であったという、先の考察結果とも整合する。

このように、アヂスキのスキは鉄製の鉏・耜や刀剣をさし、この神の神格は先進の鉄製利器にあると考えられるが、このことはアヂスキタカヒコネ神話の分析から得られた雷神的特性をもつ刀剣神という神格とも整合する。漢人は先進の文物を倭国にもたらした中国系を自称する渡来系集団であり、王権内で東漢《やまとのあや》（倭漢）氏や西漢《かわちのあや》（河内漢）氏の統率下に置かれていた。葛城襲津彦とともに渡来したという「桑原・佐糜・高宮・忍海の四邑」の集団も先進の金属工人であり、ヤマト王権では漢人として東漢氏に統率された。

アヂスキタカヒコネ神は本来、葛城の渡来系金属工人集団に信仰された神であったとみられるが、次の課題はそのことを示す具体的な徴証の提示である。さらに、渡来系集団ではない賀茂氏がこの神を奉斎したことの理由についても述べなければならない。

アヂスキタカヒコネ神の信仰

アヂスキタカヒコネ神の信仰集団としては、先に触れた神功皇后紀摂政五年三月己酉条から桑原・佐味・高宮・忍海村主らが想定されるが、その他にもこの地域の渡来系集団が存在したに違いない。そこで注目されるのが、「正倉院文書」の宝亀二年（771）に編年されている、写経所の休暇願である「経師等請暇解」継文である（『大日本古文書』6―一七二）。

右、以今月十四日、欲鴨大神又氏神祭奉、由此二箇日閑受給、以謹解、

四月十三日

年月日が欠けているが、編者が「コノ切レハ差出書キ及ヒ係年闕ケタレドモ、類ヲ以テコヽニ附収ス」と記すように、のちに引く史料との関係性から宝亀二年のものとみなしてよいと考えられる。

右の鴨大神はこれまで述べてきたことからアヂスキタカヒコネ神と解されるが、ある人物が四月十四日のアヂスキタカヒコネ大神と氏神の祭に参加するために、四月十三日に二日間の休暇を写経所に申請したものである。アヂスキタカヒコネ神とここに見える「氏神」は別の神だが、同所で奉斎されていたか否かは分明でない。

この断簡が、「正倉院文書」におさめられるどの請暇解の一部であるかは明らかでないが、アヂスキタカヒコネ神（及び氏神）の例祭が四月十四日に催されていたことは確かであり、宝亀二年四月十四日を含む請暇解に復原されると考えられることから、それを探せばよい。そこで、その前後の「正倉院文書」を見てみると、右文書のすぐ前に採録される次の二通の、祭祀を理由とした請暇解に注目される。(29)

①八木宮主請暇解（『大日本古文書』6―一六九）

八木宮主解　申請暇日事

合伍箇日
右、為祠祀、所請如件、以解、
宝亀二年四月十日
「(別筆)法師奉栄」

②氏部子勝請暇解（『大日本古文書』6―一六九）
氏部子勝謹解　申請暇事
合三日
右、為私神祀奉、請暇如件、以今状、謹解、
宝亀二年四月十一日
「(別筆)法師奉榮」

①に見える八木氏は、『新撰姓氏録』右京神別下条に「八木造《やぎのみやつこ》。和多羅《わたら》豊命《とよのみこと》の児、布留多《ふるた》摩乃命《まのみこと》の後なり。」とある、八木造氏とみられる。和多羅豊命・布留多摩乃命は他には見えず、和泉国和泉郡八木郷（大阪府岸和田市八木町）との関係を想定する説もあるものの[30]、和泉郡における八木造氏の分布は詳らかでない。

八木宮主は宝亀二年三月十一日にも、「為洗衣服」と称して五日間の衣服洗濯休暇を申請し（『大日本古文書』6―一二八）、別の文書には陽枳宮主（『大日本古文書』6―三一一）・矢木宮主（『大日本古文書』18―二五八）などとみえ、八木は陽疑・楊貴などとも記されたことが知られる。

ここで留意されるのが、享保十三年（1728）に大和国宇智郡大沢村三本松（五條市大沢町）から発見されたと伝えられる、吉備真備の母にかかる塼《せん》製の「楊《や》貴《ぎ》氏《し》墓《ぼ》誌《し》」（狩谷棭斎編『古京遺文』）銘文にみえる「楊貴氏」である。

従五位上守右衛
士督兼行中宮亮
下道朝臣真備葬
亡妣楊貴氏之墓
天平十一年八月十
二日記
歳次己卯

読み下し文を左に記そう。

従《じゅ》五《ご》位《い》上《じょう》　守《しゅ》右《う》衛《え》士督《じのかみ》　兼行《けんぎょう》中宮亮《ちゅうぐうのすけ》　下道《しもつみち》朝臣《あそん》真備《まきび》　亡妣《なきはは》楊《や》貴《ぎ》氏《うぢ》を葬《はぶ》りし墓なり。
天平十一年八月十二日記す、歳次《ほしやどる》は己《つちのと》　卯なり。

ここに見える楊貴も八木に通じることから同じ氏と見られ、葛上郡に南接する宇智郡に八木氏が居住していた可能性が高い。なお、「守《しゅ》・行《ぎょう》」とは、官職と位階の対応を基本とする官

楊貴氏墓誌出土伝承地

位相当制を採用した律令官制だが、常にその基準通りに人事が行なわれるとは限らない。官位不相当の場合、位階に対して官職が高い場合は「守」、位階に対して官職が低い場合は「行」を冠してそれを示した。

問題は、この墓誌は現物が所在不明なことから、真贋について疑念を示す向きもあり[31]、正確さが十全でないことである。ただし、もしも偽作だとすれば、誰が、なぜ、それを偽作して、大和国でも紀伊国に近い金剛山南麓の宇智郡大沢村という僻地に埋置したのか、説明が必要であるが未だそれを見ない。

この「楊貴氏墓誌」出土地が、のちのことではあるが、白河上皇が高野山参詣の往路の寛治二年（１０８８）二月二十三日と帰途の二十九日に宿泊した「火《ひ》打崎《うちざき》」行宮、孫の鳥羽上皇の天治元年（1124）十月の高野参詣の往路の二十四日と帰途の三十日に宿泊した「火《ひ》敲崎《うちざき》」行宮の比定地（五條市大沢町火打）(32)に隣接することは第五章で述べる。

次に②の氏部《うぢべのお》子勝《かつ》は、宝亀二年五月廿七日にも「赤利」（赤痢）を理由に漆《しち》箇日の病気休暇を申請している（『大日本古文書』6―一七三）。また、前年にも「依私急事」休暇を申請しているが（『大日本古文書』17―五五九）、そこには「宇治部男勝《うぢべのおかつ》」と見える。これにより氏部が宇治部とも記されたことが知られるが、「孝《こう》」を実践した人物への課税免除を命じた、次の『続日本紀』和銅七年（714）十一月戊子条に見える氏直《うぢのあたい》果安《はたやす》もその同族であろう。

大倭《やまと》国添下《そふのしも》郡の人大倭忌寸《やまとのいみき》果安《はたやす》。添上《そふのかみ》郡の人奈良許知麻呂《ならのこちまろ》。有智《うち》郡の女曰比信紗《しなさ》、並に身《み》を終《を》ふるまで事勿《ことな》からしむ。孝義を旌《あらは》すなり。……信紗は氏直果安が妻なり。舅姑《きうこ》に事《つか》へて孝を以て聞《きこ》ゆ。……

原文の「曰比信紗」は誤記で「四比《しひ》信紗」と修訂するのが一般であり、ここでもそれに従うが、四比氏は天智天皇紀四年（665）八月条に百済の官位（第二位）を帯びた「達率《だちそち》四比《しひ》福夫《ふくぶ》」が見えるから、百済滅亡（660年）直後に渡来した百済系渡来人と解され、後に椎野《しいの》連《むらじ》を賜姓された（『続日本紀』神亀元年〈724〉五月辛未条）。(33)

右の史料から、四比氏や氏部・氏直氏の大和国宇智郡（有智郡）への居住が復原される。(34)宇治部は諸国に分布し、とくに東国に多いが、(35)氏直氏は宇智郡の郡司級の豪族であったとみられる。ただし、休暇日数の違いからいずれも最初の断簡とはつながらない。

要するに、八木宮主と氏部小勝はともに大和国宇智郡に居住しただけでなく、ほぼ同時期に祭祀を理由に休暇を申請している。その休暇期間に「経師等請暇解」継文にみえる鴨大神の例祭日の四月十四日が含まれることは、彼らが休暇を願い出て参加した祭祀とは、鴨大神のそれであった可能性が高い。(36) 宇智郡の八木（楊貴）氏や氏部氏らも、鴨大神＝アヂスキタカヒコネ神の信仰集団であったと考えられる。

このことに関わり、氏部（宇治部）氏が葛上郡鴨里に住していたことも参考になる。平城京左京三条二坊一・二・七・八坪から出土した、いわゆる「長屋王家木簡」の中に、「鴨里宇治部剣米一石」と記された荷札木簡がある。(37) これだけでは国郡は未詳であるが、他に「葛木上郡鴨里米一石」・「葛木上郡賀茂里米一石」と記された木簡が検出されているから、この鴨里も葛上郡とみてよく、『和名類聚抄』にいう「上鳬郷《かみがも》」（御所市櫛羅《くじら》）もしくは「下鳬郷《しもがも》」（かつての御所町《ごせまち》地域）にあたる。氏部（宇治部）氏が宇智郡だけでなく、賀茂氏の本貫の葛上郡鴨里にも居住していたことは、アヂスキタカヒコネ神を信仰、祭祀していた集団を考えるうえで留意される。

八木宮主と氏部小勝は、宇智郡に居住する地縁的関係、かつ写経所の同僚であっただけでなく、個人的にも親密な関係にあったことは、「八木宮主月借銭解」（『大日本古文書』6―四二五）に氏部小勝の名が見えることからも理解される。彼らは等しく鴨大神を信仰、祭祀し、宗教的な連帯意識を共有していたのである。

古代の神祇信仰の特徴に擬制も含めて血縁集団（氏族共同体）的、地縁集団（集落共同体）的性格が強く閉鎖的であったことから、郡を超えての信仰に違和感を覚えるむきがあるかも知れない。

　これについては、高鴨阿治須岐託彦根命神社が宇智郡に近い葛上郡南端の地に鎮座することや、高天山とも称されたかつての葛城山（現在の金剛山、標高１１２５ｍ）の東から南にかけての山麓が、一帯的地域と観念されていたことが参考になる。すなわち、その東麓の葛上郡には高鴨阿治須岐託彦根命神社や名神大社の高天彦神社（御所市北窪）が鎮座するが、南麓にあたる宇智郡の中腹には式内社の高天岸野神社（五條市北山町）や同じく高天山佐太雄神社（五條市大沢町神福山、標高７９２ｍ）が鎮座する。地名高天を共有する神社と地域の間には、文化的な共通性や地域的な連帯観が想定される。

　海外との交流や渡来系集団との関係を思わせる宇智郡の考古学上の知見としては、金銅蒙《もう》古《こ》鉢形《ばちかたま》眉庇《びさし》付冑《つきかぶと》や金銅龍文透彫銙帯金具《かたいかなぐ》などが出土した、五條市西河内の猫塚《ねこづか》古墳（一辺27ｍの方墳）が知られていたが、[38]近年、５世紀代の五條市西河内堂田遺跡・向山遺跡・荒坂遺跡などから韓式系土器などが出土し、[39]渡来系集団の居住が推知されることも参考になる。

　加えて、大和と紀伊を結ぶ古道も参考になる。飛鳥・奈良時代には、大和国北部から南の宇智郡、さらに紀伊国に到るには、「巨勢《こせ》道」（『万葉集』巻一の50）経由が一般であった。それは、盆地を南北に貫く下《しも》ツ道（近世の中街道）を下り、橿原市見瀬《みせ》町（古の身狭《むさ》）を経由して高取町佐田辺りで西南に折れ、曽我川沿いを西に溯り、御所市古瀬《こせ》（巨勢）を通過して重阪《へいさか》峠（標高２０３ｍ、今日の峠は明治六年開通）を越え、宇智郡にいたる径路である。[40]巨勢道は巨勢斜行道路とも称されるが、[41]紀伊国から山陽道・西海道地域にいたる重要な古代交通路であった。

『万葉集』巻四の543番歌は、神亀元年（724）十月の聖武天皇紀伊国行幸にかかる笠朝臣金村の作であるが、そこに「軽路→畝火（畝傍）山付近→木道（紀路）に入り立ち→真土《まつち》山」と地名が詠み込まれていることから、畝傍山麓を経由して宇智郡から紀伊国に向かったことが知られる。この時の聖武天皇一行が巨勢道を進んだか、それとも次に述べる「風の森峠」（標高259m）を越えて宇智郡に入ったかは明らかでないが、第四章で触れる『続日本紀』神亀元年十月壬寅条（忍海手人が行幸に協力して褒章されたこと）との関連を重視するならば、後者の可能性が高いと思われる。

すなわち、より古い紀路は巨勢斜行道路・重阪峠越えではなく、葛上斜行道路から御所市鴨神・東佐味の間の風の森峠を越えて、宇智斜行道路を進む径路であった。条里地割に先立つ、葛上郡地域を北東から南西に斜行する地割痕跡として残る葛上斜行道路は、下ッ道を橿原市大軽町の北、石川町と久米町の境辺り（推古天皇紀二月庚午条「軽街《かるのちまた》」、『日本霊異記』上巻第一縁「軽諸越之《かるのもろこしの》衢《ちまた》」）で西に折れ丘陵北麓を西進して曽我川を渡り、橿原市観音寺町辺りから南西に斜行し、御所市本馬・茅原《ちはら》を経て葛城川沿いを南下、御所市下茶屋辺りで山麓をすすむ、のちの高野《こうや》街道と合流し風の森峠を越える径路である。

それに結ばれる宇智斜行道路は、風の森峠を下り五條市（宇智郡）に入り、居伝《いで》町・近内町から南西に折れて荒坂峠（荒木坂とも、五條市西河内町、標高202m）を経由し、吉野川の北岸、五條市須恵もしくは下之町辺りに到る径路であった[42]。

この径路が、すでに五世紀代には大和と紀伊を結ぶ幹線道路「古紀路」として存在したことは、御所市の鴨神遺跡の調査知見から証明される。鴨神遺跡は、風の森峠の西側、高鴨阿治須岐託彦根命神社の東側に位置する、長さ約１３０ｍ、その内の約40ｍは高さ約１５０㎝、幅約７ｍの切り通しバラスト敷きという高度な技術の大規模工事を施した五世紀代の道路遺構である。[43] これは葛城氏がヤマト王権の政権を担った時代のものであるが、その頃から、の

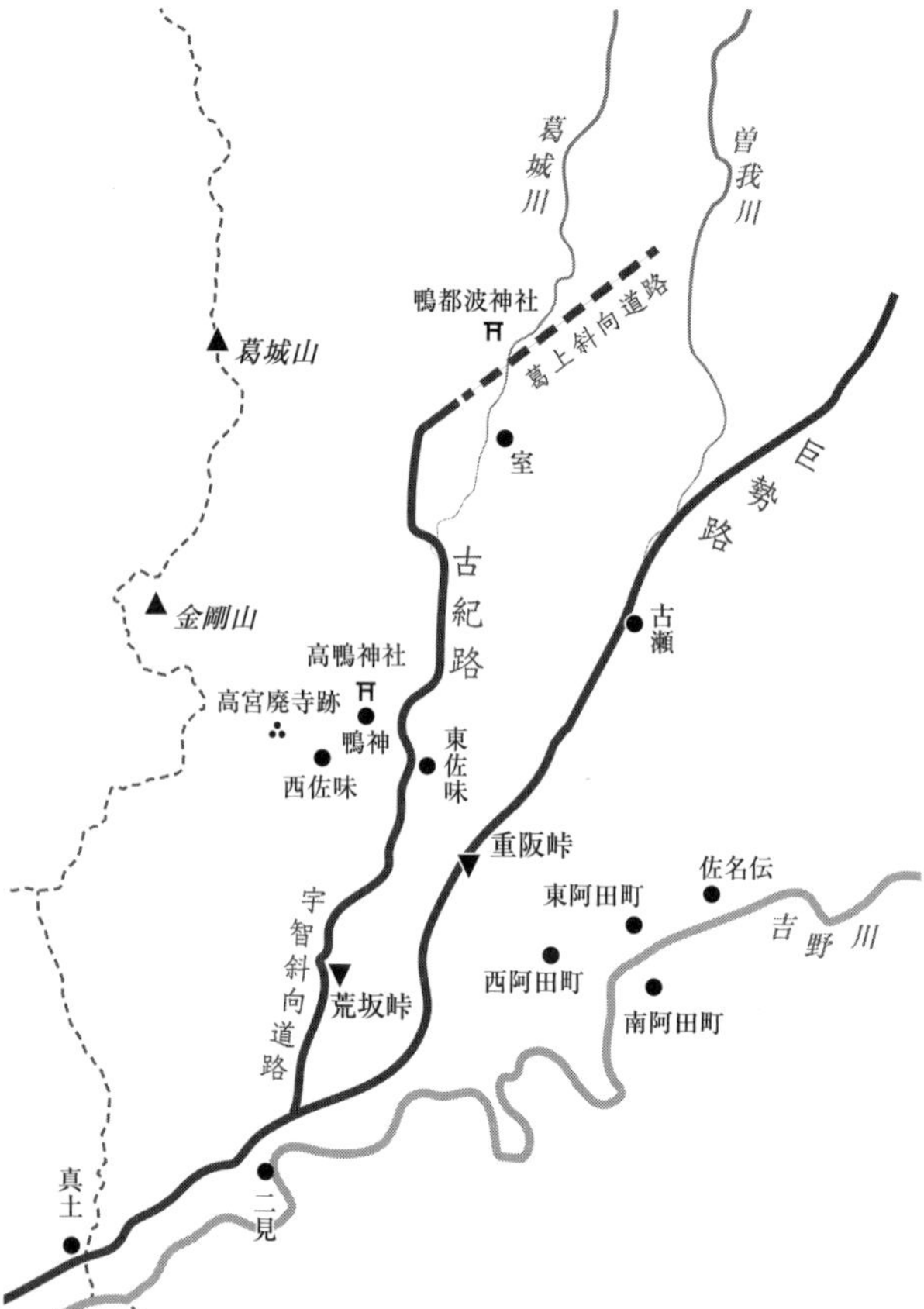

古代宇智郡関係略地図

ちの葛上郡と宇智郡が深く結ばれた地域であったことが明らかになり、両地域に居住した集団の動向を考えるうえでも重要である。

おわりに

雷神的神格をもつ刀剣神と観想されたアヂスキタカヒコネ神は本来、葛城氏政権下に高天山麓に集住した桑原・佐糜・高宮・忍海の葛城地域の四邑漢人をはじめ、その南麓の宇智郡に居した八木氏、氏部氏らの渡来系集団により信仰、祭祀されていたと考えられる。このことはアヂスキタカヒコネ神の信仰が、葛城襲津彦にともなう四邑漢人の祖らの渡来後のものであることを物語る。さらにはアヂスキタカヒコネ神の物語が王権神話として体系化される時期についても示唆しているが、残された課題は賀茂氏がその祭祀を担うようになった理由の究明である。

5世紀の後半、雄略天皇による葛城地域の直接的占有権の樹立を示威する狩猟において、一言主神の顕現とそれへの友好的な協力・怒り猪の出現に象徴される妨害行為という正反対の事態が出来《しゅったい》したことは、その行為が葛城の地域社会に強い衝撃と混乱をもたらすものであったことを物語る。渡来当初は葛城の朝妻一帯に居していた秦氏の本宗集団は、この時の一言主神の動きに象徴される功績により、新たな拠地を山背葛野《かどの》地域に得て遷居するとともに、太《うず》秦《まさ》の地名起源伝承で知られる、秦氏系諸集団の統率を委ねられるという優遇を獲得した。反対に、怒り猪の妨害行為に象徴される態度を示した賀茂氏の本宗集団は、崇敬してきた祖神の高鴨神とともに土左に流謫となった[44]。

また、そのことには直接関与しなかった賀茂氏のなかには、秦氏と前後して山背葛野に移住する集団（八咫烏の後裔を称する）も存在した。これらの変動が、雄略天皇・王権の意思と無関係に生起したとは考えられないが、それでもなお葛城地域にはかなりの賀茂氏集団が残留していた。

たとえば、壬申の乱において鴨君蝦夷（のち賀茂朝臣、持統天皇九年〈６９５〉歿）が大海人皇子側で大きな活躍をしたこともあり、天平年間にかけて賀茂氏が中流官人として史上に登場する。葛城賀茂氏復権の兆しと言えるが、直接的には賀茂朝臣蝦夷の娘で藤原不比等の室となった、賀茂朝臣比売の存在が大きく影響していると考えられる(45)。賀茂朝臣比売が藤原不比等と結ばれた事情は詳らかではないが、賀茂朝臣比売が儲けた藤原宮子は文武天皇との間に後の聖武天皇を産んでいる。このことが、雄略朝以降は逼塞状態にあった葛城賀茂氏が、復権していく契機になったことは間違いない。

文武朝の役君小角のことも含め（『続日本紀』文武天皇三年五月丁丑条、『日本霊異記』上巻第二十八縁）、葛城地域にはなお相当数の賀茂氏が残留し、一定の社会的、政治的地位にあったことが知られる。雄略朝に賀茂氏本宗は土左に放逐され、また八咫烏後裔を称する集団は山背葛野に遷居したけれども、葛城地域に残留した賀茂氏は勢力を衰微させながらも、なお王権において一定の地位を有していた。葛城地域に深く根を伸ばした賀茂氏の、さらなる実態の解明が求められる。

賀茂氏は、高鴨阿治須岐託彦根命神社・鴨都波八重事代主命神社をはじめ、名神大社の高天彦神社、大社の鴨山口神社（御所市櫛羅）など葛城地域の有力神社の祭祀を担ってきた。鴨山口神社の鎮座地一帯は「上津賀茂《かみつかも》」とも称され、今日の葛城山は「鴨山」とも呼ばれていた(46)。賀茂氏は葛城地域の有力な神々の祭祀を伝統的に担ってきたのであり、それは雄略朝以前にまで溯る可能性がある。

賀茂氏は葛城氏政権下で葛城地域の祭祀を担う、いわば祭祀集団として存在したのではないかと推考される。王権における中臣氏や忌部氏などの祭祀氏族と同様に、葛城氏政権下において賀茂氏は葛城地域の主な神々の祭祀を担っており、アヂスキタカヒコネ神の奉斎もその職務のひとつであったと考えられる。さきに触れた出雲国造による杵築大社の奉斎も、それらと同様に捉えられる。葛城氏政権が崩壊したことにより、葛城地域に盤踞した集団は大きな影響を被ったに違いないが、葛城地域の主要な神々の祭祀については賀茂氏が従来通り担い続けたのである。

註

(1) 阿遅志貴高日子根神・味耜高彦根神・阿遅鉏高日子根神などと記されるが、ここではカタカナで表記する。

(2) 平林章仁「三嶋溝咋の神話と関連氏族」『日本書紀研究』三三冊、二〇二〇年。本書第二章に改題収録。同「葛城の高鴨神と関連氏族」『古代史論聚』岩田書院、二〇二〇年。

(3) 平林章仁「葛城の一言主神と関連氏族」『龍谷大学考古学論集』Ⅲ、二〇二〇年。

(4) 平林章仁「山背賀茂社の祭祀と賀茂氏」『龍谷日本史研究』四三号、二〇二〇年。右の葛城賀茂氏関連の三論文は、同『雄略天皇の古代史』志学社、二〇二一年、に改編収録した。

(5) 山上伊豆母「火雷と霊剣―アヂスキタカヒコネと神度剣―」『古代祭祀伝承の研究』雄山閣、一九七三年。

(6) 大林太良・吉田敦彦『剣の神・剣の英雄―タケミカヅチ神話の比較研究―』法政大学出版局、一九八一年。

（7）西宮秀紀「葛木鴨（神社）の名称について」『律令国家と神祇祭祀制度の研究』塙書房、二〇〇四年。
（8）平林章仁『神々と肉食の古代史』吉川弘文館、二〇〇七年。
（9）平林章仁『相撲と七夕の古代史』白水社、一九九八年。
（10）平林章仁『三輪山の古代史』白水社、二〇〇〇年。
（11）天平宝字八年（764）十一月庚子に、土左から葛城高鴨に復祠したという「高鴨神」がそれであった可能性が高い。平林章仁『雄略天皇の古代史』、前掲註（4）。
（12）平林章仁『雄略天皇の古代史』、前掲註（4）。
（13）神田秀夫「鴨と高鴨と岡田の鴨」『民族の古伝』神田秀夫論稿集第四、明治書院、一九八四年。
（14）石川栄吉・他編『文化人類学事典』五二八頁、弘文堂、一九八七年。
（15）山口佳紀・神野志隆光校注・訳新編日本古典文学全集『古事記』九二頁頭注、小学館、一九九七年。
（16）三品彰英『古代祭政と穀霊信仰』三品彰英論文集第五巻、三七頁以下、平凡社、一九七三年。
（17）三品彰英『増補日鮮神話伝説の研究』三品彰英論文集第四巻、一四五頁以下、平凡社、一九七二年。
（18）金思燁『記紀萬葉の朝鮮語』三八頁、六興出版、一九七九年。
（19）青木紀元「迦毛大御神の性格」『日本神話の基礎的研究』風間書房、一九七〇年。
神田秀夫、前掲註（13）。
（20）橋本進吉『古代国語の音韻に就いて』岩波書店、一九八〇年。ただし、上代特殊仮名遣については短期間での消滅や例外の存在などから、管見で少数ではあるが左記の疑問、否定説も存在し、門外漢には判じ難い面もあるが、完璧な厳密さを求めるのは実際的ではないとも思われる。森重敏「上代特殊仮名遣とは何か」『萬葉』八九、一九七五年。松本克己「古代日本語の母音組織考―内的再建の試み―」『金沢大学文学部論集』文学篇二二、一九七五年。川瀬一馬「日本書誌学の立場」『続日本書誌學之研究』雄松堂書店、一九八〇年。田中卓「邪馬台国は築後国山門郡に」『邪馬台国と稲荷山刀銘』田中卓著作集3、国書刊行会、一九八五年。阿蘇瑞枝「上代特殊仮名遣をめぐって」『論集上代文学』三二、笠間書院、二〇一〇年。同「上代特殊仮名遣をめぐって（続）」『論集上代文学』三三、笠間書院、二〇一一年。

(21) 平林章仁『雄略天皇の古代史』、前掲註(4)。
(22) 奈良県立橿原考古学研究所附属博物館『古代葛城の王』一九九五年。奈良県立橿原考古学研究所『南郷遺跡群』Ⅰ～Ⅴ、一九九六年～二〇〇三年。奈良県立橿原考古学研究所附属博物館『葛城氏の実像』二〇〇六年。坂靖・青柳泰介『葛城の王都　南郷遺跡群』新泉社、二〇一一年。
(23) 平林章仁『雄略天皇の古代史』、前掲註(4)。
(24) 青柳泰介・神庭滋・他「脇田遺跡の研究—奈良県葛城地域における大規模集落の一様相—」『研究紀要』二三集、由良大和古代文化研究協会、二〇一九年。青柳泰介・他「脇田遺跡出土の金属器生産関連遺物について」『考古学論攷』四三冊、奈良県立橿原考古学研究所、二〇二〇年。葛城市博物館『発掘葛城山麓の集落遺跡』二〇二一年。
(25) 高取町教育委員会『市尾遺跡第3次発掘調査記者発表資料』二〇一九年。発掘担当者のその後の談よれば、市尾カンデ遺跡の大壁住居跡は18棟を数えるという。
(26) 一例を記せば、上田正昭は、4世紀末から5世紀初めの渡来は認めるが、『記』・『紀』の応神朝の渡来伝承は後世の氏族伝承の形成過程で加上されたものが、『記』・『紀』に応神朝のこととして付託されたと説く。上田正昭『帰化人』七〇頁、中央公論社、一九六五年。山尾幸久は、応神天皇紀の渡来伝承は、雄略天皇紀に対応するものとして添加されたものとする。山尾幸久『古代の日朝関係』二九一頁、塙書房、一九八九年。
しかし、なぜそれらを祖先譚として付託し添加しなければならないのか、あるいは古代氏族に自由な祖先伝承の創作が可能であったのか、将又そのようにして創作された所伝が正史に載録されることが王権や他の氏族らに許容されたのか、等々の疑問がぬぐえない。
(27) 金澤庄三郎『言語の研究と古代の文化』一四六頁、弘道館、一九一三年。
(28) 三品彰英『建国神話の諸問題』三品彰英論文集二、二六七・四五二頁、平凡社、一九七一年。同、前掲註(17)、四八頁。
(29) 岸俊男「楊貴氏の墓誌」『日本古代政治史研究』塙書房、一九六六年。令制下の官人の休暇制度については、次の研究がある。成清弘和「律令の休暇制度について」『続日本紀研究』三二七、二〇〇〇年。

（30）佐伯有清『新撰姓氏録の研究』考證篇第三、三八二頁、吉川弘文館、一九八二年。
（31）岸俊男、前掲註（29）。近江昌司「楊貴氏墓誌の研究」『日本歴史』二一一、一九六五年。蔵中進「楊貴氏墓誌」上代文献を読む会編『古京遺文注釈』桜楓社、一九八九年。
（32）平林章仁「白河上皇高野参詣の「火打崎」行宮の所在地」『古代史の海』一〇〇号、二〇二〇年、本書第五章収録。
（33）天平勝宝元年八月の「経師上日帳」に「舎人氏直根万呂」の名が見える（『大日本古文書』3―三一一）。
（34）岸俊男「奈良朝の宇智郡」『五條市史』上巻、五條市史刊行会、一九五八年。
（35）佐伯有清『新撰姓氏録之研究』考證篇第四、二三二頁、吉川弘文館、一九八二年。
（36）岸俊男、前掲註（29）。
（37）奈良国立文化財研究所『平城宮発掘調査出土木簡概報』二一―長屋王家木簡一―、一九八九年。
（38）金谷克己・網干善教「先史文化」『五條市史』上巻、五條市史刊行会、一九五八年。
（39）前坂尚志『「五條の古墳を掘る」解説文集』五條市立五條文化博物館、二〇二〇年。奈良県立橿原考古学研究所附属博物館『五條市近内古墳群西山支群―発掘調査報告書―』二〇二一年。
（40）堀井甚一郎「交通・通信」『五條市史』上巻、五條市史刊行会、一九五八年。秋山日出雄「大和国」藤岡謙二郎編『古代日本の交通路』Ⅰ、大明堂、一九七八年。岸俊男「大和の古道」『日本古代宮都の研究』岩波書店、一九八八年。
（41）近江俊秀『古代国家と道路』三九頁以下、青木書店、二〇〇六年。
（42）秋山日出雄「日本古代の道路と一歩の制」『橿原考古学研究所論集』創立三十五周年記念、吉川弘文館、一九七五年。近江俊秀、前掲註（41）。
（43）奈良県立橿原考古学研究所『鴨神遺跡―第二次～第四次調査―』一九九三年。
（44）平林章仁、『雄略天皇の古代史』、前掲註（4）。
（45）神田秀夫、前掲註（13）。
（46）日本歴史地名大系『奈良県の地名』平凡社、一九八一年。

第四章　大和の水分とヤマト王権の水源祭祀

はじめに――水分とは

「水分」はミクマリとよむが、関連する神社や地名が分布する地域以外の人には、難読な表記である。このよみは、『古事記』神生み神話の次の所伝による。

伊耶那岐命《いざなぎのみこと》と伊耶那美命《いざなみのみこと》が生んだ河海を掌る水戸《みなと》神である、速秋津日子《はやあきづひこ》神と速秋津比売《はやあきづひめ》神の子に天之《あめの》水分《みくまり》神と国之《くにの》水分《みくまり》神がみえる。そこに、「分を訓《よ》みて久麻理《くまり》と云《い》ふ。下《しも》は此《これ》れに效《なら》へ。」という訓註が附されている。

『延喜式』は延喜五年（９０５）に編纂がはじまり、延長五年（９２７）に完成した律令の施行細則である。全国の天神地祇３１３２座に班幣してその年の豊穣を予祝する二月四日の祈《とし》年祭《ごいのまつり》は、律令政府には恒例祭祀で最も重要なものであった。その神祇式・四時祭上には、祈年祭の班幣について次のように定めている。

御歳《みとし》社に白馬・白猪・白鶏各一を加えよ。高御《たかみ》魂《むすひ》神・大宮女神、及び甘樫《あまかし》、飛鳥、石村《いはれ》、忍坂《おしさか》、長谷《はせ》、吉野、巨勢《こせ》、賀茂、當麻《たぎま》、大坂、膽駒《いこま》、都祁《つげ》、養布《やぎふ》等の山口、幷に吉野、宇《う》陀《だ》、葛木《かづらき》、竹谿《つげ》等の水分の、十九社には各馬一疋を加えよ。

御歳《みとし》社とは、祈年祭の始まりと伝える神を祭る、大和国葛上郡《かづらきかみ》鎮座の名神大社、葛木御歳神社（御所市東持田）である[1]。高御魂神と大宮女神は、神祇官における御巫《みかんなぎ》祭神8座の内の神であり、「吉野・宇陀・葛木・竹谿」の水分神社は、甘樫以下の山口神社とともに、大和国内に鎮座している。祈年祭祝詞《のりと》でも、「高市・葛木・十市《とをち》・志貴《しき》・山辺・曾布《そふ》」の御県《みあがた》社、「飛鳥・石村・忍坂・長谷・畝火《うねび》・耳無《みみなし》」の山口社とともに、大和の水分神社4社が特別に唱えられる。

水分神社は、ヤマト王権の発祥地に鎮座する水源祭祀の神社として、古来、王権祭祀の対象とされてきた。とくに主たる経済的基盤である水稲栽培には必須である、用水の安定を祈願する神社として崇敬されてきたことは、神祇式・臨時祭の祈雨神祭条に、その対象である85座に右の山口神社や水分神社が列記されていることからも明らかである。ここでは、古代王権が重く崇敬した大和の水分神社から、その地域観念の特徴の一端を垣間見てみよう。

吉野水分神社

当社は吉野川中流である、吉野郡吉野町吉野山子守に鎮座するが、時期は未詳だが吉野山頂の青根ケ峯から遷座してきたと伝えられる。『続日本紀』文武天皇二年（６９８）四月戊午条に、「馬を芳野《よしの》水分峯神に奉る。雨を祈《こ》へばなり。」とあり、早くより王権から祈雨の神として崇敬されていたことが知られる。『万葉集』巻第七には、「神さぶる　磐根《いはね》こごしき　み芳野の　水分山を　見ればかなしも」（１１３０）とみえる。

古代の祭祀において神社に奉献された馬は本来犠牲《いけにえ》であり、祈年祭に葛木御歳《みとし》神社に捧げられた白馬・白猪・白鶏も本来は同様であった。[2] 祭祀氏族である斎部（忌部）氏の氏族誌『古語拾遺』巻末に載る御歳神神話は祈年祭の起源神話であるが、それからは御歳神（個別的神名は前章で述べたシタテルヒメ）に牛を捧げていたことが知られる。牛や馬を犠牲に捧げる祭祀を殺牛馬祭祀と称するが、豊穣を祈願する祈雨祭は典型的な殺牛馬祭祀であった。

皇極天皇紀元年（６４２）七月戊寅条に、

群臣《まへつきみたち》相語りて曰はく、「村村の祝部《はふりべ》の所教《をしへ》の随《まま》に、或いは牛馬を殺して、諸の社の神を祭《いの》る。或いは頻《しきり》に市《いち》を移す。或いは河伯《かはかみ》を禱《いの》る。既に所效《しるし》無し」といふ。

とあるのが、それに関する史料上の早い例である。

律令制下の祈雨祭で最も重視されたのは、大和国吉野川上流の丹生《にう》川上社（吉野郡の名神大社）と、山背国鴨川上流の貴布禰《きふね》社（山背国愛宕《おたぎ》郡の名神大社）である。すなわち、降雨を願う時は黒毛馬１疋、霖雨《ながあめ》の止むことを祈る際は白毛馬１疋を、両社の祭料に加える規定であったが、これも本来は犠牲である。『続日本紀』天平宝字七年（７６３）五月庚午条には、「幣帛《みてぐら》を四畿内の群神《かみがみ》に奉《たてまつ》る。その丹生河上神には黒毛馬を加ふ。旱《ひでり》すればなり。」とみえ、実際に行なわれていたことが知られる。

ただし、平安時代の丹生川上神社では、もはやそれを犠牲とすることはなくなり、その馬は神域内の山林に放牧している。しかるに吉野の国栖らが、宮中に薦める御贄《みにえ》採取に託けて放牧されていた神馬に手を出し口にすることがあったようで、神社からの神域内での狩猟禁止令の要請をうけて、朝廷は神域内での狩猟禁断を命じている（『類聚三代格』寛平七年〈895〉六月二十六日付太政官符）。

宇太水分神社

当社については、木津川（京都府八幡市で宇治川や桂川と合流して淀川となる）の支流である名張川の上流、芳野《ほうの》川と宇陀川の合流地近くの宇陀市榛原町下井足《しもいだに》の水分山に鎮座する宇太水分神社、宇陀市菟田野町古市場の芳野川上流に鎮座する宇太水分神社、さらには宇陀市菟田野町上芳野に惣社水分神社があり、いずれが式内社であるか定かでない。この中のいずれにあてるにしても、ここは木津川の上流域であり、川水が奈良盆地へ流れ下ることはない。

このほかに、かつての宇陀郡内では、宇陀市大宇陀町平尾に水分神社、宇陀市室生《むろう》下田口にも水分神社が鎮座する。宇陀郡地域では、水分神信仰の盛んであったことが知られるが、その理由は詳らかではない。

都祁水分神社

当社も、木津川支流である布目《ぬのめ》川の上流、かつての山辺郡都祁村友田《ともだ》（現奈良市）に鎮座する。木津川水系は奈良盆地を潤すことはなく、淀川を経て大阪湾に流出する。これは、先の宇太水分神社の場合も同様であり、さらに吉野水分神社も、下流は紀ノ川となり紀伊水道に流出して、奈良盆地を潤すことがない点では共通する。

大和国内の式内社の水分神社4社中3社までが、王権の直接的な基盤地域である奈良盆地を潤さない水系に鎮座することを、どのように理解するべきであろうか。その中の2社が木津川水系であることの歴史的意味も含めて、その究明は今後の課題である。

ちなみに、奈良盆地内の水に関しては、河内国を経て大阪湾にそそぐ大和川の、各支流が合流する広瀬郡川合（北葛城郡河合町川合）に鎮座する名神大社である広瀬坐《ひろせにいます》和《わ》加《か》宇《う》加《か》乃《の》売命《めのみこと》神社の大忌祭《おおいみのまつり》が、名神大社である龍田坐《たつたにいます》天《あめのみ》御柱《はしら》国《くにのみ》御柱《はしら》神社（生駒郡三郷《さんごう》町立野《たつの》）の風神祭とともに、天武天皇四年（675）から四月・七月の恒例の国家祭祀となった。(3) 両祭は、勧農を基本とする律令国家の神祇政策として、祈年祭とともにほぼ同時期に制度化された祭祀であり、律令国家が農本思想を基としていたことが分かる。

葛木水分神社

大和国内の水分神社の内、右の3社は式内大社であるが、本社のみ式内名神大社であることにおいて、まず他と区別される。さらに葛木水分神社は、大和川の支流である葛城川の上流、水越《みずこし》川源流の葛上郡大坂郷（御所《ごせ》市関屋）に鎮座し、唯一その川水が奈良盆地を潤している。

水越川は、大和・河内の国境に位置する金剛山・葛城山の谷あいを流れ降る水源であり、古来おもに大和国側が流れを規制する井堰《いせき》を築いて利用してきたが、地勢的に降雨が少なく旱

葛木水分神社

害に苦しんできた大和・河内の両国間でしばしば水論が発生した。とくに、天文年間（1532～1555）に水越の水路を破壊した河内の3人が磔《はりつけ》になったことは後世まで語り伝えられているが、元禄十年（1697）頃からも関係が険悪になり、元禄十三年には河内側が井堰を切り崩して水を引いた。大和側も即刻対応したので、この時は一旦和解に到り、水は大和側に戻された。しかし、翌元禄十四年には千名を越える河内の農民が押しかけて、水口を強奪するという大事に発展した。事は京都所司代にまで持ち込まれ、結局大和の水との裁定が下された。[4]

ちなみに、水越峠を越えた河内国の、石川郡にも式内の建《たけ》水分神社（南河内郡千早赤阪村水分《すいぶん》）が鎮座することから、古くから河内国でも水越の水が利用されてきたと考えられる。

畿内では、右の河内国石川郡の建水分神社と摂津国住吉郡に鎮座する天水分豊浦命《あめのみくまりとゆらのみこと》神社(5)を除けば、式内社の水分神社は鎮座しないことから、式内の水分神社の鎮座がヤマト王権と密接な関係にあったことが推察される。関連史料が僅少ななかで、若干の史料が存在する葛木水分神社を例として、水分神社と王権の関係について考えよう。

葛木水分と葛木御県

葛木水分神社が鎮座する水越川の水をめぐり、興味深い史料が存在する。それは、古代国家の海の玄関であった摂津国住吉郡の住吉津《すみのえのつ》に鎮座する名神大社、住吉坐《すみのえにいます》神社（住吉大社／大阪市住吉区、津守連《つもりのむらじ》氏が祭祀を担った）の解文《げぶみ》（上申文書）で、延暦（782~806）頃の筆写とされる『住吉大社神代記』(6)である。『住吉大社神代記』には、『日本書紀』からの引用や『古事記』と類似した表記、信憑性が定かでない伝承に由来する記事などが混在することから信憑性に不安があり、利用する研究者は多くはない。しかし、独自な所伝も少なからず含まれることから、そのことを踏まえて有効に活用するべきであろう。

注目されるのは、その『住吉大社神代記』「山河奉寄本記」の次の所伝である。

> 石川錦織許呂志《にしごりのころし》・忍海刀自《おしぬみのとじ》等、水別《みずわけ》を争《いさか》ひ論《あげつ》らふ。故《かれ》、俗に杖立と謂《い》ひて論義と為す。
> ……時に倭《やまと》の忍海刀自、幷びに親族《うからやから》等を率ゐて大神に白《まを》して曰く、「此の水を別分《わか》ちて給《た》べ」と乞ひ申す。……（智《ち》原萱野《はらのかやの》の水を少し分け賜ったが十分ではなかったことから）大神誨《をし》へ賜

ひて、「保木《ほぎ》と上木《まき》と葉檟《はさかき》を集め、土樋《どひ》を造作《つくりな》して水を越せ。」と詔り賜ふ。御誨《みをしへ》の随《まにま》に遂に水を通はして田に潤《つ》く。因《かれ》、その地を水分・水越と云ふ。亦、三輪に住む人をして水分を鎮め守らしむ。……

保木は穂木で樹木の先端部、上木も枝のよく繁った樹木の上部、葉檟は常緑広葉樹の榊類である。地面を溝状にやや深く掘り下げてそれらを丸く束ねて底に詰めて、土砂を埋め戻して地中に空洞を作り、暗渠（地下水路）としたものが土樋であろう。

それは、允恭《いんぎょう》天皇記に載る木梨之軽《きなしのかる》太子の作と伝える、「あしひきの　山田を作り　山高み　下樋《したび》を走《わし》せ　下娉《したど》ひに　…」とある歌謡にみえる、下樋と同じものであろう。かつて、農家では湿田の水を排出して農作業が容易で収穫量の多い乾田とするためにも、そうした暗渠を作っていた。

すなわち、「石川錦織許呂志と忍海刀自が、占有権を示す杖を立てて水を争った。倭の忍海刀自一族は、住吉大神（底筒男命《そこつつのおのみこと》・中《なか》筒男命・表《うわ》筒男命）の教示にしたがい土樋（地下水路＝暗渠）を作り、水を引いたのでその地を水分・水越というのである。水分は三輪に住む人に鎮め守らせた」という。これによれば、葛木水分神の祭祀を担ったのは「三輪に住む人」であったことになる。

何らかの古伝承に基づいた記述と思われるが、難解な部分もあることから、要点について項目別に説明を加えよう。

石川錦織許呂志

まず、水論の相手である石川錦織許呂志であるが、彼は次に概要を引く仁徳天皇紀四十一年三月条に登場する。

紀角宿禰《きのつぬのすくね》を百済に派遣して境界を定め産物を記録させたが、百済王族酒君《さけのきみ》が無礼だったので紀角宿禰は百済王を責めた。百済王は酒君を鉄鎖で結わえ襲津彦《そつひこ》に付して進上したが、酒君は石川錦織首許呂斯《いしかわのにしこりのおびところし》の家に逃げ隠れ、天皇はすでに私の罪を許していると語り欺いた。

襲津彦は、大和葛城の大豪族・葛城氏の首長で4世紀末・5世紀初めに実在が確かな葛城襲津彦のことであり、紀角宿禰は、孝元天皇記に掲載される建内宿禰《たけしうちのすくね》後裔系譜に見える木《きの》角《つぬ》宿禰のことで、紀臣氏らの祖と伝えられる。百済王族酒君についてはよく分からないが、『新撰姓氏録』右京諸蕃下の刑部《おさかべ》、同じく和泉国諸蕃の百済公《くだらのきみ》、六人部連《むとべのむらじ》条などに彼らの祖と記される「百済国酒王」と同じ人物とみられる。石川錦織首許呂斯（石川錦織許呂志）は、高級織物である錦《にしき》の織成と貢納を職とし、大和川の支流である河内国の石川流域の錦部郡《にしごり》（大阪府富田林市南西部から河内長野市）を本拠とした百済系の渡来氏族である。百済王族の酒君は、同じ百済系ということで石川錦織首許呂斯と近しい関係にあったことから、彼の下に逃げ込んだのであろう[7]。

葛城氏と石川錦織首氏の非友好的な関係が知られることから、葛城水越の水に関わり河内の石川錦織許呂志が登場しても不思議ではない実態が存在した。

忍海刀自

忍海刀自とは、大和国忍海郡（葛城市忍海、一部は御所市）を拠地とする忍海氏の首長とみられるが、忍海については先章で触れた神功皇后紀摂政五年三月条の、葛城襲津彦が新羅遠征から連れ帰った俘人《とりこ》の裔という「桑原・佐糜《さび》・高宮・忍海《おしぬみ》の四邑《むら》の漢人《あやひと》」のなかにみえる。

四邑の佐糜は、御所市東佐味・西佐味、高宮は御所市伏見・高天《たかま》・北窪《きたくぼ》・南郷《なんごう》の一帯、桑原は御所市池ノ内・玉手のあたりに比定される。いずれも葛城氏の本拠である大和国葛上郡内に求められるが、残る忍海は葛上郡に北接する忍海郡にあたり、ここも葛城氏の本拠に含めてよい。ちなみに、5世紀を中心とする時期の大規模遺跡群として注目されている御所市の南郷遺跡群[8]は、葛城氏および葛城襲津彦にともない渡来したという佐糜漢人・高宮漢人らとの関連が想定されるが、そこに秦氏系集団が加わる可能性もある[9]。

忍海郡は令制下の葛上郡と葛下郡の間、東西約7㎞・南北約2㎞という南北に狭小で東西に細長い帯状の領域であり、1897年（明治三十年）に葛上郡と合わせて南葛城郡が置かれるまで、ほぼ変わることがなかった。広域の葛城地域を二つに分割するように、その中央部に細長く帯のように位置する狭隘な領域でありながら、忍海郡が7世紀代から19世紀末まで独自領域として存続したことは、この地に特異な歴史的背景が存在したからである。

5世紀後半に葛城氏本宗を滅ぼした雄略天皇は、葛城地域領有を顕示するために巡狩したが、その際に一言主神を奉斎する秦氏集団が友好的であったのに反して賀茂氏本宗は反抗的態度を示したことなどは先著に述べた。(10)ここでの主題にかかわる要点を摘記するならば、雄略天皇の兄にあたる安康《あんこう》天皇を殺害した日下宮王家の眉輪《まよわ》王（眉弱王／大日下王の子）を匿ったことの贖罪に、葛城円《つぶら》大臣が娘の韓媛《からひめ》とともに雄略天皇に「葛城宅《いえ》七区」（『記』は五処之屯宅《みやけ》・今葛城之五村苑人《そのひと》）を差し出した。その葛城氏本宗の旧領「葛城宅七区」（『記』五処之屯宅）こそが、忍海を中心とする地域であった。その後、雄略天皇の子である22代清寧《せいねい》天皇で王統が一時中断した際に、忍海角刺《おしぬみのつのさし》宮で中継ぎ的に王権の政務を執った飯豊《いいどよ》皇女（履中天皇の娘もしくは孫）がここを地域基盤とした。(11)この忍海角刺宮にかかる王家領がのちに葛木御《み》県《あがた》（葛城県）として編成された。推古天皇三十二年（624）十月に大臣蘇我馬子宿禰が推古天皇にこの割譲を要求したが、王家の重要な所領であるとして拒否されたことは周知のところである。それが大化以降に忍海評《こおり》、大宝令制で忍海郡となり、明治三十年まで存続したのである。

古代忍海地域の人々

忍海が重要であるのは、その歴史的由来だけでなく、居住した人々にもある。忍海地域を本貫とした忍海氏には、忍海部の伴造である忍海造《みやつこ》氏、渡来系の金属工人集団である忍海漢人《あやひと》・忍海村主《すぐり》・忍海手人《てひと》と、彼らを統轄した伴造の忍海首《おびと》氏らがいた。

忍海造氏の下には、忍海首氏に率いられた多くの渡来系金属工人集団が属していたのである。その拠地跡と目される鍛冶工房跡や鍛冶工具類が検出された葛城市の脇田遺跡について、近年に再検討を進めた結果、遺跡の存続期間が4世紀末から7世紀代に及ぶことが明らかとなった。(12)遺跡の示す年代が、文献の伝える年代に照応することは、神功皇后紀摂政五年三月条の信憑性を高めるものとして注目される。

その渡来時期に関わり、渡来系大集団である倭漢《やまとのあや》（東韓）氏の拠地として知られる高市郡檜前《ひのくま》郷（明日香村檜隈）に西接する奈良県高市郡高取町にある市尾《いちお》カンデ遺跡からは、渡来系集団に特徴的な地表からすぐに土壁を立ち上げ柱を塗り込めた4紀末から5世紀初めの大壁建物跡16棟以上（一部には地下式暖房施設〈オンドル〉遺構が伴う）や掘立柱建物跡8棟などが検出され、[13]ここでも『記』・『紀』の渡来伝承と照応することは軽視できない。要するに、『記』・『紀』の4世紀末から5世紀初頭に相当する時期に集中する渡来伝承を造作あるいは雄略朝の事実の反映などとして否定的に解した従前の主張の論拠が崩れ、[14]関連所伝の信憑性が高くなり古代史像の復原に再検討が迫られているのである。

これにも関わり注目されるのが、葛城市笛吹《ふえふき》・脇田《わきた》にかけて存在する地《じ》光寺《こうじ》跡であり、7世紀後半の薬師寺式伽藍配置の東遺跡（脇田）と、8世紀前半の四天王寺式伽藍配置の西遺跡（笛吹《ふえふき》）からなる。そこからは創建時の非常に珍しい新羅系の鬼《き》面文軒丸瓦《めんもんのきまるがわら》が出土していて、忍海に居住した集団の氏寺と目されている。中国が起源である鬼面文軒丸瓦は、三国時代の高句麗・新羅へ伝わり、朝鮮半島統一（668年）後の新羅で多く用いられた。

わが国では蓮華《れんげ》紋《もん》軒丸瓦が主流であるが、あえて鬼面文軒丸瓦を用いているところに、忍海に居住した集団の出自に関する強い拘りを読み取ることもできよう。彼らのわが国への渡来が、仏教伝来のはるか以前、葛城襲津彦の時代であったならば、7世紀後半の地光寺創建の時期においてもなお、渡来系氏族としての自己意識と、鬼面文軒丸瓦を故国から導入するため彼の地との連絡網が機能していたことを示しており、古代の渡来系集団の在りようと特色を示すものとして他の渡来系集団にも敷衍して再分析する必要があることを示している。もちろん、ここは王家の所領＝御県《みあがた》であるから、今日に至るまで肥沃な耕地が広がり、内廷に薦める農作物の生産を統轄する集団も存在した。それに関わり注目されるのが、次に概要を記す『続日本紀』大宝元年（701）八月丁未条である。

是より先、大伴《おおともの》宿禰《すくね》御行《みゆき》が大倭《やまと》国忍海郡の三田首《みたのおびと》五瀬《いつせ》を対馬嶋に派遣して、黄金を冶成させた。五瀬には正六位上を授け、五〇戸の農家と田一〇町、高級な織物などを与え、雑戸《ざつこ》の籍から除いた。

これは同年三月二十一日の、「対馬島が金を貢上したので大宝の元号を建てた」とあることに関わる褒賞記事である。大宝は、対馬から金が貢上された、すなわち倭国で（大宝律令の完成に合わせて）初めて金が産出したことを記念して建てられた元号であるが、金産出の中心にいたのは忍海郡の三田首五瀬であった。

ただし、『続日本紀』によれば後にそれが三田首五瀬の詐欺だったと判明したとあるが、彼の氏名の三田は御田、王家領の耕地であり、三田首はその管理責任者でもあった。三田首五瀬は金属鉱業の知識と技術を保有していたが、彼の王権内での職務は忍海評（もと葛木御県）に存在した御田の管理であった。

忍海刀自が葛木水分・水越の水を優先的に利用できた背景には、こうした忍海地域の古代王権・王家との強い繋がりの歴史が存在した。ただし、どうして忍海刀自がそのことを住吉大神に祈願して獲得できたと伝えられるのかは、分明でない。その歴史的背景も考えなければならないが、住吉大神は単なる摂津住吉の地域神ではなく、ヤマト王権の国家的港津である住吉津の管理を担っていた津守連氏が、王権内の職務として航海と港津の安全を願い奉斎してきた国家神である。先の『住吉大社神代記』の所伝は、ある時期、住吉津の管理・住吉大神の祭祀に忍海の集団が何らかの関係を有したことを示唆している。細かな考証は省くが、それを思わせる二点の史料を掲げておこう。

まず、『住吉大社神代記』船木等本記の、次の系譜的記事である。

　次の田乃古連《たのこのむらじ》、和加倭根子《わかやまとねこ》意保比比乃命《おほひひのみこと》の王子《みこ》彦太忍信命《ひこふとおしまことのみこと》の児、葛木の志志見《しじみ》の与利木田《よりきだ》の忍海部乃刀自を娶《め》し坐《ま》して生める児、古利比女《こりひめ》、次に久比古《くひこ》。

和加倭根子意保比比乃命は9代開化《かいか》天皇だが、ここに「葛木の志志見の与利木田の忍海部乃刀自」という系譜記事がみえることは、住吉と忍海の関係を暗示している。また「志志見」は、葛城忍海系の23代顕宗天皇・24代仁賢天皇の弟兄が雄略朝に難を避けていた播磨《はりま》国赤石《あかし》郡縮見屯倉《しじみのみやけ》（三木市志染町）の地名に関わるが、その屯倉首が忍海部造細目《ほそめ》（『播磨国風土記』美《み》嚢《なぎ》郡条では志深《しじみ》村首伊等尾《いとみ》）とあるのも参考になる。志深村首伊等尾と忍海部造細目は同一人物とみられ、志深村首（後裔集団）が後に忍海部造を賜姓されたということであろう。

次は、『続日本紀』神亀元年（724）十月壬寅条に、聖武天皇の紀伊国海部《あま》郡玉津嶋《たまつしま》頓宮《かりみや》（和歌山市和歌浦）行幸に関する褒賞として、「忍海手人《おしぬみのてひと》大海《おほあま》ら兄弟六人、手人の名を除きて、外祖父従五位上津守連通《つもりのむらじとほる》の姓《うぢ》に従はしむ。」と伝える記事である。忍海手人氏が行幸にどのような働きをしたのかは明らかではないが（行幸は忍海郡→葛上郡→宇智郡→紀路と進んだか）、何らかの貢献があったものと思われる。手人は工人《こうじん》集団の姓《かばね》であるが、右の記事は金剛山・葛城山を越えて大和葛城の忍海手人氏と摂津住吉の津守連氏の姻戚関係を示したものであり、忍海と住吉の交流が読み取れる。

『住吉大社神代記』山河奉寄本記の所伝は、両地域の伝統的な人的交流の一齣であり、それが葛城氏の活躍した4世紀末頃から5世紀代に遡る可能性を示唆している。なお、「三輪に住む人をして水分を鎮め守らしむ。」とあることは、別の族系であった賀茂君氏と三輪君氏が、同祖関係を結ぶ（崇神天皇記分註）に至ることに関わり留意されるが、なお考えなければならない問題も少なくないことから、今は指摘にとどめておく。

おわりに

大和国内の式内社である水分神社は、基本的にはヤマト王権との関係において解するべきである。

吉野水分神社については、祈雨の神として周知の丹生川上神社とともに考える必要があろう。奈良盆地に長く住んでいるとわかることだが、奈良盆地に雨をもたらす雨雲は南東の奥吉野や東の宇陀地域から湧き上がる。

そうした点において、盆地外の木津川に流れ下る地域であるが、宇太水分神社が鎮座する背景も理解される。都祁水分神社も、それと同様に捉えてよいと思われる。王宮が奈良盆地東部域の石上《いそのかみ》（天理市）や、纏向《まきむく》（桜井市）・磐余《いわれ》（桜井市から橿原市）の南東部地域などに営まれていた時代、東方の山地部は雨雲の湧き立つ地域であった。

葛木水分神社は、その4社のうち唯一盆地部の水源に鎮座するが、その確保と利用は忍海地域の集団と深く関わっていた。また、その「水分・水越」の起源を伝えた『住吉大社神代記』「山河奉寄本記」に、「保木と上木と葉櫁を集め、土樋を造作して水を越せ。」と記されていることは、先章で触れた鴨神遺跡で用いられていた工法とも技術的に共通する点があり、高度な水利技術として注目される。住吉大神の教示というのは措くが、右の所伝は、農業用水の確保には水路や井堰の構築、そのための知識や技術が不可欠であった。摂津住吉の津守連氏や大和葛城の忍海氏は、それを保持していたことを示している。

水稲栽培の経営には豊かな水が必須の条件であるが、そのためにはまず水源の確保と水路の整備が不可欠であった。次に引く『続日本紀』養老七年（723）四月辛亥条は、周知の三世一身法である。

太政官奏《そう》すらく、「頃者《このころ》、百姓漸《やや》く多くして、田池窄《せば》く狭《さ》し。望《のぞ》み請《こ》はくは、天下に勧《すす》め課《おほ》せて、田疇《でんちう》を開闢《ひら》かしめむことを。其れ新に溝池を造り、開墾《かいこん》を営む者有《ひと》らば、多少を限らず、給《たま》ひて三世に伝へむ。若《も》し旧《もと》の溝池に逐《したが》はば、その一身に給はむ」とまうす。奏《そう》するに可《か》としたまふ。

新たに水田を開墾する場合、その用水が旧来の溝（水源と水路）・池（水と水路）を利用するならば一代に限るが、新たに構築したならば三世に亘る領有を認めるという優遇策が見えるが、このことは新たな水田の開発がまず水源の確保と水路の整備から始められたことを物語っている。

国家の基本的な経済基盤を水田稲作農業においていたわが国の古代王権にとり、豊かで安定した水源の確保と水路の整備は王権運営、勧農策として優先すべき重要課題であり、4社の水分神社を奉斎した理由もそこに存在した。古代には、その「水の神を、その根源の山に於いて祭るというたてまえがあった」のである。(15)

註

（1）これを事代主神（名神大社の鴨都波八重事代主命神社）にあてる向きもあるが、これまで通り名神大社の葛木御歳神社にあてるのが妥当であり、そのことは祈年祭祝詞において御年皇神（御歳神）とは別に辞代主《ことしろぬし》（事代主神）が挙げられていることからも明白である。その祭神は下照比売（高照比売／高姫）という女神であったことや、各社に薦められた馬が本来は犠牲であったことなども、先著に述べた。平林章仁『神々と肉食の古代史』吉川弘文館、二〇〇七年。

（2）平林章仁、前掲註（1）。

（3）平林章仁『七世紀の古代史』白水社、二〇〇二年。

（4）御所市史編纂委員会『御所市史』、一九六五年。

（5）大和以外に、畿内の式内社である水分神社には、河内国石川郡の建《たけ》水分神社（南河内郡千早赤阪村水分）と、摂津国住吉郡の天水分豊浦命《あめのみくまりのとゆらのみこと》神社がある。後社の祭神を、『住吉大社神代記』は住吉大神の子神とする。いまは大阪市住吉区の式内の止々呂支比売命《とどろきひめのみこと》神社の境内末社として合祀されているが、異説もある。

（6）田中卓『住吉大社神代記の研究』田中卓著作集7、国書刊行会、一九八五年。

(7) 平林章仁『謎の古代豪族　葛城氏』祥伝社、二〇一三年。
(8) 奈良県立橿原考古学研究所『南郷遺跡群』Ⅰ～Ⅴ、一九九六年～二〇〇三年。坂靖・青柳泰介『葛城の王都南郷遺跡群』新泉社、二〇一一年。
(9) 平林章仁「葛城の一言主神と関連氏族」『龍谷大学考古学論集』Ⅲ、二〇二〇年。同『雄略天皇の古代史』志学社、二〇二一年。
(10) 平林章仁、前掲註(7)。
(11) 水論に登場する忍海刀自は、この飯豊皇女にあてることができるかも知れないが、相手の石川錦織許呂志と世代が合わない。
(12) 青柳泰介・神庭滋・他「脇田遺跡の研究―奈良県葛城地域における大規模集落の一様相―」『研究紀要』二三集、由良大和古代文化研究協会、二〇一九年。青柳泰介・他「脇田遺跡出土の金属器生産関連遺物について」『考古学論攷』四三冊、奈良県立橿原考古学研究所、二〇二〇年。葛城市博物館『発掘葛城山麓の集落遺跡』二〇二一年。
(13) 高取町教育委員会『市尾遺跡第3次発掘調査記者発表資料』二〇一九年。
(14) 上田正昭『帰化人』七〇頁、中央公論社、一九六五年。山尾幸久『古代の日朝関係』二九一頁、塙書房、一九八九年。
(15) 池田源太『古代日本民俗文化論考』学生社、一九七九年。これら水分神社は、もとは各地域で祀られていた地方神であったが、天武朝に祈年祭が創祀された際に、国家的水分神に昇格したと解する説もあるが、史料的徴証はない。和田萃「国中と吉野」『日本古代の儀礼と祭祀・信仰』下、塙書房、一九九五年。

その他の参考文献

日本歴史地名大系『奈良県の地名』平凡社、一九八一年。
角川日本地名大辞典『奈良県』角川書店、一九九〇年。
日本歴史地名大系『大阪府の地名』平凡社、一九八六年。

第五章　白河上皇高野参詣の「火打崎」行宮の所在地
——古道から探る——

はじめに

『扶桑略記《ふそうりやくき》』は、僧の皇円《こうえん》が12世紀後半に仏教関係記事を中心に編んだ歴史書である。その寛治二年（１０８８）二月二十二日条に、白河上皇の高野《こうや》（紀伊国高野山金剛峯寺《こんごうぶじ》／和歌山県伊《い》都《と》郡高野町）参詣が詳しく記されている。白河上皇の高野参詣には、近臣である大江匡房《おおえのまさふさ》の勧めとともに上皇自身の信仰もあった。[1] その際の往路・復路で一泊した「火打崎」行宮を中心に、その行程を次に略記しよう。

二十二日：都を出立し、平等院を経て、東大寺で泊。

二十三日：東大寺から山階寺（興福寺）を巡り、午剋に出立して「葛上郡火打崎」に泊。
「三間四面桧皮葺《ひわだぶき》一宇」が上皇御所として新設された。

二十四日：卯剋に「火打崎」を出立、（船で紀ノ川を渡り）未剋に紀伊河辺の高野政所《まんどころ》に至り泊。

二十九日：巳刻に政所を出立、未刻「火打崎」に至り泊。

…（高野山参詣）…

高野政所は、山下の紀ノ川南岸、紀伊国伊都郡九度山《くどやま》（和歌山県伊都郡九度山町慈尊院）に置かれた高野山金剛峯寺の庶務機関である。ここでの問題は、上皇一行が往・復路で宿泊した火打崎行宮の位置比定である。これに関わり、大和国葛上郡（奈良県御所市）には火打・火打崎という地名の分布は確認できないこと、次述するが火打崎は紀伊・大和国境の真土山《まつちやま》の手前に位置すること、大和国宇智郡（奈良県五條市）には大字・小字の関連地名が分布することなどから、「葛上郡火打崎」とある「葛上郡」は誤記であり、それは宇智郡に所在したと想定されてきた。小稿でも火打崎行宮の所在地を宇智郡に求めることが妥当であると考えるが、後述するように必ずしもその位置は定かでなかった。

ここでは白河上皇、さらには後述する孫の鳥羽上皇の高野参詣においても、往・復路で宿泊した火打崎行宮所在地の比定を課題とするが、これは宇智郡の古道復原にも関わる。

『白河上皇高野御幸記』の旅程

右記の『扶桑略記』から、火打崎行宮は山階寺を正午に出立して夕刻頃には着くことが可能な距離に存在したと理解される。また、火打崎行宮を午前6時ごろに出立すれば、午後2時ごろには紀伊河辺の高野政所に至ることができる位置にあった。ただし、復路の29日には、午前10時ごろに高野政所を出立したが、午後2時ごろには早くも火打崎行宮に着いている。この復路の所要時間が、往路の半分の4時間であることの理由は分明でない。

この時の白河上皇の高野参詣の記録がいま一つ存在する。それは高野山金剛峯寺の西南院（和歌山県伊都郡高野町）が所蔵する、近臣の藤原通俊《みちとし》の筆になる『白河上皇高野御幸記』（但し鎌倉時代前期の書写、『続史料大成』十八）である。『扶桑略記』より詳しいことから、その関連部分を摘記しよう。

二十三日：東大寺、山階寺を参詣して晡時《ひぐれどき》に「火打崎」に到着して泊。
二十四日：卯剋に「火打崎」を出立、巳剋に「真土山下」に至り、（船を利用して）未剋に「紀伊河辺」の「高野政所」に着いて泊。
……（高野山参詣）……
二十九日：巳刻に政所を出立し、申剋「火打崎」に到着して泊。

後述する一部を除き『扶桑略記』と齟齬する点はないが、ここでの「火打崎」には『扶桑略記』に記されていた「葛上郡」の記述が見えないことは留意される。また、23日の山階寺の出立時刻は記されていないが、晡時（午後4〜5時頃）には火打崎行宮に着いている。注目されるのは、翌24日の午前6時頃に火打崎行宮を出立し、午前10時頃には真土山下に至り、午後2時ごろには紀伊河辺の高野政所に到着、宿泊していることである。火打崎行宮から真土山までほぼ4時間、真土山から高野政所までもほぼ4時間を費やしている。

復路の29日は高野政所を午前10時頃に出発して、火打崎行宮には午後4時頃に到着しているから、所要時間はほぼ6時間である。その日の天候や途中の休憩などの条件では、4分の1ほどの時間短縮は可能であるが、『扶桑略記』の場合と到着時刻が2時間ほどずれている。誤記もしくは原史料の違いによるか分明ではないが、『白河上皇高野御幸記』が実態に近いと思われる。

いずれにしても、火打崎行宮は紀・和国境近くの真土山から4時間もあれば到ることができる位置にあったことが分かる。また、火打崎行宮から真土山まで行くのに吉野川(紀ノ川)を渡った様子がないことから、火打崎行宮は宇智郡でも吉野川北岸地域に存在したことは間違いない。

ここで平安時代の時法について簡潔に触れておこう。(2) この時代の時法は定刻法であり、ここに引く史料の時刻の記載は、一日を十二辰刻に分けたものが用いられている。それは十二支を用いて示したが、今日の一日二十四時間を十二支で表わすわけだから一辰刻は今の2時間、たとえば午刻は午前11時から午後1時までの2時間となる。小稿ではその真中をとって午刻を正午12時として計算しているが、実際それは午前11時過ぎあるいは午後1時の少し前頃であった可能性もある。宮都を出て山間の僻地を行く高野参詣の途次ということから、記録された時刻に厳密な正確さを求めることは無理であろう。出発と到着を合わせれば、記された時間に2時間程度の誤差が生じていることも当然予想されるから、ここでは一応の目安という程度に理解を留めなければならない。

鳥羽上皇の高野参詣の行程

白河上皇はこの後、寛治五年（1091）二月十七日と、大治二年（1127）十月三十日にも高野に参詣し、とくに後者には孫の鳥羽上皇も同行している。その鳥羽上皇自身も天治元年（1124）に高野に参詣しているが、次に記すその時の行程を参酌すれば、詳細が伝わらない白河上皇の寛治五年・大治二年の参詣も、寛治二年の場合と同じ行程であった可能性の高いことが読み取れる。

鳥羽上皇は、寛治二年から40年近く後の天治元年十月に高野山に参詣した。その際の旅行記が、三条家の始祖で後に太政大臣に任じられる三条実行《さねゆき》の『高野御幸記』（『群書類従』三）として残されているので、参考にその旅程の関連部分を摘記しよう。『高野御幸記』に「寛治之例」「寛治例」の語句が頻出することから、この鳥羽上皇の高野参詣は白河上皇の寛治二年の高野参詣を先例として、その跡を踏んで同じ径路が採られたとみられる(3)。

二十四日：山科寺を午刻に出立、晡時に大和川を渡り、「連日降雨、中途泥濘」に苦しみ、夜になり「仍取以炬火立以柱松」、亥刻に漸く「火打崎」に到着し泊。「三間四面桧皮葺屋一宇」を建てて御所とする。

二十五日：遅明に起床、「霧濠々、朝日未昇」に「火打崎」を出立、……「過廿余町、陰靄漸晴」、「真土山坂」を経て、未刻に「紀伊河」に到り乗船して南岸の高野政所に到る。

：（高野山参詣）：

三十日：高野政所を辰刻に出立、紀伊河岸に到り乗船、申刻に「火敲崎」に到り泊。

鳥羽上皇は先の白河上皇と同じ径路を往来しているが、24日は山階寺を白河上皇と同じ時刻に出発したが、「連日降雨、中途泥濘《ぬかるみ》」で難渋し、松明《たいまつ》を掲げて漸く午後10時頃に火打崎行宮に到着したという。なお、そこに見える大和川が、今日のそれかは定かでない。火打崎には白河上皇の場合と同じ規模の御所が設えられてあり、鳥羽上皇には白河上皇の跡を忠実に歩む意図のあったことが分かる。

25日は明け方に起床し、「霧濛々」とある中、日の出前には火打崎行宮を出発し、20余町を進んで「陰靄《いんあい》」が漸く晴れて、真土山坂を越えている。この地域は晩秋から冬の冷え込んだ朝には、吉野川（紀ノ川）から濃い霧が湧きたち、谷間に流れ込んで前方が見通せないほどになる。(4) その情景がよく伝わるが、火打崎行宮と真土山坂（真土峠）の間は20余町以上の距離があったことも分かる。当時の一町の正確な長さは定かでないが、いま仮に令制に倣い一町109mで換算すれば、二十町は2180mとなるが、二十余町で「陰靄」が晴れてきたということだから、両地の間はさらに距離があった。

『万葉集』（巻第一の55、巻第三の298、巻第四の543、巻第九の1680番歌など）で周知の紀・和国境である古代の真土峠・真土山の厳密な位置は必ずしも定かではないが、今日和歌山県側には橋本市隅田《すだ》町真土があり、そのすぐ東を南に流れる落合川（紀ノ川支流）が現在も県境になっている。古代には真土山（待乳山）は大和国に属したが、落合川両岸地域の周辺は丘陵が南にせり出して紀ノ川に迫り、合流地の河岸は急な崖になっている。それゆえ、古来の交

通路は河岸を通過することができず、真土峠越えはほぼ今日の国道24号線と一致するとみられている。(5)

真土峠を経て上皇が乗船した紀伊河岸は、紀ノ川の川幅が広がり流れが緩やかになる今の和歌山県橋本市隅田町もしくは少し下流の橋本市中心部の辺りであり、川を下れば高野政所はすぐの位置にある。午後2時には着いているから、ほぼ8時間を要したことになる。これは、白河上皇の往路の所要時間とも等しい。

鳥羽上皇の復路は、午前8時ごろに高野政所を出立して紀ノ川を船で渡り、火敲崎行宮（火打崎に同所）に午後4時頃に着いているから8時間を費やしており、往路と等しい。

論点の整理

やや煩瑣な論述を連ねたが、これまでの分析の結果を次に整理しておこう。

①白河上皇・鳥羽上皇の高野参詣の径路は、東大寺・山階寺→火打崎行宮→真土山坂（真土峠）→高野政所→高野山である。

②火打崎について、『扶桑略記』の「葛上郡火打崎」という記載は孤立的で、著者皇円の誤記、もしくは葛上郡と火打崎の間に脱字が想定される。あるいは、葛上郡を経由して火打崎行宮に到ったことが、こうした記述として残った可能性も考えられる。

③火打崎行宮〜高野政所間の所要時間はほぼ8時間、火打崎行宮〜真土山間はほぼ4時間、真土山〜高野政所間はほぼ4時間というのが、「御幸」における標準であった。これは物

見遊山をかねた上皇の旅であり、現地住人の日常的な往来ではないことにも留意しなければならない。

④白河上皇の復路の行程について、高野政所を29日の巳刻に出立したことは、『扶桑略記』・『白河上皇高野御幸記』ともに等しい。しかし、火打崎行宮に到着したのが『扶桑略記』が未刻、『白河上皇高野御幸記』は申剋と異なることは、原史料の差異によるとしても問題が残る。ただし、『扶桑略記』の所要時間が通常の半分の4時間は少ないように思われるが、後述する三条西公条《きんえだ》の事例を参照すれば全く不可能なことでもない。また、『白河上皇高野御幸記』の高野政所出立から6時間後の申剋に火打崎行宮への到着も、少し急いだならば可能であるが、急いだという記述はない。

以上により、火打崎行宮の大まかな位置の想定が可能となったが、それを列記しよう。

A火打崎行宮は葛上郡ではなく、それに隣接する宇智郡内に存在したとみられること。
B火打崎行宮は吉野川（紀ノ川）の北岸に位置すること。
C火打崎行宮と真土峠の間は、廿余町以上の距離があり、徒歩で4時間程度の位置にあること。

古代の交通路からみた宇智郡

右述を踏まえて、古代の交通路から宇智郡の位置を考え、次に火打崎行宮の比定地についての先行説を紹介し、そののちに私見を示すことにする。

古代の宇智郡と宮都が置かれた飛鳥・藤原・平城京地域との往来については、『万葉集』巻第一の３番歌の題詞から、舒明天皇（在位６２９〜６４１）の「遊猟内野」が知られるが、どのような径路で「内乃《うちの》大野《おほの》」（４番歌）に到ったのかは分明でない。

大和国北部から南の宇智郡、さらに紀伊国に到るには、「巨勢《こせ》道」（『万葉集』巻第一の50）経由が一般であった。それは、盆地を南北に貫く下ツ《しもつ》道《みち》（近世の中街道）を下り、橿原市見瀬《みせ》町（身狭）を経て高取町佐田辺りで西南に折れて、曽我川沿いを西に遡り、御所市古瀬《こせ》（巨勢）を経て重阪《へいさか》峠（標高２０３ｍ）を越え宇智郡にいたる。[6] この巨勢道は巨勢斜行道路とも称されるが、[7] 紀伊国から西海地域にいたる重要な交通路であった。

『続日本紀』によれば文武天皇は、その二年（６９８）二月丙申（２日）に「宇智郡」に行幸しているが、目的や径路は分明でない。大宝元年（７０１）十月には、持統上皇と文武天皇の紀伊国行幸が、『万葉集』巻第九の１６６７番歌以下13首の題詞から知られる。『続日本紀』大宝元年十月丁未（８日）条には、「武漏《むろ》温泉」（和歌山県白浜町湯崎温泉）への行幸を記すから、湯治目的だったことが知られる。『万葉集』巻第九の１６７９番歌には「妻《つま》社」（和歌山県橋本市妻）、１６８０番歌には「信土山」（真土山）が詠まれている。この時は、藤原宮から巨勢斜行道路を経て紀路に入ったものと思われる。

さらに遡ると、斉明天皇三年（６５７）九月の有間皇子の「牟婁《むろ》温湯」行き、翌四年十月甲子（15日）の斉明天皇の「紀温湯」（武漏温泉・牟婁温湯に同じ）行幸、同年十一月戊子（９日）の謀反の罪で捕らわれた有間皇子の飛鳥からの護送なども、同じ径路であったとみられる。[8]

ただし、『万葉集』巻第四の543番歌は、神亀元年（724）十月に聖武天皇が紀伊国海部郡玉津嶋頓宮に行幸した際に笠朝臣金村が詠んだものである。そこに「軽路→畝火（畝傍）→木道（紀路）に入り立ち→真土山」と地名が詠み込まれていることから、畝傍山麓を経由して紀路をとり、宇智郡・真土山から紀伊国に向かったことが知られる。この時の聖武天皇の一行が巨勢道を用いたか、それとも次に述べる風の森峠越えの径路を進んだか明らかではないが、天皇の母方の祖母が葛城賀茂氏であることや、第三・四章でも触れたように行幸に忍海手人らが協力していたことなどから、後者の径路であった可能性が高いと考えられる。

古い紀路は巨勢斜行道路・重阪峠越えではなく、葛上斜行道路から「風の森峠」（御所市鴨神・東佐味の間、標高259m）を越えて宇智斜行道路を進む径路であった。

宇智斜行道路は、風の森峠を下り五條市（宇智郡）に入ると、居伝《いで》町・近内《ちかうち》町から南西に折れて荒坂峠（荒木坂とも、五條市西河内町、標高202m）を経由し、吉野川の北岸、五條市須恵もしくは下之町辺りに到る径路である。(9) この径路が、すでに五世紀代には大和と紀伊を結ぶ幹線道路「古紀路」として存在したことは、風の森峠西の鴨神《かもがみ》遺跡(10)から証明されることは先章で触れた。

この要路は、葛城襲津彦《そつひこ》や曾孫という葛城円《つぶらの》大臣《おおおみ》に代表される5世紀代のヤマト王権を主導した雄族、葛城氏が掌握していたものと考えられる。葛城氏が紀伊の豪族、紀氏と連携関係にあったことは、孝元天皇記の建内宿禰後裔系譜や「紀氏家牒」逸文の系譜記事、葛上郡楢原《ならばら》郷（御所市楢原）を本貫とする楢原造（勤臣《いそし》→滋野《しげの》宿禰）氏や同じく葛上郡大坂郷（御所市森脇・関屋・増《まし》・名柄《ながら》）を本貫とする大坂《おおさかの》直《あたい》氏ら紀氏同族の居住などからも傍証される。(11)

風の森峠経由の紀路が古くから紀・和を結ぶ重要な幹線道路として、連綿と用いられてきたことは確かである。

白河上皇高野参詣関係略地図

奈良時代の紀伊行幸の旅程

古代の紀路を考察するうえで参考となるのが、聖武、称徳両天皇の紀伊行幸である。以下、『続日本紀』に依拠してそれを見ていくと、神亀元年（724）十月辛卯（5日）の聖武天皇の紀伊行幸については右に触れたが、翌日は記事がなく分明でない。行程からみて大和国宇智郡か紀伊国伊都郡辺りで一泊したと推察される。十月癸巳（7日）には紀伊国那賀郡玉垣勾頓宮（和歌山県那賀郡、かつての粉河町辺り）に宿泊し、翌甲午（8日）

には海部郡玉津嶋頓宮（和歌山市和歌浦）に到着している。平城宮から和歌浦まで三泊四日、飛鳥からだと二泊三日の旅程である。

称徳天皇は天平神護元年（765）十月辛未（13日）に紀伊国へむけて出立し、この日は先年墨書土器が出土してその位置の確定した大和国高市郡小治田宮《おはりだ》（明日香村雷丘辺り）に宿泊している。翌壬申（14日）は終日、大原・長岡・明日香川巡りに費やしている。癸酉（15日）は宇智郡、甲戌（16日）には紀伊国に入り伊都郡泊と、かなり緩やかな旅程である。乙亥（17日）は那賀郡鎌垣《かまがき》行宮（聖武天皇の玉垣勾頓宮と同所か）に泊り、翌十月丙子（18日）に玉津嶋に到着している。

両天皇とも下ッ道から巨勢斜行道路を経て宇智郡に入り、紀路を進んだとみられるが、称徳天皇は宇智郡から伊都郡まで一日を費やしていることは、白河上皇の高野参詣の行程を考える上で参考になる。女帝の故に緩やかに進んだとも解せられるが、飛鳥地域の遊覧や紀・和国境として名高い真土山でも時間をとり、暫しの時を楽しんだのかも知れない。

ところが白河上皇と鳥羽上皇の高野参詣の場合は、巨勢斜行道路から重阪峠経由で宇智郡に入ったのか、それとも葛上斜行道路から風の森峠を越えて宇智郡に到ったのか、分明ではない。ただし、『扶桑略記』に「葛上郡火打崎」とあることが火打崎の所在地としては誤記だとしても、白河上皇が葛上郡を通過したことを示唆しているとすれば、葛上郡の風の森峠を経て宇智郡の火打崎行宮を目ざした可能性が高い。

風の森峠を南に下れば宇智斜行道路となるが、この道は荒坂峠を経由する。荒坂峠の周辺には高市郡明日香村の川原寺の瓦を焼成した荒坂瓦窯跡があり、さらに南下すると『万葉集』

に「大荒木之浮田《うきた》之社《もり》」(巻第十一の2839)と詠われた式内社の荒木神社(五條市今井町)が鎮座しているが、白河上皇が荒坂峠経由の径路を進んだか否かは明らかでない。

宇智郡の「火打」関連地名

おそらくは白河上皇だけでなく、鳥羽上皇も風の森峠を経由して宇智斜行道路を途中で折れ、西に向けて直線的に火打崎行宮に至る捷路を進んだのではないかと推考される。それは火打崎行宮が吉野川北岸に求められたことからの推定でもあるが、そうならば火打崎行宮は真土峠とも直線的に結ばれる位置に存在することが望ましい。その場合に二つの径路が想定可能であるが、詳しくは後述する。

やや後のことだが、三条西公条《きんえだ》の紀行文『吉野詣記』(『群書類従』十八)によれば、公条の一行は天文二十二年(1553)二月二十三日に都を出立し、南都や飛鳥の諸寺をたずねたのち、二月三十日「曲川《まがりかわ》」(橿原市曲川)から「むろ」(「むろべ」とも、葛上郡牟妻郷/御所市室)に到り宿泊、三月一日は足を休め「よしのの花はいまださかりならざるよし申せしかば、先《まず》高野山にまいるべきよし申て」、二日に「まつちたうげ」(真土峠)を越えて高野山に向かっている。葛上郡牟妻郷から風の森峠を経由する径路を進んでいることが参考になる。

白河上皇や鳥羽上皇も風の森峠から直に真土山を目ざす捷径を進んだものと思われが、それでは火打崎行宮はどこに比定できるであろうか。

大和国宇智郡における火打関連の地名としては、まず中世の坂合部郷に火打野村(五條市火打町、ここでは坂合部火打と仮称)があった。元亨元年(1321)十一月二十四日付の「龍善水田寄進状」（火打区有文書）(12)に「火打野村」「火打野村鎮守」「大和国宇智郡坂合辺《さかいべ》郷火打野村字櫛原新開」などと見えるから、鎌倉時代には確実に存在した古地名である。しかし、火打崎行宮は吉野川北岸に存在したことが確かであることに加え、次の理由から行宮所在地を坂合部火打に比定することは妥当でない。
・坂合部火打は吉野川南岸に位置すること。
・関連史料には吉野川を渡り火打崎行宮に到ったとは記されていないこと。
・坂合部火打から真土峠を経由して進むには、再び吉野川南岸から北岸に戻らなければならないが、そうした記述は見られないこと。
・坂合部火打と真土峠は20町未満の至近の地であること。
・坂合部火打が火打崎行宮ならば、そのまま紀ノ川南岸の道を西進するか、紀ノ川を船で下れば容易に高野政所に到るから、真土峠を通ることはない。

こうした点から、坂合部火打に火打崎行宮を求めることは妥当でない。

◯

これとは別に、葛上郡から真土峠に到る地域間に、火打の小字がまとまって分布する場所がある。奈良県の小字を集成した『大和地名大辞典』(13)によれば、宇智郡牧野村大沢（五條市大沢町）に「火打・中火打・下火打・大沢火打」、隣接して木乃原（五條市木ノ原町）にも「火打」

の小字が採録されている。以下にこれを大沢火打と仮称するが、陸地測量部による明治四十一年測量、大正二年発行の地形図「五條」には、「宇智郡牧野村大澤」の南西部に「火打」の地名が記載されている。(14)

また、宇智郡内ではかつての南阿太《みなみあだ》村滝（五條市滝町）にも小字火打谷があるが、吉野川南岸の古代交通路から離れた土地であり、火打崎行宮の比定地からは外れる。

これらのことから、火打の地名が集中して分布する現在の五條市大沢火打から木ノ原町北東部辺りが火打崎行宮の有力な比定地となるが、これは後述する風の森峠から直に真土山・真土峠に向かう捷路の途中に位置し、真土峠との間には直線では４㎞ほどの距離があることなども、これまでの考察で明らかとなった火打崎行宮の地理的条件に適っている。

先行説の検討

前後するが結論を述べる前に、関連の先行説について垣間見ておこう。

旧版『五條市史』(15)下巻は、地名火打について、「烽を打ちあげた野であるという口碑《こうひ》がある」・「いわゆる焼畑を行なった所である」・「火打石の産出地であるという説もある」、等々と記すのみで火打崎行宮の比定に関わる記述はない。

次に地名学の池田末則は、『日本地名伝承論』(16)で、かつての阪合部村に火打の大字があり、ふるくは火打野ともあるが、火打石の産地ではない。烽をあげたところであろうかとして、『続日本紀』慶雲三年（７０６）七月乙丑条の、「大倭国宇智郡狭嶺山《さみねやま》に火あり。撲《う》ちて滅《け》す。」とある記事を示している。

右の『続日本紀』の記事は、不審火による山火事を、棒などでたたいて鎮火させたという内容である。消火手段が十分でなかった社会では、家屋は引き倒して類焼を防ぎ、山火事には土砂をかけ、下草や枯葉が燃えている地面は長い棒などを用いて敲いて鎮火した。『続日本紀』の記事は、火打の地名や烽火とは結びつかない。

池田は続けて、五條市大沢町にも火打関連の小字が遺存するが、白河上皇の火打崎行宮は旧阪合部村の火打野のことであろうと記し、『大日本地名辞書』を典拠として示している。ただし、『大日本地名辞書』[17]に、そうした記述は見えない。

先にも記したが、もしも火打崎行宮を吉野川南岸の坂合部火打にあてるならば、白河上皇の行程は風の森峠を下り、次に宇智郡のどこかで吉野川南岸に船で渡り、さらに北岸へ船で戻って陸路を採り、真土峠を越えて紀路を西に進み、最後に船で紀ノ川南岸の高野政所に渡るという相当に複雑な経路を進まなくてはならない。何度も船で吉野川・紀ノ川を渡るという煩瑣な行程は、何らかの特別な理由がない限り考えられない。最初に吉野川で乗船したところから高野政所までそのまま船で下るのが捷径であり、その場合には南岸の坂合部火打に宿る必要など全く存在しない。

日本歴史地名大系『奈良県の地名』[18]は、「葛上郡火打崎」の葛上に「(宇智カ)」と傍書し、火打関連の小字が大沢村と木原村に分布することを指摘、「火打野村」(坂合部火打)対岸の真土峠付近に行宮の所在地を比定している。ただし、大沢村・木原村(五條市大沢町・木ノ原町)を真土峠付近と言うには、少し距離がある。

そののち、池田末則は再び火打崎行宮跡について考究を試み[19]、ヒウチは地形地名で、『扶桑略記』に「葛上郡火打崎」とあるのは「宇智郡火打崎」の誤りであり、火打崎行宮跡は吉野川北岸にあったことが推定される、と述べるに留めている。比定に苦慮している情況が窺われるが、比定困難化の一因は、上皇の参詣が巨勢斜行道路・重阪峠を経由したと解したことに由ると思われる。

さらに、『五條市史』新修[20]で池田は三度この問題に及び、「真土山坂」は白河上皇・鳥羽上皇の行宮の置かれた火打崎の所在地であった。火打崎は「真土山坂」付近の吉野川辺（北岸）に立地した、と記している。ここでは、火打崎行宮の所在地を吉野川南岸に位置する坂合部火打の対岸に想定しているものと推察されるが、坂合部火打が吉野川南岸から約500mの距離があり、その北岸を火打崎と呼ぶような位置ではない。また、火打崎行宮の所在地と想定する吉野川北岸地域にあるかつての阪合部村は、川に沿って東から西に犬飼《いぬかい》、上野《こうづけ》、相谷《あいたに》の集落が連なるが、最も離れた犬飼（五條市犬飼町）～真土（橋本市隅田町真土）間の距離は約2kmである。かつての阪合部村に属する右のいずれの地も、真土峠から20町以内の至近の地であり、かつ関連地名も分布しないこともあり、真土峠からは20町以上離れた位置にある火打崎行宮をここに求めることはできない。

このように、火打崎行宮の比定に難渋している情況が窺われるが、角川日本地名大辞典『奈良県』[21]は、真土山付近に「火打崎」が存したと考えて現在の五條市火打町に比定する説があるが、真土山付近は宇智郡であり葛上郡ではないので問題が残ると記し、踏み込んだ考察は避けている。

おわりに

白河上皇や鳥羽上皇が高野参詣の際に利用した火打崎行宮の比定地が定まらなかったのは、吉野川南岸に位置する坂合部火打の古地名への拘泥と、奈良盆地地域から宇智郡に入る古代の交通路として巨勢斜行道路・重阪峠越え（巨勢道）を重視したことなどに要因がある。巨勢斜行道路・重阪峠越えは、飛鳥時代から奈良時代に広く用いられたが、それより早く古墳時代から葛上斜行道路・風の森峠越えが紀路として用いられていた。この古紀路は廃絶したのではなく、後世まで繁く用いられ、今日に至っている。

白河上皇・鳥羽上皇の高野参詣の場合は、葛上斜行道路、もしくは少し西寄りの標高の高い南北道路を南下し風の森峠の西側を越えて宇智郡に至る径路が想定される（221頁略地図②）。前章にも引いた『住吉大社神代記』[22]に神領の四至として「東を限る、大倭国の季道・葛木高小道・忍海刀自家・宇智道」とある中の、葛木高小道・宇智道がその候補の一つと考えられる。金剛・葛城山麓に沿った標高の高い南北道路「葛木高小道」を想定する理由は、条里制地割がこの径路辺りまで分布すること、葛上郡の名神大社である高天彦神社（御所市北窪）・高鴨阿治須岐託彦根命神社（御所市鴨神）、行基ゆかりの高宮廃寺（国指定史跡、御所市西佐味、標高約550ｍ）が存在することなどである。さらに先の『吉野詣記』をみると、高野参詣からの帰路、三月四日に三条西公条がこの径路を利用したらしいことも参考になる。

この行路をとり宇智郡から真土峠に向かうには、宇智斜行道路（宇智路）・荒坂峠経由と、宇智斜行道路は通らずに金剛山南麓の標高の高い所を西進する、二つの径路が想定される。後者は、その径路沿いのより標高の高い位置に、いずれも式内社である宮前《みやさきの》霹靂《かみとき》神社（五條市西久留野《にしくるの》町、２８５ｍ）、一尾背《ひとおせ》神社（北山町）、高天岸野《たかまのきしの》神社（北山町）、高天山《たかまやま》佐太雄《のさたお》神社（大沢町、７９２ｍ）などが鎮座していることも参考になる。

その径路を具体的に記すと、前者（２２１頁略地図③）は宇智斜行道路を少し下り、荒坂峠を経由して五條市岡町で平坦地に出るとすぐに西に折れ、中之町から大沢町の南部を西進し、木ノ原町から国境《くにざかい》（県境）である落合川に沿った古道を下れば真土峠に到ることができる。後者（２２１頁略地図①）は、荒坂峠には至らずに五條市近内町で西に折れ、久留野町で金剛山から張り出した丘陵を越えて上之町から中之町に南下し、その後は前者の径路と同じである。いずれを採ったにしても、風の森峠から真土峠に到る捷路である。かつ、火打関連の小字の集中分布する大沢火打の辺りを通過することになる。

白河上皇・鳥羽上皇が高野参詣で利用した火打崎行宮は、この径路に沿った五條市大沢町南部の大沢火打辺りに比定される。ここから真土峠・真土山との距離も、関連諸史料と矛盾しない。かつ、この地域は条里施工において真土地域と一帯的な地域であったことも傍証となる。見返しに「天平神護元年官符写」とある「太政官符案」にみえる「真土多呉《たご》捌《はち》里」をはじめとして、天元三年（９７８）九月とみられる「太政官符」の「多呉川真土条八里」など、藤原南家ゆかりの「栄山寺文書」にはしばしば真土条八里の寺領が取り上げられている。(23)

この真土条里については、真土付近に数個、木ノ原町付近に20余りの方格地割が検出されることから、県境である落合川の谷筋に比定されている。真土条は八里まであるから、落合川と紀ノ川の合流地付近を八里に、木ノ原町を真土条四里に、木ノ原町地域は北から丘陵が伸びて途中から平地部が二手に分岐するから、西に木ノ原町の北部、東には大沢火打のある

落合川畔の真土に至る古道（橋本市隅田町平野）

大沢町の南部にまで伸びていたと復原されている。[24]

筆者は、この真土条里を落合川流域に比定することは妥当であると思うが、その東西の範囲は、八里〜五里では落合川東岸（真土の対岸）の五條市畑田町（かつての宇智郡牧野村畑田）を、四里以北では落合川西岸（木ノ原町の対岸）の和歌山県橋本市隅田町平野《ひらの》を含めるべきだと考える。そこは、落合川両岸に開けた一帯的で狭隘な平地であり、ともに落合川を水源としている。

いずれにしても、五條市大沢町南部から木ノ原町は、条里制施行においても真土と一体的な地域であったことは、火打崎行宮をこの地に求める上で考慮される。ただし、火打崎行宮の比定地〜真土峠間は直線では4km程度であり、山間の悪路ではあるが徒歩で4時間は要しない。しかし、奈良時代の称徳天皇の紀伊行幸の場合を参酌すれば、それは十分に

火打ノ井戸（五條市大沢町）

有り得る旅程である。

残された課題は、どうして白河上皇・鳥羽上皇が火打崎行宮での宿泊に拘泥したのかということである。特別な理由が存在したに違いないが今日では分明でない。上皇御所を新設し、随従の宿泊場所確保に苦慮しているが、郡家などの公的施設が存在した場所でもない。ただし、ここは天平十一年（739）八月十二日と刻まれた吉備真備の母の「楊貴《やぎ》氏墓誌」の出土伝承地である。[25] 火打崎行宮の比定に関わり、ここの地名「火打」が寛治二年以前の成立であることが明らかとなったが、地名「火打」の意味を含め、なお考えなければならない。

註

（1）海老沢和子・加藤正賢・羽根田柾稀・手嶋大侑・丸山裕美子「『寛治二年白河上皇高野御幸記』をめぐる諸問題」『愛知県立大学大学院国際文化研究科論集』二〇、二〇一九年。

（2）『国史大辞典』7「時法」（岡田芳朗）、吉川弘文館、一九八六年。岡田芳朗『日本の暦』新人物往来社、一九九六年。
（3）前掲註（1）。
（4）丸山顕徳も、真土峠一帯は冬によく霧が湧く地であることに注意を促している。丸山顕徳「『萬葉』詠歌の地・巨勢山と真土山」『神女大国文』二八、二〇一七年。その状況は、十八歳までその近傍で生活していた筆者の記憶にも強く残っている。濃霧の時は、学生帽や詰襟学生服の折り目はその水滴で濡れ、霧が晴れたあとは水滴が朝日に美しく輝いた。
（5）足利健亮『日本古代地理研究』二七七頁、大明堂、一九八五年。
（6）五條市史調査委員会『五條市史』上巻、「交通・通信」（堀井甚一郎）、一九五八年。藤岡謙二郎編『古代日本の交通路』Ⅰ「大和国」（秋山日出雄）、大明堂、一九七八年。岸俊男「大和の古道」『日本古代宮都の研究』岩波書店、一九八八年。
（7）近江俊秀『古代国家と道路』三九頁以下、青木書店、二〇〇六年。
（8）平林章仁『七世紀の古代史―王宮・クラ・寺院―』第六章、白水社、二〇〇二年。同「有間皇子の真実と斉明天皇の思い」『古代史の海』九七、二〇一九年。
（9）秋山日出雄「日本古代の道路と一歩の制」『橿原考古学研究所論集』創立三十五周年記念、吉川弘文館、一九七五年。近江俊秀、前掲註（7）。
（10）奈良県立橿原考古学研究所『鴨神遺跡―第二次〜第四次調査―』一九九三年。
（11）平林章仁『蘇我氏の実像と葛城氏』白水社、一九九六年。同『謎の古代豪族葛城氏』祥伝社、二〇一三年。滋野宿禰氏については、左の栄原永遠男に詳しいが、そこでは祖の楢原造氏の本貫などは触れられていない。栄原永遠男「滋野氏の家系とその学問」『紀伊古代史研究』思文閣出版、二〇〇四年。
（12）五條市史調査委員会『五條市史』上巻、「史料」九三三頁、一九五八年。同『五條市史』史料、三三九頁、一九八七年。
（13）大和地名研究所『大和地名大辞典』大和地名研究所、一九五二年。五條市史調査委員会『五條市史』上巻「五條市地名集」（旧町村土地台帳による／池田末則）、一九五八年、にも同小字を載録している。

(14) 島方洸一企画・編集統轄『地図でみる西日本の古代』律令制下の陸海交通・条里・史跡、平凡社、二〇〇九年。
(15) 五條市史調査委員会『五條市史』下巻「地名」(池田末則)、一九五八年。
(16) 池田末則『日本地名伝承論』三三五頁、平凡社、一九七七年。
(17) 吉田東伍『大日本地名辞書』上巻、冨山房、一九〇七年。
(18) 日本歴史地名大系『奈良県の地名』二四一頁、平凡社、一九八一年。
(19) 池田末則「五条市地名考(1)」『五條古代文化』二九、一九八四年。
(20) 五條市史編纂委員会『五條市史』新修「地名―古代地名考」(池田末則)、一九八七年。
(21) 角川日本地名大辞典『奈良県』九〇九頁、角川書店、一九九〇年。
(22) 田中卓『住吉大社神代記の研究』田中卓著作集7、国書刊行会、一九八五年。
(23) 五條市史編纂委員会『五條市史』史料、一九八七年。
(24) 岡田俊夫「大和国宇智郡の条里をめぐって」坂本太郎博士古稀記念会編『続日本古代史論集』下巻、吉川弘文館、一九七二年。
(25) 狩谷棭斎『古京遺文』。岸俊男「楊貴氏の墓誌」『日本古代政治史研究』塙書房、一九六六年。近江昌司「楊貴氏墓誌の研究」『日本歴史』二一一、一九六五年。蔵中進「楊貴氏墓誌」上代文献を読む会編『古京遺文注釈』桜楓社、一九八九年。

付記：二人の池田先生

古稀を過ぎて記憶も一段と朧になってきたが、福本正夫氏(『五條古代文化』編集、発行人)と筆者が奈良市高天市町に存在した日本地名学研究所(大和地名研究所の後身)に、所長の池田末則先生を訪ねたのは、多分一九八〇年頃だったように思う。筆者の小庵で冷やし素麺の昼食を済ませて訪ねた研究所はビルの中に在り、先生は多くの書籍や史・資料に囲まれて座っておられた。お話では、奈良市西ノ京のご自宅にもなお多くの書籍などが架蔵されているとのことで、三十歳を過ぎたばかりの私には驚きであった。その時の会話の内容はほとんど忘失したが、「五條市に火打という地名があるが、何か知らないか」と尋ねられたことは、微かに覚えている。

地名の知識に乏しかった私は何も答えられなかったが、のちまで長く気にかかっていた。それは、筆者の父方の祖母の実家が、集落内では名字とは別に「火打」という通称で呼ばれていたことも関係している。その名号は、かつて「火打」に住んでいたことによると伝えられる。この頃の池田末則先生は、白河上皇の高野参詣の「火打崎」行宮の比定地について、苦慮されていたものと推察される。

一九五八年に刊行された『五條市史』上・下は、それ以降に各自治体で計画された県・市史編纂の手本として高い評価を獲得し、一九七五年頃には古書店で販価の十倍以上の価格が付けられていた。この旧版『五條市史』と、一九八七年に刊行された『五條市史』新修篇の編纂を担われたのが池田源太先生であり、その下で地名に関する各論と、市史編集の実務を担当されていたのが池田末則先生であった。

一九七七年に池田末則先生は『日本地名伝承論』を平凡社から上梓されたが、池田源太先生がそこにやや長い「序」を寄せておられる理由も諒解される。その中で池田源太先生は、地名の重要性について次のように記しておられる。

山とか、河とか、森とか、沢とかいうような自然空間に人が名をつけて呼ぶ時、その空間は、自然空間より歴史空間に変化するのである。否、それが人間のもつ最も素朴な「歴史」というものであるともいえる。地名の発祥と史料としての重要性、まさに「地名は歴史なり」ということについて、正鵠を射られたご指摘であると思う。

池田源太先生は、筆者の専門課程における卒論演習の指導教官であった。右に記した池田源太先生・池田末則先生・福本正夫氏は、すでに鬼籍に入らた。この小文は、二人の池田先生からの宿題に対する、老学徒が古稀を過ぎて遅れて提出する拙い答案である。

補記

かつて五條市中之町の西から大沢町火打に至る２㎞足らずの東西の古道があり、60年以上も昔のことであるが、筆者には遠回りになるにも拘わらず、小学校の通学に時々利用することがあった。それは、薄暗い切通もある普段使いの道よりも、少し高台にあるため結構見晴らしがよくて、小学生でも歩いていて清々しい気分になったからである。道幅が狭く地域住民の日常生活に利用されることも少なかったが、小稿を認めた際に、これが白河上皇・鳥羽上皇の高野・火打崎行宮への参詣道として設けられた跡ではなかったかと、直観的に思い出した。

後日、五條市大沢町に古くから住むT氏と、たまたま右記のことについて話す機会があった。T氏によると、大沢町の地番は小字火打を一番としていると伺った。大沢町にとって、そこは歴史的に要となる地点であったことが知られる。また、この古道の途中に、一等見晴らしの良い「ヤスンバ」（休み場か）という所があったという教示を得た。山里には珍しいほぼ直線で平坦なその古道は、子供でも「ヤスンバ」を必要とせずに楽々歩むことができたから、それを必要としたのは地域住民でなかったことは確かである。ただし、その古道も筆者が故郷を出た後にゴルフ場の造成で消滅した。なお、「火打崎」行宮比定地から真土峠に向かうには、木ノ原町南部から落合川西岸沿いの古道を南下したものと目されるが、この道は今も僅かに古の姿を留めている。

終　章　神武天皇伝承の形成とヤマト王権

最初の女帝である推古天皇のあとを承けた34代舒明《じょめい》天皇（在位629～641年）は、ある年に宇智の大野（奈良県五條市の吉野川右岸、金剛山南麓の丘陵か）に行幸した。(1) 目的は遊猟であったが、なぜそれが宇智の大野であったのかは詳らかでない。また、『続日本紀』によれば文武天皇は、その二年（698）二月丙申と慶雲三年（706）二月丁酉に、おそらくは遊猟のために宇智の大野に行幸しており、ここは飛鳥・藤原宮に近い遊猟の地であった。(2) その際に彼らが、神武天皇東遷伝承における阿陀の鵜養の物語を想起、もしくは耳にすることがあっただろうか。

さて、わが国の古代王家の発祥と古代王権の始原については、『記』・『紀』では神話と神武天皇伝承により語られている。それらの所伝を歴史事実ではないとして、古代史の考察対象から除外することは容易《たやす》いが、史料が僅少な古代史を学ぶ立場からすれば、それは少し乱暴な態度にも見える。千三百年以上も前の人々が語り伝え、書き残した所伝の貴重性については改めて述べるまでもない。これら希少な文化遺産を生かす責務は、今日の我々の側にある。

天皇と日向ゆかりの女性略系図

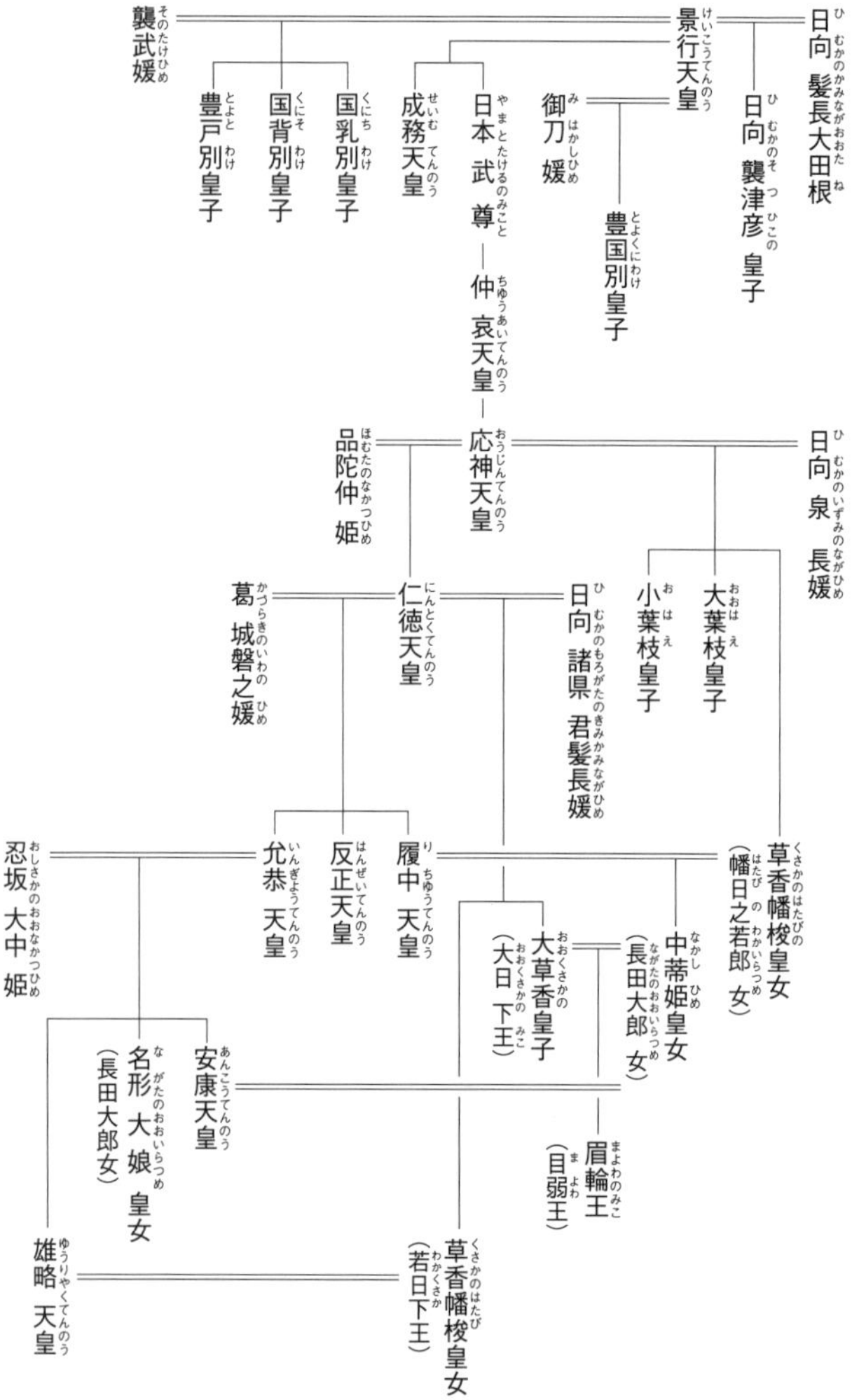

そこから読み取るべきは、編年される歴史事実ではなく、それが内包している歴史性と心性であり、そのことの後に歴史的事実の解明と古代史像の復原がある。

本書では神武天皇伝承を中心に地域史的視点を加味して分析と考察を進めたが、その成果のなかで重要と目される事柄を列記しておこう。

①神武天皇東遷伝承において、馬の利用が一切語られていない。これは、この物語がわが国において馬匹文化が普及、定着する以前に、その根幹部分が形成されていたことを示唆している。神武天皇の一行が日向を出帆の地としているが、日向地域では5世紀中葉以降に馬匹文化の分布が濃厚であることからみれば[3]、馬の不使用はきわめて象徴的なことであると評価できる。

②神武天皇東遷伝承において、大和に入った神武天皇が先ず吉野川下流域を廻った目的は、そこに住む南九州・隼人系集団に対する表敬的訪問にあった。このことは、神武天皇が隼人の盤踞する日向地域（後の大隅・薩摩を含む）から東遷に出帆していることとも整合的である。

③その物語の展開および女系系譜において、神武天皇と隼人系集団の強い結びつきは見逃せないが、『記』・『紀』が南九州系の集団について、仲哀天皇以前は熊襲、履中天皇以降は隼人と記していることは、その形成を考える上で有意である。これは、『記』・『紀』にいう神功皇后・応神天皇・仁徳天皇の代にあたるが、この間に王権と南九州系集団の関係が大きく変化したことを示唆しており、神武天皇伝承が形成されたと想定される時期

でもあることは偶然ではない。

④熊襲の「熊」は肥後《ひご》国球磨《くま》地域（熊本県人吉《ひとよし》市を中心とする球磨川流域）の住人、「襲」は大隅国噌於郡（鹿児島県のかつての国分市・霧島町・福山町・桜島）など大隅国北半部を中心とする地域の住人であり、のちの大隅隼人を指した。熊襲と連称された時代には、景行天皇やヤマトタケル（倭建命・日本武尊）による武力制圧の対象として描かれるが、隼人と表記される時点では王権から一方的に武力制圧される対象としては描かれない。いわば隼人は王権の体制内存在と位置づけられているが、これは③で述べた変化に連動する。この変化の時期が神武天皇東遷伝承の形成時期でもあることは、有意と言える。

⑤ヤマト王権が隼人と深い関係を結ぶ契機は、隼人を配下に有した日向の大豪族、諸県君氏が応神天皇に帰服し、諸県君髪長姫がのちの仁徳天皇に入内したことに求められよう。このことは、神功皇后が北部九州で応神天皇を出産したと伝えられることにも関連すると憶測されるが、ここから先はかつて市井でも話題となった「王朝交替論」(4)、ヤマト王権の王統交替問題にも関わることから、機会を改めて検討が必要と考える。

⑥大和の宇陀地域から吉野川流域に神武天皇を導く八咫烏は、山背賀茂氏の祖と伝えられるが、山背賀茂氏も大和葛城の発祥であり、葛城の賀茂氏とは同族であった。彼らが雄略朝に大きな打撃を被り勢威が凋落したことは前著に明らかにしたが(5)。葛城氏の盛衰に連動した賀茂氏の動向との関係においても、神武天皇伝承における八咫烏の活躍物語の形成が雄略朝まで降るとは考えられない。

⑦葛城賀茂氏らが奉斎した事代主神と摂津三嶋溝咋（三嶋溝橛耳神）の娘の間に生まれた姫

踏鞴五十鈴姫命（富登多多良伊須須岐比売命）が神武天皇の皇后になるなど、皇后関連伝承においても関係は密である。その三嶋溝咋が、葛城賀茂氏同族で紀伊国の長我孫（長阿比古）氏・長公氏らと同系の、摂津の長我孫氏（前身集団）であったと想定されることは、これまでの考察結果とも整合的である。

⑧葛城賀茂氏は高鴨阿治須岐託彦根命神社・アヂスキタカヒコネ神を奉斎したが、この神の信仰を葛城の地にもたらしたのは、葛城襲津彦にともない渡来したと伝える桑原・佐糜・高宮・忍海四邑の漢人らの祖であった。これは葛城氏政権下でこれらの神の祭祀を担った賀茂氏の姿を伝えているが、アヂスキタカヒコネ神の物語が王権神話に取り込まれ体系化される時期についても示唆する点がある。

神武天皇伝承にかかる諸問題を解明する鍵が賀茂氏と隼人にあることを明らかにできたことは、本書のささやかな成果と言えよう。今日伝えられる神武天皇東遷伝承の形成は、『記』・『紀』の年代で言えば神功皇后・応神天皇から下っても仁徳天皇の代のあたりまでであり、実年代で記せば4・5世紀の交を前後する半世紀にも満たない期間と想定される。また、①と②に述べた点からは、神武天皇伝承を形成した集団は、馬匹文化を導入する以前の南九州系集団を内包、一体化していたと推考される。またこれは、③と④で述べた『記』・『紀』において南九州系集団に対する呼称が熊襲から隼人に変換する時期とも整合的する。とくに、襲（曽）と称された集団が隼人（のちの大隅隼人）という、まったく異なる名称に置き換えられることは、主体者側に何らかの変化があったことを思わせる。同時に熊についても、「肥人」と称されるようになった。

ヤマト王権の列島南北地域の異族視された集団への対応について付言すれば、東北地域の蝦夷の女性の入内が伝えられないことに反して、本論で述べたように隼人女性との婚姻が重ねられている。このことは隼人司の設置と相まって特徴的なことであり、王権と隼人の関係が象徴的に示されている。

神武天皇伝承だけでなく、古代王家と王権の発祥と変遷において日向地域と隼人が重要な位置を占めるにも拘わらず、その関係を新しく捉える傾向が強い。しかし、これまで述べてきたことを踏まえるならば、そのことの再検討が必要なことは明白である。それに関する作業は本書でも若干行なったが、『記』・『紀』神話の体系化と関わり改めて述べる予定である。

なお、4世紀代を中心に古墳時代前期に九州系海洋民（海人）の東遷があとづけられるという考古学からの提言もあるが、(6) そうした成果との連携は今後の課題である。

註

（1）『万葉集』巻第一、3・4番歌。
（2）岸俊勇「奈良朝時代」『五條市史新修』五條市役所、一九八六年。
（3）平林章仁『「日の御子」の古代史』八三頁以下、塙書房、二〇一五年。同『蘇我氏の研究』二一五頁以下、雄山閣、二〇一六年。同『蘇我氏と馬飼集団の謎』一二二頁以下、祥伝社、二〇一七年。
（4）主な著作若干を掲げる。水野祐『古代王朝史論序説』〔新版〕、水野祐著作集1、早稲田大学出版部、一九九二年。直木孝次郎『古代河内政権の研究』塙書房、二〇〇五年。前之園亮一『古代王朝交替説批判』吉川弘文館、一九八六年。門脇禎二・ほか『再検討河内王朝論』六興出版、一九八八年。

（5）平林章仁『雄略天皇の古代史』一二三頁以下、志学社、二〇二一年。
（6）山中英彦「考古学からみた海人族の東遷」新川登亀男編『西海と南島の生活・文化』名著出版、一九九五年。

あとがき

本書は、神武天皇伝承形成関連の論考を中心に、大和国南部地域の古代史について述べたものを加えて一書とした。これは、大和国南部に位置する宇智郡が筆者の生まれ育った地域であることとも関連している。第五章のように、いわゆる「土地勘がある」ということで認めたものもある。２０１７年春、定年により退職して論文の執筆も引退したつもりでいたが、その後に故あって幾つかの短文を認めた。

なお、本書各章の旧稿との関係は左の通りである。ただし、もとの論旨に変更はないが、多くの部分で本文や註などに補筆、修訂を加えている。序と終章は一書に編む際に書き加えた。

第一章「神武天皇東遷伝承形成史論―神武天皇と阿陀の鵜養と吉野の国栖―」

新稿である。ただし、本章の前半部は『五條市史』文学文芸編に寄せたものであるが、そこでは紙幅の関係から半ばを削除した。今回、それをすべて元に戻し、かつ大幅に増補して本章とした。

第二章「神武天皇伝承と事代主神―摂津の三嶋溝咋の神話と関連氏族―」
旧稿：「三嶋溝咋の神話と関連氏族」『日本書紀研究』三三冊、塙書房、二〇二〇年。
第三章「葛城の迦毛大御神の信仰と祭祀―アヂスキタカヒコネ神の古代史―」
新稿である。
第四章「大和の水分とヤマト王権の水源祭祀」
旧稿：「大和の水分」『古代史の海』九二号、二〇一八年。
第五章「白河上皇高野参詣の「火打崎」行宮の所在地―古道から探る―」
旧稿：「白河上皇高野参詣の「火打崎」行宮の所在地」『古代史の海』一〇〇号、二〇二〇年。

ところで、幼少期の私は、内気で人見知りが強く、他者との会話や交流が苦手な、泣き虫であった。戦後間もない田舎には、保育園や幼稚園などは未設置で、集団生活体験の最初が小学校であった。今も残されている小学校の「通知票」所見欄には、内向的・消極的・積極性に欠ける・非社交的・引っ込み思案などの、負の評価記録が並んでいる。

小学校上級生の頃は、遠足などで全く知らない場所へ行った時などに、それが初めてではなく以前にも来たこと（見たこと）があるように感じる、錯覚を何度か経験した。いわゆる既視感（デジャヴ）の体験であるが、子供ながらに不思議に思った。また、話をしている相手の心の内が、透けて手に取るように見えると感じたこともあった。少し感受性の強い子どもだったように思うが、成人するとそれはなくなった。中学・高校へは花坂峠を越えてほぼ一里の山道を、一時間かけて徒歩で通った。

私事を重ねて恐縮だが、大学卒業を半年後に控えて進路を決めなくてはならない1970年の夏に、「一粒の麦」になることができればと考えていた私は、就職の最終面接を受けるために東京へ向かった。夕刻遅くに京都駅を発つ夜間急行の銀河に乗車し、箱型の座席でうたた寝をして早朝の東京駅に着いた。もちろん新幹線はあったが、十八歳で実家を出て経済的にもすべて自立して暮らしていた勤労学生に、それは贅沢なことであった。午前中の面接試験を無事に終えたあと、時間に少し余裕ができたので、上野の東京国立博物館を足早に見学して夕刻に京都の住まいに向かった。

就職試験にはどうにか合格し、数日後に採用内定の通知を手にしたが、暫くして私は採用内定辞退書を認めて送付した。当時働いていた先の、京都市五条大和大路に近い古びた京町屋の、二階部分が路地の上にせり出した構造に作ってある、裸電球をひとつ吊り下げた二畳ほどの物置部屋が、私の住まいであった。床板の節穴からは、下の路地を行きかう人が見えた。希望していた採用内定を辞退した理由は、五条河原町の古道具店で中古品の小さな文机を購入し、住んでいた物置部屋で夏休み中に卒業論文を仕上げたあと、もう少し古代史の勉強を続けてみたいと思うようになったことにある。安価な学習机（十八歳の進学時に最初の転居先である大阪府枚方市香里園の家具店で購入し、今は妻が使用）はあったが、万年筆書きが必須であった当時の卒業論文執筆には、文机が良いと考えて購入した（今も私の部屋にある）。ただし、経済的な面から大学に残り勉学を継続することは、到底かなわないことであった。ちなみに、その四年間で私は住民票を四度移したが、実際に住んだ場所は八回移動した。清貧の勤労学生と言えば聞こえは悪くないが、家計不如意の赤貧生活はそれ以来のことであり、それは今も、またこれからも変わらない。私には、雨露をしのぐ草庵と飢え死にしない程の日々の糧があれば事足りる。

どうにか卒業した後の進路について、大学には農業と報告した。その年の文学部卒業生で進路先が農業というのは、一人だけであったように記憶している。ただし、兼業農家の次男である私が実際に就農できたわけではなく、これは就職内定辞退の方便であった。その時は、もう少し古代史の勉強をつんで還暦までに小著を一冊でも上梓することができたなら、との思いで学窓をあとにした。二十二歳春の少しばかり苦い思い出であるが、あれからすでに半世紀に余る時が過ぎてしまった。

今回も小著の上梓にあたり、志学社には大層お世話になった。記して感謝の意を表します。

二〇二三年四月　　平林章仁

平林章仁

（ひらばやし　あきひと）

1948年、奈良県五條市生まれ。1971年、龍谷大学文学部史学科卒業。以降、奈良県内で教諭として教壇に立つかたわら、研究活動を行なう。1992年に初の単著『鹿と鳥の文化史』（白水社）を刊行、以降コンスタントに著書を上梓する。2002年、「古代日本の王家と氏族の研究」によって皇學館大学（学長・大庭脩）より博士（文学）号。この間、龍谷大学・堺女子短期大学・京都造形芸術大学非常勤講師、龍谷大学仏教文化研究所客員研究員、奈良県王寺町史編纂委員等を経て、2007年に龍谷大学文学部史学科教授となり、2017年に定年退職するまで勤務した。専門は日本古代史。単著に『鹿と鳥の文化史』、『橋と遊びの文化史』、『蘇我氏の実像と葛城氏』、『七夕と相撲の古代史』、『三輪山の古代史』、『七世紀の古代史』（以上白水社）、『神々と肉食の古代史』（吉川弘文館）、『謎の古代豪族葛城氏』、『天皇はいつから天皇になったか？』、『蘇我氏と馬飼集団の謎』（以上、祥伝社新書）、『蘇我氏の研究』（雄山閣）、『「日の御子」の古代史』（塙書房）、『物部氏と石上神宮の古代史』（和泉書院）、『雄略天皇の古代史』（志学社）がある。

志学社選書

009

神武《じんむ》天皇《てんのう》伝承《でんしょう》の古代史《こだいし》

二〇二三年十一月一日 初版第一刷発行

著者名 平林《ひらばやし》 章仁《あきひと》

発行者 平林《ひらばやし》 緑萌《もえぎ》・山田《やまだ》崇仁《たかひと》

発行 合同会社 志学社

〒272−0032 千葉県市川市大洲4−9−2

電話 047−321−4577

https://shigakusha.jp/

編集 志学社選書編集部

編集担当 平林緑萌

組版 文選工房《ぶんせんこうぼう》

装幀 川名《かわな》潤《じゅん》

資料協力 蓮見《はすみ》拓《たく》

印刷所 株式会社シナノパブリッシングプレス

定価はカバーに表記しております。

Printed in Japan ISBN978-4-909868-11-4 C0321

お問い合わせ info@shigakusha.jp

志学社選書

005

平林章仁

雄略天皇の古代史

「進化論的古代史観」を克服した先に現れる、新たな雄略天皇像

雄略天皇の治世は、５世紀後半に比定される。中国史書に「倭国」として登場するこの時代の日本では、各地で巨大な前方後円墳が営まれ、豪族たちによる権力抗争が繰り広げられていた。倭王の権力は盤石でなく、ヤマト王権は豪族たちが連合して倭王を推戴する非専権的王権であった。そのヤマト王権を専権的王権へと発展させた人物こそが雄略天皇である、とする評価がある。しかし、雄略死後、王位継承は混乱し、武烈天皇の死後には王統が「断絶」、６世紀初頭には傍系から継体天皇が即位しており、単純に雄略朝を「画期」と評価することは難しい。本書では、『記』・『紀』の所伝、稲荷山古墳金錯銘鉄剣等の出土文字史料、そして中国史書から王権と豪族の動向を復原し、５世紀後半から６世紀前半のヤマト王権の政治史解明を試みる。果たして雄略朝は、ヤマト王権が豪族連合である「遅れた」政権から、より「進んだ」専権的王権へと「進化」する「画期」と評価できるのか。多角的なアプローチで、新たな古代史像を描き出す。

本体：3,300円＋税　判型：四六判　ISBN：978-4-909868-04-6

志学社選書

004

木本好信

藤原仲麻呂政権の基礎的考察

真の「専権貴族」、藤原仲麻呂は何を目指したのか――。

天平宝字八年（764）九月、孝謙上皇によって御璽と駅鈴を奪取された藤原仲麻呂（恵美押勝）は失脚・滅亡し、ここに仲麻呂政権は終焉を迎える。最終的には皇権者との対立によって滅び去ったが、そのことはとりもなおさず、仲麻呂政権が「天皇専権」と相容れないものであったこと――つまり、真の意味で「貴族専権」であったことを示唆する。それでは、仲麻呂が目指した「貴族専権」国家とは、具体的にはいかなるものであったのだろうか。本書では、①仲麻呂と孝謙上皇、淳仁天皇、②仲麻呂と光明皇后、③仲麻呂と官人、④仲麻呂の民政、⑤仲麻呂と仏教、⑥仲麻呂と神祇の各視点から仲麻呂政権の特質を明らかにし、奈良朝における「天皇専権」と「貴族専権」のせめぎ合いの実相に迫る。復刊にあたり、史料の釈読を一部改めたほか、補註、旧版刊行後の研究動向を書き下ろしで収録。

本体：3,600円＋税　判型：四六判　ISBN：978-4-909868-03-9

志学社選書

001

吉川忠夫

侯景の乱始末記

南朝貴族社会の命運

激動の中国南北朝時代を
独創的に描出した名著、ここに再誕——。

南朝梁の武帝のながきにわたる治世の末に起こり、江南貴族社会を極度の荒廃に陥れることとなった侯景の乱を活写した「南風競わず」。東魏に使いしたまま長年江南に帰還するを得ず、陳朝の勃興に至る南朝の黄昏に立ち会う生涯を送った一貴族を描く「徐陵」。そして、西魏・北周・隋の三代にわたり、北朝の傀儡政権として存続した後梁王朝を論じる「後梁春秋」。これら原本収録の三篇に加え、侯景の乱を遡ること一世紀余、劉宋の治世下で惹起した『後漢書』編著・范曄の「解すべからざる」謀反の背景に迫った「史家范曄の謀反」をあらたに採録。

本体：1,800円+税　判型：四六判　ISBN：978-4-909868-00-8

志学社選書

002

大庭 脩

木簡学入門

漢簡研究の碩学による、「木簡学」への招待状。
不朽の基本書、ついに復刊——。

地下から陸続と立ち現れる簡牘帛書等の出土文字史料は、いまや中国古代史を研究するうえで避けて通れないものとなった。まとまった簡牘の獲得は二〇世紀初頭に始まるが、その研究が本格的に開始され、「木簡学」が提唱されるのは一九七四年といささか遅れてのことであった。著者は日本における漢簡研究の揺籃時代より、二〇〇二年に急逝するまでの半世紀にわたり「木簡学」分野における国際的なトップランナーのひとりであった。その著者が初学者に向けて著した本書もまた、初刊より三五年を経てなお朽ちぬ魅力をたたえた、「木簡学」の基本書である。

本体：2,500円+税　判型：四六判　ISBN：978-4-909868-01-5

志学社選書

003

大形 徹

不老不死

仙人の誕生と神仙術

人々はなぜ、“不滅の肉体”を求めたのか。

古代中国において、「死」は終わりではなく「再生のはじまり」でもあった。肉体が滅びても、「魂（精神）」は「鬼」となり、「死後の世界」で生き続けると考えられた。しかし、肉体が滅びてしまえば、この世では暮らせない。それに対し、“不滅の肉体”を持ち、いつまでもこの世に永らえるのが「不老不死の仙人」である。本書では、肉体の保存に対するこだわりから説き起こし、仙人の誕生、“不滅の肉体”を求めて狂奔する皇帝と跋扈する方士、そして、修行メニューである「服薬」「辟穀」「導引」「行気」「房中」についても詳述し、古代中国の死生観を鮮やかに解き明かす。復刊にあたり、書き下ろしで「霊芝再考」を収録。

本体 : 2,000 円+税　判型 : 四六判　ISBN : 978-4-909868-02-2